21世紀の教育に求められる

「社会的な見方・考え方」

監修・編著
江口 勇治

編著
井田 仁康
唐木 清志
國分 麻里
村井 大介

帝国書院

はじめに

　平成の時代が昭和に続き、その役目を果たし、次代の年号が話題のとき、人々は今後の教育、とくに社会・国家の教育の何に、自分たちの心や未来を託そうとし、何に心配するのだろうか。AI 時代の到来を予告して、「対話的で深い学び」のもとで実践される、新時代を創造する「見方・考え方」を育む指導が重要であると謳う新学習指導要領が描く教育の姿に、どれほど信頼しているのだろうか。

　この自問に対する答えは、ゆるぎない。人々の心に浮かぶ希望や心に抱く不安にこたえるための教育こそ、本来社会科・公民科等の教科がもつ使命である。だからこそ、その使命を教科の力で実現するのだと応答すればよい。でもそれは、本心・本音なのかと疑う。

　こんな問と答の繰り返しが、監修者の私の 30 年ほどの些細な葛藤であった。もちろんこのような大上段の物言いでは、かえって人々はその姿勢を疑う。自問・愚問の答ではなく、過程や結果である日々の実践の考えを示すことで、その活路を啓く教育の在り方こそ、人は着目するものである。

　そのような願いから、本書は構想され、出版されている。

　私の筑波大学退職を機に、同大学の社会科教育の研究室の同輩（井田仁康、唐木清志、國分麻里の諸先生と村井大介助教）及び研究室に縁ある新進気鋭の社会科の研究・実践者のそれぞれが、大切に思う「見方・考え方」の実践的成果や願いを結集したものが本書である。

　内容は、小学校社会科・地理教育・歴史教育・公民教育の四領域で構成され、各論者の得意とする多面的・多角的な「見方・考え方」を育てる実践の原理を新学習指導要領に即して論究している。そのため、これからの日々の実践に役立つ授業の考え方や手法が描き出されおり、広い視野から社会科教育の核心に「見方・考え方」の育成を通して迫る本書は、新時代の社会科・地理・歴史・公民の教育の指針になるもので、教師や子どもたちのためになるものと確信している。ぜひご笑覧の上、ご批判いただきたい。

　ときに私が社会科教育の研究を志したのは、東京教育大学卒業のころであっ

た。当時東京教育大学には驚くほどの著名な研究者がならび、大きな薫陶を得る。ただ鹿児島から上京した田舎者にはその意義はわからず、筑波大学への移転に伴って筑波大学附属中より赴任された梶哲夫先生の懐の深さ・強さに我が身を託そうと思うことになった。幸いにして、同研究室発足時に加わられた朝倉隆太郎、横山十四男の両先生を含めた三人の薫陶を受け、曲がりなりにも職をはむことができ、今回の本の出版に行きつくことになる。三人の先生をはじめ、その後教えをいただいた篠原昭雄、谷川彰英の諸先生には、衷心より感謝する次第である。

　あわせてこの長きにわたり社会科・公民科に係わり、学習指導要領の改訂等に度々関係できたことは、私の思いをはるかに超えるものであり、関係の方々には感謝の思いを伝えたいと本音で思っている。

　戦後から継承された社会科の貴い精神を壊すことなく、新しい時代を創り、人と社会を助ける社会科の在り方をかたちにすることこそ、人のための社会科教育の本旨であると、今は思う。これからの若き社会科の誠実で冷静な研究者たちに、その仕事の継承を期待したい。

　最後になるが本書の出版にあたり、帝国書院の鈴木啓之社長、小宮正実常務をはじめ、公民の教科書の作成等で若き頃に知り合い、なお援助していただいている同社の多くの方々と本書の編集等でお世話になった新井洋行氏のご厚情に、ただただ謝意を表すばかりである。

2018（平成 30）年 1 月

江口　勇治

目次

はじめに　　　　　　　　　　　　　　　　　　　　　　　江口　勇治 …… 1

第1章　社会的事象の見方・考え方の育成を目指す初等社会科の実践理論

第1節　社会的事象の見方・考え方の内容とその育成原理
　　　　－問題解決的な学習の充実を求めて－　　　　　　　唐木　清志 …… 6

第2節　法教育における社会的事象の見方・考え方の育成
　　　　－法的思考のプロセスを手がかりとして－　　　　　磯山　恭子 ……14

第3節　批判的思考の視点から見た社会的事象の
　　　　見方・考え方の育成　　　　　　　　　　　　　　　小野　智一 ……24

第4節　環境教育における社会的見方・考え方の育成
　　　　－自然環境との関係づくりを考えるフレームワークの提案－　宮崎　沙織 ……34

第5節　ケアの視点から見た社会的事象の見方・考え方の育成
　　　　－「依存」を前提とする「関係の構築」－　　　　　鎌田　公寿 ……44

第6節　経済教育において社会的事象の見方・考え方を育成する
　　　　初等社会科授業－経済に関する児童の素朴理論に基づいて－　呂　　光暁 ……54

第7節　哲学対話を通して社会的事象の見方・考え方を
　　　　吟味する初等社会科授業の提案　　　　　　　　　　得居　千照 ……64

第2章　地理的な見方・考え方を目指す中等社会科・地理歴史科の実践理論

第1節　地理教育における地理的な見方・考え方の重要性
　　　　－学習指導要領における位置づけ－　　　　　　　　井田　仁康 ……76

第2節　地理的な見方・考え方の育成と地的探究に基づく学習
　　　　－アジアの中学校地理カリキュラムの比較を通して－　金　　玹辰 ……84

第3節　ドイツ地理教育と日本の地理教育の比較
　　　　－地理的な見方・考え方の観点から－　　　　　　　大髙　　皇 ……94

第4節　GIS と地理的な見方・考え方
　　　　－「主題図学習」－　　　　　　　　　　　　　　　國原幸一朗 … 104

第5節　地理的な見方・考え方と市民性育成
　　　　－探究プロセスを重視した高等学校「地理総合」の授業実践へ向けて－　泉　　貴久 … 114

第6節　地理的な見方・考え方を育成する地理の実践
　　　　－ 主題図を作成する授業－　　　　　　　　　　　小林　岳人 … 124

第3章　歴史的な見方・考え方を目指す中等社会科・地理歴史科の実践理論

第1節　学習指導要領における歴史的な見方・考え方　　　　國分　麻里 … 136

第2節　社会科成立期の中学校社会科日本史学習指導における
　　　　「歴史的な物の見方・考え方」の育成　　　　　　　篠﨑　正典 … 144

3

| 第3節 | 小・中学校のつながりを捉えた
歴史的な見方・考え方の育成 | 熊田　禎介 … 154 |

| 第4節 | グローバル化する社会の課題を追究する歴史教育の創造
－「社会的事象の歴史的な見方・考え方」を育むために－ | 佐藤　　公 … 164 |

| 第5節 | オーラルヒストリーが育む歴史的な見方・考え方 | 藤井　大亮 … 174 |

| 第6節 | 高等学校の歴史授業の現場から見る
「歴史的な見方・考え方」 | 野口　　剛 … 184 |

第4章　現代社会の見方・考え方の育成を目指す中等社会科・公民科の実践理論

| 第1節 | 人間と社会のためになる
「見方・考え方」の意義と実践的課題 | 江口　勇治 … 196 |

| 第2節 | 主権者として政策決定を実現する見方・考え方の育成
－政策的な見方・考え方とは何か－ | 華井　裕隆 … 204 |

| 第3節 | 現代社会の法的な主体に求められる見方・考え方の育成
－教科間連携を用いた法的思考力を育成する授業を通して－ | 加納　隆徳 … 214 |

| 第4節 | 紛争解決に関する見方・考え方を育成する交渉教育 | 小貫　　篤 … 224 |

| 第5節 | 多文化共生・ダイバーシティ社会に向けた見方・考え方の育成
－「見えないマイノリティ」の人びとに焦点をあてて－ | 坪田　益美 … 234 |

| 第6節 | グローバルな諸課題に対する見方・考え方の育成
－ 多様な視点を育む学習方法を用いて－ | 内山　知一 … 244 |

| 第7節 | 「公正」から社会的課題の「原因を探る」ための授業づくり
－ 米国の "Democracy in Action"(2011) の分析を手がかりにして－ | 久保園　梓 … 254 |

| 第8節 | 現代的な諸課題の解決と社会への構想につながる
見方・考え方の育成
－資質・能力から社会への希望を視点にした実践的な習慣の形成へ－ | 村井　大介 … 264 |

小学校学習指導要領 2017 年 (平成 29 年 3 月) 版 ……………………… 276

中学校学習指導要領 2017 年 (平成 29 年 3 月) 版 ……………………… 285

あとがき　学習指導要領から「公民科」の "平成" を探る　江口　勇治 … 298

編集後記　井田仁康／唐木清志／國分麻里／村井大介 ……………………… 300

監修・編著者略歴／執筆者一覧 ……………………………………………… 302

第1章

社会的事象の見方・考え方の育成を目指す初等社会科の実践理論

第1章　社会的事象の見方・考え方の育成を目指す初等社会科の実践理論

第1節 社会的事象の見方・考え方の内容とその育成原理

－問題解決的な学習の充実を求めて－

唐木清志（筑波大学）

キーワード：社会的事象の見方・考え方、問題解決的な学習、小中高の一貫性

1　社会的事象の見方・考え方とは何か

（1）初等社会科改訂の趣旨

　新学習指導要領では、初等社会科の目標を「公民としての資質・能力の基礎」の育成としている。現行学習指導要領の「公民的資質の基礎」からは大きな変更と言えよう。しかし、こうすることにより社会系教科で育成を目指す資質・能力が明確となり、初等社会科、前期中等（中学校）社会科、後期中等（高等学校）地理歴史科・公民科の10年間にわたって、共通に一つの目標から授業づくりを行えるようになった。

　10年間の系統性を考慮すれば、初等社会科に担わされる役割は様々な「基礎」を子どもに身に付けさせることになる。ノートを取るといった学習技能、協働的に学習を進めるといった学習態度、地理や歴史等の基礎的な知識、そして、見方・考え方に関しても、初等社会科では基礎的なものを児童に身に付けさせたい。もちろん、これまでも教員は初等社会科の授業の中で、これらの基礎を育成してきた。しかし、必ずしも自覚的にではなく、教科書を教えればそれでよしとするような意識の下で実施されてきた授業では、教員の力量の違いで、子どもが身に付ける基礎に大きな差が生じてきたのも事実である。2017年版学習指導要領では、この差を縮めることに留意している。そこでは、どのクラスのどの子どもでも共通に十分な基礎が身に付けられるよう、様々に具体的な提案がなされているのである。

（2）社会的事象の見方・考え方

　社会系教科では、教科の特質を反映させた見方・考え方として、「社会的な見方・考え方」に注目した。そして、初等社会科では特に「社会的事象の見

第1節　社会的事象の見方・考え方の内容とその育成原理

方・考え方」の育成を目指すことになった。先の「基礎」と関連付けるなら、社会的な見方・考え方の基礎が社会的事象の見方・考え方である。これも、新学習指導要領における具体的な提案の一つと言えよう。

『小学校学習指導要領解説社会編』（2017 年）（以下、『解説』）では、社会的事象の見方・考え方を、「位置や空間的な広がり、時期や時間の経過、事象や人々の相互関係などに着目して（視点）、社会的事象を捉え、比較・分類したり総合したり、地域の人々や国民の生活と関連付けたりすること（方法）」（20頁）と定義している。「見方は視点、考え方は方法」と解釈するとわかりやすい。社会的事象を、社会系教科ならではの視点に着目して捉え、社会系教科ならではの方法で考える、これが社会的事象の見方・考え方の構造である。

なお、視点に関しては、ぜひ触れておきたい資料がある。表1は、2017 年版学習指導要領の作成過程の協議において提示されたものを、簡略化してまとめたものである。「視点」を考える上で、基礎的な資料である。

これらの視点は、2008 年版の学習指導要領においてすでに触れられている。しかし、「視点」という観点から捉えられていなかったため、それが授業づくりに反映されることはなかった。視点を明確に意識すること、これも新学習指導要領における具体的な提案の一つである。

表1　社会的事象の見方・考え方における「視点」の事例

位置や空間的な広がりの視点	地理的位置、分布、地形、環境、気候、範囲、地域、構成、自然条件、社会的条件、土地利用　など
時期や時間の経過の視点	時代、起源、由来、背景、変化、発展、継承、維持、向上、計画、持続可能性　など
事象や人々の相互関係の視点	工夫、努力、願い、業績、働き、つながり、関わり、仕組み、協力、連携、対策・事業、役割、影響、多様性と共生（共に生きる）　など

（文部科学省『別冊初等教育資料　2月号臨時増刊　中央教育審議会答申「幼稚園、小学校、中学校、高等学校及び特別支援学校の学習指導要領等の改善及び必要な方策等について」』東洋館出版社、2017 年、247 頁、参照。）

第1章　社会的事象の見方・考え方の育成を目指す初等社会科の実践理論

2　社会的事象の見方・考え方の育成を目指した問題解決的な学習

（1）社会科における問題解決的な学習

　初等社会科では、これまでも問題解決的な学習を重視してきた。そして、2017年版学習指導要領でも、問題解決的な学習を重視している。それは、社会科の目標で「課題を追究したり解決したりする活動」、各学年の目標で「学習の問題を追究・解決する活動」と繰り返し触れられていることからもわかる。なお、これらの一文の前には、社会科の目標であれば「社会的な見方・考え方を働かせ」、各学年の目標であれば「社会的事象の見方・考え方を働かせ」という一文が付されている。ここからも、問題解決的な学習の充実と見方・考え方の育成を一体的に捉える2017年版学習指導要領の趣旨を理解することができよう。

　この問題解決的な学習に関して、『解説』には次のような説明がある（20－21頁）。なお、引用文中の「そうした活動」とは、「課題を追究したり解決したりする活動」を指している。

> そうした活動の充実を図るには、小学校社会科においては、学習の問題を追究・解決する活動、すなわち問題解決的な学習過程を充実させることが大切になる。問題解決的な学習とは、単元などにおける学習問題を設定し、その問題の解決に向けて諸資料や調査活動などで調べ、社会的事象の特色や相互の関連、意味を考えたり、社会への関わり方を選択・判断したりして表現し、社会生活について理解したり、社会への関心を高めたりする学習などを指している。問題解決的な学習過程の充実を図る際には、主体的・対話的で深い学びを実現するよう、児童が社会的事象から学習問題を見いだし、問題解決の見通しをもって他者と協働的に追究し、追究結果を振り返ってまとめたり、新たな問いを見いだしたりする学習過程などを工夫することが考えられる。

　初等社会科で問題解決的な学習と言えば、「問題解決的な学習過程」を指すのが一般的である。上記引用文からも、そのことがわかる。今次の学習指導要領改訂は、「何を学んだか」に加え、「どのように学んだか」を重視するという

8

第1節　社会的事象の見方・考え方の内容とその育成原理

表2　問題解決的な学習過程

課題把握		課題追究		課題解決	
動機付け	方向付け	情報収集	考察・構想	まとめ	振り返り

（文部科学省『別冊初等教育資料　2月号臨時増刊　中央教育審議会答申「幼稚園、小学校、中学校、高等学校及び特別支援学校の学習指導要領等の改善及び必要な方策等について」』東洋館出版社、2017年、247頁、参照。）

方向性で作業が進められた。それが社会系教科においては、問題解決的な学習の過程の明確化という形となって表されたのである。

　さて、問題解決的な学習過程であるが、表2のような過程が一般的に考えられている。改訂論議の中で提示されたものである。この表では、ある単元における子どもの問題解決の過程が、左から右へと進行することを示している。

　初等社会科で活用されているすべての教科書が、すでにこの過程を念頭に置いて作成されている。しかし、この過程を十分に理解して、単元開発を進める教員ばかりではない。問題解決的な学習の充実のためには、問題解決的な学習過程を明確にした単元開発が望まれる。

（2）問題解決的な過程において社会的事象の見方・考え方を育成すること

　では、問題解決的な学習の充実と見方・考え方の育成は、社会科授業でどのように一体化が図られるのであろうか。また、問題解決的な学習過程を重視することが、社会的事象の見方・考え方の育成にどうつながるのであろうか。ここでは、第5学年の米づくりに関する単元を事例に考えてみたい。

　2017年版学習指導要領では、この第5学年の米づくりの学習と関連した「思考力・判断力・表現力等」の目標について、「イ（イ）生産の工程、人々の協力関係、技術の向上、輸送、価格や費用などに着目して、食料生産に関わる人々の工夫や努力を捉え、その働きを考え、表現すること」とある。ちなみに、この単元は「内容の取り扱い」において「稲作のほか、野菜、果物、畜産物、水産物などの中から一つを取り上げること」と述べられている。このため多くの学校では、米づくりに加えて水産業を取り扱う。

　上記目標では、着目する「視点」として、「生産の工程」「人々の協力関係」「技術の向上」「輸送」「価格や費用」を挙げている。児童は、これらに着目して、食料生産（米づくり）に関わる人々の工夫や努力を捉える。さらに、米づ

9

第1章　社会的事象の見方・考え方の育成を目指す初等社会科の実践理論

くりに関わる人々の働きについて、米づくり農家の工夫や努力を自然条件と関連付けて考えたり、米づくりについて生産者と消費者の立場から多角的に考えたりする。これが、「方法（考え方）」である。視点も方法も、社会科ならではのものであり、社会科授業は、この視点と方法を結び付けながら展開される。

　時間数を8時間とした、米づくりの単元構想を以下に示す（表3）。この単元構想に基づき、社会的事象の見方・考え方の育成方法に迫ってみたい。

　社会科の単元では「問題把握→問題追究→問題解決」の問題解決的な学習過程が重視されることを、これまでに述べてきた。その過程では、まず（問題把握）、学習の問題を作って、子どもの動機付けを高めるところから始められ、次に（問題追究）、諸資料や調査活動等で調べて、考察・構想することが大切にされ、最後に（問題解決）、学習をまとめ、学びの結果と学びの過程を振り返ることが重視されることになる。

　社会的事象の見方・考え方は、このすべての段階で活用される。問題解決的な学習過程を辿りながら、単元の開始時に作った学習の問題（「庄内平野の米づくり農家は、どのような工夫や努力をして、米を生産しているのか。」）について、子どもは考え続けることになる。これを、図1に示してみる。

表3　単元構想：米づくりの盛んな庄内平野（8時間）

問題解決的な過程	時	学習内容
問題把握	1	学習の問題（「庄内平野の米づくり農家は、どのような工夫や努力をして、米を生産しているのか。」）を作る。
	2	問題解決的な過程を見通して、学習計画を立てる。
問題追究	3	気候と地形の特色から、庄内平野が米づくりに適した自然条件を備えていることを考える。
	4	稲作カレンダーから、稲作農家の一年間の努力と、米づくりが人々の協力から営まれていることを考える。
	5	耕地整理や農機具の発展から、稲作農家の工夫を考える。
	6	庄内平野の米が消費者に届けられる輸送経路を考える。
問題解決	7	稲作農家の抱える課題と、解決するための努力を考える。
	8	学習の問題を意識しながらこれまでの学習を振り返り、新たにどのような問題が生じたかについて考える。

（筆者作成）

第1節　社会的事象の見方・考え方の内容とその育成原理

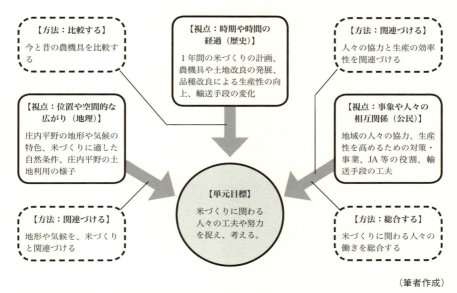

（筆者作成）

図1　単元学習における社会的事象の見方・考え方の役割

　図1は、一応の目安である。視点も方法も、上記のものとは異なる様々なものが考えられてしかるべきであろう。社会科授業で大切なことは何よりも教材研究であるが、教材研究が進んでくると視点と方法に様々なものが付け加えられることになる。つまり、上記の枠組みは教材研究の結果として、単元開発時に教員が作成しておくべきものだとも考えていただきたい。

3　問題解決的な学習を充実させるためのポイント

　このような問題解決的な学習は、やはり、社会科固有のものであろう。他教科等でも問題解決的な学習が重視されているが、社会科ほどに一つ一つの段階にこだわり、授業づくりを進めている教科等は他には見当たらない。
　ここでは、2017年版学習指導要領と昨今の社会科教育研究における議論を踏まえ、問題解決学習を充実させるためのポイントを、二点から述べてみたい。なお、先に記した表2を再度参照していただきたい。そこには、「問題把握」「問題追究」「問題解決」の三つの過程をさらに細分化した、動機付け等の

第1章　社会的事象の見方・考え方の育成を目指す初等社会科の実践理論

六つの過程が記してあった。このうち、ここで触れるポイントは、「方向付け」と「振り返り」に関連した事柄である。

　ポイントの一つ目は、方向付けに関する事柄である。方向付けとは、問題解決の見通しを持って、予想や仮説を立てたり、調査方法や追究方法を吟味したりして、学習計画を立てることを意味する。これまでの社会科単元でも、この学習計画を立てる段階は問題解決的な学習過程に位置付けられてきた。しかし、必ずしもこのことが重視されたわけではなかった。学習計画を立てる授業を参観しても、教員がこの先の授業の流れをただ説明するだけの授業が少なくなかった。これからは、このような授業に改善が求められる。改善が必要とされる理由は、今次の学習指導要領の改訂が「何を学んだか」、つまり学習の結果を重視することに加えて、「どのように学んだか」つまり学習の過程を重視することを強調しているからである。見通しを持って問題解決的な学習に臨む、こうすることで、子どもの学習意欲は高まり、今この時間に自分がやっていることにはこういう意味があると常に意識しながら、児童は問題解決的な学習に取り組むことができる。一時間一時間が充実してくるというわけである。

　ポイントの二つ目は、この方向付けと緊密に関わる、振り返りに関する事柄である。振り返りとは、学習を振り返って考察することであり、具体的には、自分の調べ方や学び方、さらには、学んだ結果を振り返ること、そして、それらを学校内外の他者に伝えることを意味する。この振り返りに関しては、社会科学習を「体験あって学びなし」としないために、これまでも継続的な取り組みがなされてきた。例えば、単元の終末に新聞づくりという活動を行ない、単元全体で学んだことを振り返る活動が定番の授業として組織されてきた。しかし、2017年版学習指導要領と関連して重視される振り返りでは、そのような学んだ結果を振り返るだけでなく、調べ方や学び方も振り返ることになる。ここで、振り返りが先の方向付けと深く関わることになるわけである。子どもは、振り返りの段階で単元当初の学習計画を見直し、一単元での学びでどのような調べ方と学び方を経験したのか、そして、それぞれの経験が学びの深まりにどのような影響を及ぼしたのか、これらについてしっかりと振り返ることができなければならない。こうした振り返りを各単元で繰り返し実施することで、子どもは問題解決的な学習過程を一つの学び方として身に付けることになる。

このように、問題解決的な学習を細かく吟味していくことで、社会科授業は大いに発展していくことになるだろう。

4　社会科における小中高の一貫性

　小中高一貫性の観点を、社会系教科の中で今後どのように発展させていくか。これは、2017年版学習指導要領で提案されていることであると同時に、残された課題として、今後も継続的に議論されるべきことである。

　目標は「公民としての資質・能力の基礎」で、見方・考え方は「社会的な見方・考え方」でそれぞれ一貫性が図られ、教育内容に関しても、今次の改訂では小中の一貫性の枠組みが大いに意識されている。現在進行中の高等学校の改訂論議においてもその精神を引き継がれ、小中高の10年間の中でどのような児童生徒を育成するのか、議論の深化を見守っていきたいと思う。

　しかし、こうした学習指導要領改訂論議とは別に、教員の意識の上では、小中高の校種の間にある壁は依然として高い。地理、歴史、公民（法・政治・経済等）、こういった学問領域は、初等社会科とは無縁と考えている小学校教員が少なからず存在する。このような問題を乗り越えるための手立ての一つは、地理的な見方・考え方、歴史的な見方・考え方等が、小中高の10年間でどのように系統的に育成されるのかについて考えてみることである。本書には、初等社会科だけでなく、中等教育段階における地理・歴史・公民の授業づくりに関する貴重な論文が数多く掲載されている。発想を転換し、これらの論文を読み進めようとする小学校教員が今後増えてくることを大いに期待したい。

〈参考文献〉

文部科学省（2017）『別冊初等教育資料　2月号臨時増刊　中央教育審議会答申「幼稚園、小学校、中学校、高等学校及び特別支援学校の学習指導要領等の改善及び必要な方策等について」』、東洋館出版社、752p.

文部科学省（2017）『小学校学習指導要領解説社会編』、145p.

第1章　社会的事象の見方・考え方の育成を目指す初等社会科の実践理論

第2節
法教育における社会的事象の見方・考え方の育成
ー法的思考のプロセスを手がかりとしてー

磯山恭子（静岡大学）

キーワード：法教育、法的リテラシー、法的な見方・考え方、法的思考

1　小学校社会科における法教育の展開[1]

（1）法教育の基本的な理念

　本小論の目的は、アメリカの小学校の法教育単元の分析を通じて、小学校社会科における法的な見方・考え方の育成の可能性を明らかにすることである。

　社会科の資質・能力の全体に関わる社会的な見方・考え方は、「課題を追究したり解決したりする活動において、社会的事象等の意味や意義、特色や相互の関連を考察したり、社会に見られる課題を把握して、その解決に向けて構想したりする際の視点や方法」と定義される（文部科学省 2017：6-7）。小学校社会科における社会的な見方・考え方に当たる社会的事象の見方・考え方は、「社会的事象を、位置や空間的な広がり、時期や時間の経過、事象や人々の相互関係などに着目して捉え、比較・分類したり総合したり、地域の人々や国民の生活と関連付けたりすること」である。本小論で着目する法的な見方・考え方は、社会的な見方・考え方の構成要素である現代社会の見方・考え方に関わる。現代社会の見方・考え方は、「社会的事象を政治、法、経済などに関わる多様な視点（概念や理論など）に着目して捉えよりよい社会の構築に向けて、課題解決のための選択・判断に資する概念や理論などと関連付けて」働くものである。法的な見方・考え方は、法的な問題を発見し、法的な価値や法的な概念を活用し、議論したり解決したりする中で働く法的な視点や方法である。

　社会の変化は、市民一人ひとりに必要な社会的な見方・考え方とその育成に影響を及ぼす。従来、法的な見方・考え方の育成は、法律専門家を対象になされてきた。近年、法化社会の進展を受けて、市民一人ひとりに必要な法的な見方・考え方を育成することが求められつつある。

法教育は、このような法的な見方・考え方を育成する思考型の教育である。法教育とは、「法律家ではない者を対象に、法全般、法形成過程、法制度と、それらが基づいている原理と価値に関する知識と技能を提供する教育」であると定義される（Public Law 95-561 1978：74-75）。法教育の教育目標は、法的リテラシーの育成である（磯山 2008：8-13）。法的リテラシーとは、道徳的な判断と倫理的な分析の技能の習得、法形成過程を評価する態度の形成、法に関する知識の理解のもとで形成される能力である（磯山 2012：196）。法教育の教育内容は、法律や法制度という狭い意味での法のみならず、法的な価値、動態的な法や作動する法システムを含めた多様な幅広い意味での法を取り扱う。法教育の教育方法は、体験的学習や討論という様々な手立てを想定している。

（2）小学校の法教育の取り組み

日本の法教育は、様々な法的な機関によって推進されている。法務省の法教育推進協議会（2009）は、教科横断的な学習、体験的な学習、ルールづくりやトラブルの解決の機会の三つが、小学校の法教育に有効であるとまとめている。

これを受けて、法教育推進協議会（2014）では、小学校の法教育の教材『ルールは誰のもの？―みんなで考える法教育―』として四つの教材を開発している。第3学年及び第4学年を対象とした「友達同士の喧嘩とその解決」では、交渉と調停を行い、学校生活での紛争解決を話し合う。第3学年及び第4学年を対象とした「約束をすること、守ること」では、契約の基礎である約束を考える。第5学年を対象とした「情報化社会を生きる―情報の受け手・送り手として―」では、知る権利、表現の自由、プライバシーを理解する。第6学年を対象とした「もめごとの解決と国民の司法参加・ルールづくり」では、基礎的な事実認定を行い、実感を伴う裁判員制度を理解する。教室や学校の日常的な空間での子どもの活動を活用することで、子どもの法的な見方・考え方を育成することができる。

2 小学校社会科における法教育の位置

（1）小学校社会科における法教育の導入

2008年1月、中央教育審議会による答申には、「…よりよい社会の形成に参画する資質や能力の基礎を培うことを重視して…社会生活を営む上で大切な

第1章　社会的事象の見方・考え方の育成を目指す初等社会科の実践理論

ルールや法及び経済に関する基礎となる内容の充実を図る…」とされた（中央教育審議会 2008：80）。そのため、小学校社会科において、法教育は、次のように明確に位置づけられた（文部科学省 2008：8, 10）。

　第3学年及び第4学年では、内容（3）「地域の人々の生活にとって必要な飲料水、電気、ガスの確保や廃棄物の処理」、内容（4）「地域社会における災害及び事故の防止」で、地域の社会生活を営む上で大切な法やきまりを取り扱う。第5学年では、内容（1）「我が国の国土の自然などの様子」のウ「公害から国民の健康や生活環境を守ることの大切さ」に、法やきまりの視点が見られる。第6学年では、内容（1）「我が国の歴史上の主な事象」のク「大日本帝国憲法の発布」、ケ「日本国憲法の制定」に、法やきまりの視点が見られる。さらに、内容（2）「我が国の政治の働き」のイ「日本国憲法」で、国会と内閣と裁判所の三権相互の関連、国民の司法参加を取り扱う。

（2）小学校社会科における法教育の発展

　2017年版小学校社会科学習指導要領では、次の二つの法教育の内容構成の改善を図っている（文部科学省 2017：15-16）。まず第一に、第4学年の内容（2）「人々の健康や生活環境を支える事業」では、廃棄物の処理に限定して、法やきまりを取り扱う。第二に、第6学年の内容（1）「我が国の政治の働き」では、（ア）日本国憲法や立法、行政、司法の三権と国民生活に関する内容、（イ）国や地方公共団体の政治の取組に関する内容を提示する。（イ）では、「政策の内容や計画から実施までの過程、法令や予算との関わり」を取り上げる。

　2017年版小学校社会科学習指導要領における法教育の位置は、表1の通りである。2017年版小学校社会科学習指導要領では、2008年版小学校社会科学習指導要領における法教育の導入を引き継いでいる。さらに、次の二つの観点で、法やきまりとの関わりが、一層明示されている。まず第一に、第5学年の内容（1）「我が国の国土の様子と国民生活」、第6学年の内容（1）「我が国の政治の働き」では、法やきまりとの関わりが従来以上に意識されている。第二に、法やきまりとして従来挙げてきた「環境基本法」「日本国憲法」「大日本帝国憲法」に、さらに「廃棄物処理法」「文化財保護法」「国際法」が加えられている。

16

第2節　法教育における社会的事象の見方・考え方の育成

表1　小学校社会科学習指導要領における法教育の位置

【第3学年】

〔内容〕　(3)地域の安全を守る働き：イ(ア)施設・設備などの配置、緊急時への備えや対応などに…関係機関や地域の人々の諸活動を捉え、相互の関連や従事する人々の働きを…。

〔内容の取り扱い〕　(3)イ(3)イの(ア)については、社会生活を営む上で大切な法やきまりについて扱う…。

【第4学年】

〔内容〕　(2)人々の健康や生活環境を支える事業：イ(イ)処理の仕組みや再利用、県内外の人々の協力など…廃棄物の処理のための事業の様子を捉え、その事業が果たす役割を…。
(4)県内の伝統や文化、先人の働き：ア(ア)県内の文化財や年中行事は、地域の人々が受け継いできたことや、それらには地域の発展など人々の様々な願いが込められていることを…。／イ(ア)歴史的背景や現在に至る経過、保存や継承のための取組など…県内の文化財や年中行事の様子を捉え、人々の願いや努力を…。

〔内容の取り扱い〕　(1)オ(2)イの(イ)については、社会生活を営む上で大切な法やきまりについて…。
(3)ア(4)アの(ア)については、県内の主な文化財や年中行事が…イの(ア)については、それらの中から具体的事例を…。

【第5学年】

〔内容〕　(1)我が国の国土の様子と国民生活：ア(ア)…領土の範囲などを…。(ウ)地図帳や地球儀、各種の資料で…。／イ(ア)…海洋に囲まれ多数の島からなる国土の構成など…我が国の国土の様子を捉え、その特色を…。
(5)我が国の国土の自然環境と国民生活との関連：ア(ウ)関係機関や地域の人々の様々な努力により公害の防止や生活環境の改善が図られてきたことを…公害から国土の環境や国民の健康な生活を守ることの大切さを…。／イ(ウ)公害の発生時期や経過、人々の協力や努力など…公害防止の取組を捉え、その働きを…。

〔内容の取り扱い〕　(1)ア(1)アの(ア)の「領土の範囲」については、竹島や北方領土、尖閣諸島が我が国の固有の領土である…。
(5)イ(5)アの(ウ)及びイの(ウ)については、大気の汚染、水質の汚濁などの中から具体的事例を…。

【第6学年】

〔目標〕　(1)我が国の政治の考え方と仕組みや働き…我が国と関係の深い国の生活やグローバル化する国際社会における我が国の役割について理解するとともに…。
(2)社会的事象の特色や相互の関連、意味を多角的に考える力、社会に見られる課題を把握して、その解決に向けて社会への関わり方を選択・判断する力、考えたことや選択・判断したことを説明したり、それらを基に議論したりする力を養う。

〔内容〕　(1)我が国の政治の働き：ア(ア)日本国憲法は国家の理想、天皇の地位、国民としての権利及び義務など国家や国民生活の基本を定めていることや、現在の我が国の民主政治は日本国憲法の基本的な考え方に基づいていることを…立法、行政、司法の三権がそれぞれの役割を果たしていることを…。／イ(ア)日本国憲法の基本的な考え方に…我が国の民主政治を捉え、日本国憲法が国民生活に果たす役割や、国会、内閣、裁判所と国民との関わりを…。(イ)政策の内容や計画から実施までの過程、法令や予算との関わりなど…国や地方公共団体の政治の取組を捉え、国民生活における政治の働きを…。
(2)我が国の歴史上の主な事象：ア(コ)大日本帝国憲法の発布…我が国の国力が充実し国際的地位が向上したことを…。(サ)…日本国憲法の制定…戦後我が国は民主的な国家として出発し、国民生活が向上し、国際社会の中で重要な役割を果たしてきたことを…。(ア)世の中の様子、人物の働きや代表的な文化遺産など…我が国の歴史上の主な事象を捉え、我が国の歴史の展開を考えるとともに、歴史を学ぶ意味を…。
(3)グローバル化する世界と日本の役割：ア(ア)我が国と経済や文化などの面でつながりが深い国の人々の生活は、多様であることを…スポーツや文化などを通して他国と交流し、異なる文化や習慣を尊重し合うことが大切であることを…。(イ)我が国は、平和な世界の実現のために国際連合の一員として重要な役割を果たしたり、諸外国の発展のために援助や協力を行ったりしていることを…。

〔内容の取り扱い〕　(1)ア(1)アの(ア)については、国会などの議会政治や選挙の意味、国会と内閣と裁判所の三権相互の関連、裁判員制度や租税の役割などについて…。イの(ア)に関わって、国民としての政治への関わり方について…。／イ(1)アの(ア)の「天皇の地位」については、日本国憲法に定める天皇の国事に関する行為など児童に理解しやすい事項を…。「国民としての権利及び義務」については、参政権、納税の義務などを…。／エ(1)イの(ア)の「国会」について、国民との関わりを指導する際には、各々の国民の祝日に関心をもち、我が国の社会や文化における意義を…。
(3)ア(3)アについては、我が国の国旗と国歌の意義を…諸外国の国旗と国歌も同様に…。

（文部科学省『小学校学習指導要領解説社会編』2017年6月より筆者作成。）

3　社会的事象の見方・考え方としての法的な見方・考え方のプロセス

（1）法的な見方・考え方の背景

　法的な見方・考え方の背景には、法律専門家に求められる法的な資質に当たるリーガル・マインドと、その中核となる法的思考を巡る様々な議論がある。法的なものの考え方とも言われるリーガル・マインドは、「法的な分析、判断、決定を行うための知的能力あるいは技法の総体」と定義される（長谷川1996：2）。リーガル・マインドは、法律専門家に自然に身につく経験的な感覚と法的空間を的確に理解し運用するための実践的な知恵である（長谷川1996：2）。

　リーガル・マインドの中核となる法的思考とは、「対立的契機や複雑な利害が渦巻く社会で、秩序の安定や成員の権利の保護等」を目指して、客観的な規範に基づき「諸問題の解決を図る理論的・実践的な頭脳活動」と定義される（小林1991：46）。

　法的思考の特色は、客観的な法的な基準に基づく問題解決、権利と義務、責任の視点による個別の事例の分析から論理的で明解な結論へ至るプロセス、法的な価値である正義を含む判断の法的な基準の三つに整理できると考える（小林1991：46-48）。

（2）子どもの法的な見方・考え方の枠組み

　問題解決の一つである法的思考のプロセスには、「問題解決のための法規範を探索する段階」「探索した法規範を解釈し適用する段階」「その結果を吟味し、決定をおこなう段階」「決定を法的に正当化する段階」の五つの段階がある（山本1997：256-258）。このような法的思考のプロセスには、結論へと至った際の手続きである発見のプロセスと、結論が正当化される際の手続きである正当化のプロセスが内在する（高橋2013：193-232）。さらに、後者の正当化のプロセスには、内的正当化と外的正当化があるとされる。内的正当化とは、推論の前提から結論を形式論理的に演繹する作業である。それに対して、外的正当化とは、法規範、経験的な事実命題、解釈命題を含む前提そのものを、議論を通じてそれぞれ正当化する作業である。

　これらの法的思考を巡る議論を踏まえると、子どもの法的な見方・考え方

第2節　法教育における社会的事象の見方・考え方の育成

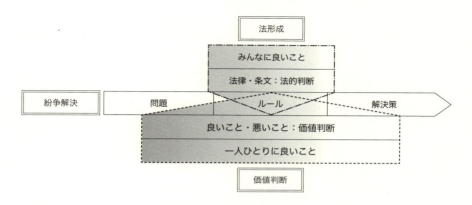

図1　子どもの法的な見方・考え方のモデル
（高橋文彦『法的思考と論理』成文堂、2013年、p. 227の図10-3をもとに、筆者作成。）

は、図1の通り、仮説的に図式化することができると考える。

　子どもの法的な見方・考え方は、問題を発見し、ルールを適用し、解決策を考えるという一連の紛争解決のプロセスの中で働く。子どもの法的な見方・考え方は、中でも、ルールを適用する際に、大きく作用するものである。具体的には、法制定を委ねられた立法者による法形成と、個人の利益と損失への価値判断という二つの視点を行き来しながら、分析を行うことになる。法形成の視点として、みんなに良いことに合意することでつくられる法律や条文の法的判断という基準をもとに考察する。価値判断という視点として、みんなに良いことに対する一人ひとりに良いことへの価値判断という基準をもとに考察する。

4 小学校における法的な見方・考え方の形成を目指す法教育の授業の構成

本小論では、American Lawyers Alliance[2] と Justice Teaching Institute[3] の小学校の法教育単元を取り上げる。

American Lawyers Alliance（2013）は、小学校第 3 学年から第 5 学年を対象に、法教育単元 "Laws, Right, and Responsibilities" を開発している。1958 年に設立された American Lawyers Alliance は、American Bar Association の関連団体である。American Lawyers Alliance の目的は、法律専門家の配偶者のネットワークづくり、アメリカ合衆国の法システムの保護と強化、市民的資質教育による法的な伝統の維持の三つである。

本単元は、民主的な社会で重要な法、権利、責任の基礎的な理解を習得し、子どもが議論し、参画する態度を形成することを目指している。本単元の究極の目標は、子どもが、民主主義のもとでの生活を準備することである。本単元の教育方法では、自分の見方を発表し、他者の見方を聞くことに参加するという交流に基づく学習活動を取り入れている。子どもが、このような学習活動に積極的に参加することで、問題解決と合理的な判断をする技能を習得することができるとされる。

本単元のそれぞれの授業の構成は、表 2 の通りである。本単元では、法と自由、権利、責任という法的な概念の理解、アメリカ合衆国憲法と市民の理解、自由、権利、責任という法的な視点の獲得、アメリカ合衆国憲法修正第 1 条と忠誠の誓いの理解、自由、権利、責任という法的な視点の活用という段階を経て、法的な見方・考え方の育成が試みられる。本単元で取り扱う自由、権利、責任の視点とは、図 1 のみんなに良いことと一人ひとりに良いことの対立やバランスに気づき、考えることを意味する。本単元には、図 1 の中でも、子どもが、みんなに良いこと、一人ひとりに良いこと、法律や条文の法的判断という基準を考察することで、法的な見方・考え方を働かせる特色がある。

Justice Teaching Institute（2006）は、幼稚園段階から小学校第 3 学年を対象に、法教育単元 "Rule, Rule, Rule" を開発している。2006 年に設立された Justice Teaching Institute は、Florida Supreme Court の牽引する団体である。Justice Teaching Institute の目的は、子どものためのフロリダの司法シ

第2節　法教育における社会的事象の見方・考え方の育成

表2　法教育単元 "Laws, Right, and Responsibilities" の授業の構成

授業の目標	授業の概要
1．法を定義し、法による利益を説明し、日常生活におけるこれらの利益を評価することができる。	法という言葉を見た時に思いつく言葉として、子どもが、「自由」と答えた話を知る。法という言葉を言われた時に思いつく言葉を、法、権利、責任の三角形に整理する。思いつく言葉の全ての中で、最も良いと思う言葉を一つ選択する。
2．法の概念を、文章で述べることができる。	法という言葉をより良く理解した文章を書くために、みんなで一緒に作業を行う。「法という言葉を聞いたり見たりした時の考え」を書く。
3．"We the People" の一部と、アメリカ合衆国の市民の感覚を得ることができる。	憲法という言葉の意味を理解する。"We the People"（アメリカ合衆国憲法前文）の構成員の人数とそう考える理由を説明する。"We the People" の絵を描く。"The Land is Your Land" を歌う。
4．権利を通じて得られる自由を認識できる。	様々な権利があることを知る。様々な権利に関する事項を、法、権利、責任の三角形に整理する。ある権利が私たちに自由を与えることを考える。
5．責任と権利との関係を説明することができる。	アメリカ合衆国憲法修正第1条を理解する。子どもの気づいた責任を考える。責任に関する事項を、法、権利、責任の三角形に整理する。
6．"Pledge of Allegiance" を理解して行うことができる。	"Pledge of Allegiance"（忠誠の誓い）を知る。「忠誠の誓い」「共和制」「不可分な」「自由」の意味を認識する。"Pledge of Allegiance" に感じたことをまとめる。
7．法、権利、責任の考え方を説明することができる。	権利と自由、責任と義務の考え方を確認する。権利と自由、責任と義務の考え方をテーマに、人々に質問し、情報を収集し、クラスで発表する。

（American Lawyers Alliance Law-Related Education Resource Committee.（2013）．*"Laws, Right, and Responsibilities"*．American Lawyers Alliance. より筆者作成。）

ステムと法の理解、批判的思考能力と問題解決技能の育成、憲法の枠組みに基づく裁判所の相互作用の提示の三つである。

　本単元は、子どもが法の必要性、法形成過程、自分や市民の役割を理解することを目指している。本単元の教育方法では、ゲーム、ブレインストーミング、問題解決、反省的思考を取り入れている。

　本単元のそれぞれの授業の構成は、表3の通りである。本単元では、体験に基づくルールの思考、ルールの評価基準の獲得、ルールづくりとその評価、法やルールの役割の理解、問題解決に基づくルールや法の活用という段階を経て、法的な見方・考え方の育成が試みられる。本単元で取り扱うルールを考え、法をつくり、法をつかう視点とは、図1の一連の紛争解決のプロセスを行うことを意味する。本単元には、図1の中でも、子どもが、このプロセスの中心にあるルールを分析し、実践することで、法的な見方・考え方を働かせる特色がある。

第1章　社会的事象の見方・考え方の育成を目指す初等社会科の実践理論

表3　法教育単元 "Rule, Rule, Rule" の授業の構成

1．活動をする／さあはじめよう
　政治と法を理解するために、キャンディゲームを次の手順で行う。①前から後ろにキャンディを渡す。②一度中止して、目を閉じる、左手で渡す、片膝をつく、教員の後ろに来るという様々な指示を与え、もう一度行う。③問題を振り返る。④与えられたルールで難しかったことを書く。⑤ルールをつくる。⑥ルールをつかってもう一度ゲームをやる。⑦子どものルールは大人の法に似ていることを知る。

2．関連づけよう／良いルールを分析しよう
　明確なルールをつかいキャンディゲームを行った後、ゲームのルールの必要性から、人々が一緒に生活するためのルールの必要性や理由を考える。良いルールを判断する方法や基準を考える。良いルールとは次の通りである。①従いやすい。②簡単に述べられている。③従うことができる活動だけ含む。④合理的である。⑤他のルールと対立し合わない。⑥公正である。⑦学校での生活や学習により良い場所をつくる。

3．クラスの憲法をつくる／生活するためのルール
　クラスにあるルール、気づいたルールを書き出し、子どもが必要だと思うルールの一覧をつくる。子どもにクラスのルールをつかって、クラス憲法をつくることを提案する。子どもは、クラス憲法にルールを採用するかどうかを投票で決めて、クラス憲法をつくる。

4．ルールと法との関係
　法はルールに似ていること、クラスのルールをつくることに参加するのと同様に市民は法をつくることに参加することを話し合う。法が、人々の安全を守ること、公正に人々を扱うことを確認する。知っている法を確認する。平和で自由に一緒に生活するために、ルールや法をつくる人々に投票することを知る。ルールや法がない生活の様子をまとめる。

5．コミュニティの問題を解決する（市民の役割）
　学習活動のまとめとして、自分たちのコミュニティのルールをつくる。子どもが良い市民になること、全ての市民にルールをつくり、分析する責任があることを称賛する。

（Justice Teaching Institute.（2006）. *Rule, Rule, Rule.* より筆者作成。）

5　むすびにかえて

　本小論では、小学校社会科における法的な見方・考え方の育成の可能性を考究してきた。子どもの法的な見方・考え方の育成には、次の二つが重要である。まず第一に、紛争解決のプロセスに交錯しながら、法形成の視点と価値判断の視点を相互に働かせることである。第二に、紛争解決のプロセスの中心にあるルールを分析することである。

　子どもの法的な見方・考え方は、子どもの出会う社会の中で揺れ動き、変化する。小学校社会科では、子どもの発見する身近な問題から、法をつくり、法をつかい、法を考え、判断するという継続的な学習活動の充実が期待される。

〈注〉

1 磯山恭子 (2016)：小学校社会科における法的リテラシーの育成を目指す授業の構想―法的参加学習の事例を通じて―、唐木清志編著『『公民的資質』とは何か―社会科の過去・現在・未来を探る―』、東洋館出版社、pp. 27-30.

2 American Lawyers Alliance. *American Lawyers Alliance: Keeping the Spirit of Democracy Alive across the Nation.* (https://americanlawyersauxiliary.org/) (visit; 2017.8.31.)

3 Justice Teaching Institute. *Justice Teaching.* (http://www.justiceteaching.org/info.shtml) (visit; 2017.8.31.)

〈参考文献〉

磯山恭子 (2016)：小学校社会科における法的リテラシーの育成を目指す授業の構想―法的参加学習の事例を通じて―、唐木清志編著『『公民的資質』とは何か―社会科の過去・現在・未来を探る―』、東洋館出版社、pp.26-35.

磯山恭子 (2012)：法教育、日本社会科教育学会編『新版社会科教育事典』、ぎょうせい、2012 年、pp.196-197.

磯山恭子 (2008)：子どもたちに必要な法的リテラシーを育てる、江口勇治・磯山恭子編『小学校の法教育を創る―法・ルール・きまりを学ぶ―』、東洋館出版社、2008 年 5 月、pp.8-13.

小林直樹 (1991)：法と法的思考、日本法哲学会編『法的思考の現在（法哲学年報 1990）』有斐閣、p.35-54.

高橋文彦 (2013)：『法的思考と論理』、成文堂、254p.

中央教育審議会 (2008)：「幼稚園、小学校、中学校、高等学校及び特別支援学校の学習指導要領等の改善について（答申）」、151p.

長谷川晃 (1996)：『解釈と法思考―リーガル・マインドの哲学のために―』、日本評論社、198p.

法教育推進協議会 (2014)：『ルールは誰のもの？―みんなで考える法教育―』、法務省、91p.

法教育推進協議会 (2009)：『小学校を対象とした法教育教材例の作成について』、法務省、3p.

文部科学省 (2017)『小学校学習指導要領解説社会編』、151p.

文部科学省 (2008)：『小学校学習指導要領解説社会編』、128p.

山本敬三 (1997)：法的思考の構想と特質―自己理解の現況と課題―、岩村正彦他編『現代法学の思想と方法（岩波講座現代の法 15）』、岩波書店、1997 年、pp.231-268.

American Lawyers Alliance Law-Related Education Resource Committee. (2013). *Laws, Right, and Responsibilities.* American Lawyers Alliance. 32p.

Justice Teaching Institute. (2006). *Rule, Rule, Rule.* 3p. (http://www.justiceteaching.org/resource_material/CandyGame.pdf) (visit; 2017.8.31.)

Public Law 95-561. (1978). *Law-Related Education Act of 1978.* 238p.

第1章　社会的事象の見方・考え方の育成を目指す初等社会科の実践理論

第3節
批判的思考の視点から見た
社会的事象の見方・考え方の育成

小野智一（東京福祉大学）

キーワード：批判的思考、ガバナンスについての学習、学びの地図

1　見方・考え方の構成要素としての批判的思考

（1）はじめに

　本節は、批判的思考の視点から見た社会的事象の見方・考え方の育成について検討することを目的としているが、以下に挙げる3つの観点を手掛かりにその関係性について考察するものである。

　第1の観点は批判的思考の様相である。この点については定義に関する論点整理を軸に進めている。第2の観点は社会的事象への批判的思考によるアプローチのあり方である。ここでは、組織構造論におけるガバナンスについての学習を事例として検討している。第3の観点は批判的思考育成と学習指導要領との関連である。ここでは各教科等の教育のみならず各学校間の接続を意識した批判的思考育成の重要性について指摘している。

（2）定義に関する議論

　批判的思考は心理学分野を中心に類似の視点を含みつつも多様な定義付けがなされている概念である。よって、社会科学習の成果としての特定の思考形式・認知的技術の獲得や、認知方略の改善を図るような議論を提示することは一つの結論の形であることは間違いない。端的に言えば、一つ一つの思考活動にラベリングして、ある学習活動の中における「批判的思考」とラベリングされた部分についてのみ議論することにほかならない。このアプローチには一定の価値が見いだせるかもしれない[1]。しかし、社会科学習の場面において直面する思考活動は、しばしば学習目標または評価の観点で示されるように、判断の技術として表出する面、態度として表出する面、認知方略として表出する面と、時に単独でまたは時に複合的に発達が期待される思考活動としてとらえら

れるのである。道田（2001）は批判的思考を抽象的に「よい思考、よりよい思考」とまとめて領域横断的に議論できる概念としてとらえることを提案しているが、この論法は近年の学校教育、特に社会科学習の目指す多様な思考活動を議論するに当たってはむしろ適合したとらえ方ではないだろうか。社会科学習の目指す多様な思考活動はまさに判断・態度・認知と領域横断を本質的に求めるものである。

　本節では批判的思考という概念を「よい思考、よりよい思考」をもたらす判断・態度・認知の技術や方略を用いることの複合体としてみる広義の批判的思考観をもって言及することとする。そして「多面的にとらえる」「本質をとらえる」「あらゆる可能性を検討する」といった思考活動の表出場面事例を取り上げることで、批判的思考の視点から見た社会的事象の見方・考え方について一考察を述べたい。

2　社会的事象へのアプローチ－国際的コンセンサスとしてのガバナンス学習－

（1）批判的思考とガバナンス

　社会的事象の特色や相互の関連、意味を多角的に思考し、社会に見られる課題を把握することは「見方・考え方」においては、認知的側面である。社会科学習において認識対象について能動的または受動的な働きかけによって得られた知識を、学習者は社会認識として蓄積していく。この認知対象である社会を組織構造の観点から分類したガバナンスの概念は、教育における国際的コンセンサスである、持続可能な開発のための教育（ESD）の動向においてキーコンセプトとなっている[2]。「政府（国家、ガバメント）」だけでは対処しきれない目標の達成に向けて「政府」だけでなく「市場」と「ネットワーク」を駆使して解決しようとする「ガバナンス」の思考は一層重視されている。

　組織構造論の立場では社会に現れる組織の形態を概ね3つの理念型に分類している。すなわち、階層構造、市場、そしてネットワークである。階層構造とは、上述の「政府」における官僚機構や民間企業にみられる組織形態であり、上位階層が下位階層を管理運営する構造をもつ。組織が明確な目的をもっている場合に最適な組織であると解される。

　また、市場は新古典派と新オーストリア学派とで若干のニュアンスの違いが

ある概念であるが、価格の変動への対応や競争によって参加主体の行動や結果に変化をもたらすシステム自体を組織としてとらえる立場である。

そして、ネットワークとは、形の上では切り離された多数の行動主体が、それにもかかわらず、重要な資源に関して互いに依存し合い、その結果、資源交換のための長期的な関係を構築している状態を指す（マーク・ベビア 2013：45）。協同組合的組織や提携関係などは代表例である。

表1は組織構造の分類を整理したものである。どのような組織構造においても、最善の目的到達を目指すガバナンス、いわゆるグッドガバナンスの追求は共通している。このグッドガバナンスの追求においてその成果を期待されるのが批判的思考の実践である。最善の意思決定を実行するために必要な認知的技能や方略を用いる批判的思考は、ガバナンス思考がより重要視されるこれからの社会参画において必須の資質となる。社会科教育における見方・考え方の構成要素として明確に位置づけ、初等教育段階からの実践が期待されるのである。

表1　組織構造の分類

	階層構造	市場	ネットワーク
ガバナンス	権威	価格	信頼
構成員間の関係基盤	雇用関係	契約と財産権	資源の相互交換
構成員間の相互依存度	高い依存	相互に独立	相互依存
対立の解決と調整の手段	規則と命令	値切り	外交
組織風土	服従	競争	互恵

（マーク・ベビア 2013：30）

（2）グッドガバナンスの追求と批判的思考

本節においては、それぞれの組織構造におけるグッドガバナンスの実現を目指す批判的思考の適用について検討したい。以下、表1で示した各組織構造のガバナンスの特性を概観し、批判的思考の適用の方向性を示したい。

まず、合理性と法律によって形作られた権威をもとに階層構造をとる組織のガバナンスについてみていきたい。この組織は、問題把握、解決方法の選択ができるならば、組織は「規則と命令」によって目的を追求できる。このことから、階層構造のガバナンスにおいては、批判的思考の適用が求められるのが問

第3節　批判的思考の視点から見た社会的事象の見方・考え方の育成

題把握、解決方法の提示の段階にあるといえよう。

　次に、市場について見ると、この組織でのガバナンスは、市場システムを通じて形成される価格によって行われる。ここでは、相互に独立した競争相手の情報や価格の評価に必要な情報が批判的思考の適用の対象となる[3]。組織構造の中で直面する問題は市場システムにおける不均衡の状況と解釈することができ、この問題に直面した時には価格を調整することが問題解決の手法となっていくのである。

　最後にネットワークについて見ると、重要な資源に関しての依存し合い、繰り返し互恵的な相互交換をしていく組織構造である。この過程を経て形成され維持される信頼こそが、この組織構造におけるガバナンスである。ネットワークに参加する主体は依存し合う関係ではあるが、関係を維持しようとする動機やお互いに対する信頼を生み出しているのは、ネットワークへの参加経験の蓄積と言える。ネットワークの一部であるという主体の意識がこの中で芽生え、自身の意思決定は他者の意思決定と不可分である認識が強化され、ネットワークへの背信的行動をとることをためらわせるのである。この組織構造において直面する問題に対しては参加主体間の関係性の中で解決を模索することに努める方が、関係性の断絶よりも選好される。ネットワークにおける問題解決は階層構造や市場にくらべて弾力的で適応力に富むと考えられる一方で、ガバナンスの根拠が信頼であるという点で不安定であると見られる。意思決定主体がネットワークからの離脱を選択するような解決を図るケースは否定することはできない。そして、階層構造組織が備える法的根拠や契約関係による権威や命令がないインフォーマルな意思決定主体が想定されているネットワークではそのような安定を図る装置に頼ることはできない[4]。ネットワークにおける批判的思考の適用は問題把握、解決方法の提示の段階にあるという意味では、階層構造と共通しているが、大きな違いは、その結果下された意思決定が実効を伴う保障がないところにある。実効を伴う解決という意思決定を求めるという点で、ネットワーク組織における批判的思考の要求水準は複雑さ困難の度合いにおいて高度な水準を求めるものとなる。

　組織理論におけるガバナンス研究は階層構造である官僚機構の立て直しを図る取り組みとして進められた経緯がある。官僚機構への信頼は、自己利益の追

27

求や派閥主義からくる議会制民主主義の非合理性や不安定さから議会制民主主義の本質を守る手段として高まった。しかし、1970年代ごろまでには、そのガバナンスの欠陥を指摘する論調が支配的となり、その欠点克服を期待された市場、ネットワークの組織理論が台頭してきた（マーク・ベビア 2013：36）。選挙プロセスを経ない階層組織としての官僚機構は、政策についての説明責任や信頼感において市場、ネットワークに対して絶対的な優位性をもたなくなってきている。このため、批判的思考の実践についても市場またはネットワークのガバナンスを想定した取り組みを優先する傾向が出てくるものと思われる。しかし、市場やネットワークにおいても前述の欠陥が完全に克服されるものでもなく、むしろ議会制民主主義や官僚機構の政策決定における優位性を阻害している点も多い（マーク・ベビア 2013：198）。よってグッドガバナンスのあり方についてもまさに批判的思考の実践によって、ガバナンスの理念型に依らない追求の途上にあるといえよう[5]。

3　日本の教育課程における批判的思考育成の視座

（1）初等社会科と批判的思考

　本稿では批判的思考という概念を「よい思考、よりよい思考」をもたらす判断・態度・認知の技術や方略を用いることの複合体としてみる広義の批判的思考観をもって議論を進めてきた。社会科学習を批判的思考育成プロセスという視点からとらえるならば、2017年3月告示の社会の教科目標「(2) 社会的事象の特色や相互の関連、意味を多角的に考えたり、社会に見られる課題を把握して、その解決に向けて社会への関わり方を選択・判断したりする力、考えたことや選択・判断したことを適切に表現する力を養う」場としてのガバナンスの視点は不可欠な要素である。「たちの悪い問題（wicked problem）」に挑むアプローチの中でガバナンスの思考は組織構造のとらえ方に革新をもたらしてきた。学習において対象となる社会的事象は公民としての資質・能力の基盤を形成しつつある者にとっては「たちの悪い問題」ばかりではなく、一定のルーチンによっても克服し得る事柄となる場合もあるだろう。しかし、社会への参加のスタートラインにある初等教育においては、すでに克服された問題であっても十分に「たちの悪い問題」たり得るのである。このことから、身近な問題

第3節　批判的思考の視点から見た社会的事象の見方・考え方の育成

への取り組みから多面的アプローチの初歩、可謬主義的態度の初歩といった批判的思考の実践が社会的事象の見方・考え方を形成していくとみるべきであろう。

（２）初等教育における批判的思考の育成－幼小教育の有機的接続－

　次に社会科教育周辺の教育活動における批判的思考育成の視座についても若干言及したい。

　まず、2017 年 3 月告示の小学校学習指導要領では、算数の第 6 学年の目標（2）において、「数とその表現や計算の意味に着目し、発展的に考察して問題を見いだすとともに、目的に応じて多様な表現方法を用いながら数の表し方や計算の仕方などを考察する力、図形を構成する要素や図形間の関係などに着目し、図形の性質や図形の計量について考察する力、伴って変わる二つの数量やそれらの関係に着目し、変化や対応の特徴を見いだして、二つの数量の関係を表や式、グラフを用いて考察する力、身の回りの事象から設定した問題について、目的に応じてデータを収集し、データの特徴や傾向に着目して適切な手法を選択して分析を行い、それらを用いて問題解決したり、解決の過程や結果を批判的に考察したりする力などを養う」としている。これは、問題解決における解法の探索および解法の評価を批判的に検討する実践が目標に位置付けられている点で批判的思考実践の要素を強く打ち出す取り組みになっている。

　また、算数の第 6 学年の目標「(3) 数学的に表現・処理したことを振り返り、多面的に捉え検討してよりよいものを求めて粘り強く考える態度、数学のよさに気付き学習したことを生活や学習に活用しようとする態度を養う」においては、批判的思考の実践を支える態度の形成につながる視点が打ち出されている。

　2017 年 3 月告示の学習指導要領で明示された、各教科等の学習の本質的意義となる「見方・考え方」の育成は、ESD に見られる、教育における国際的コンセンサスに沿った方針といえる。プログラミングの体験を通じた論理的思考力育成についても「よい思考、よりよい思考」を支持する取り組みと位置づけられている。「学びの地図」としての再定義がなされた学習指導要領において、批判的思考育成は新たな進展を期待できる環境に導かれたといえる。

29

第1章　社会的事象の見方・考え方の育成を目指す初等社会科の実践理論

（3）幼児教育との接続と批判的思考

　最後に、2017年3月告示の学習指導要領における新たな視点としての「学校段階間の接続」について取り上げたい。子どもの発達段階への配慮とその接続を図る視点は「学びの地図」上では「スタートカリキュラム」として位置づけるなど、小学校教育を「ゼロからのスタート」ではなく幼児教育で身に付けたことを生かして教科等の学びを継続する場としての性格を帯びたものになっている。2017年3月告示の保育所保育指針、幼稚園教育要領、幼保連携型認定こども園教育・保育要領においては、知識・技能、思考力・判断力・表現力等、学びに向かう力・人間性等という三つの柱を共有し、「幼児期の終わりまでに育ってほしい姿」として、幼児教育と小学校の各教科等の教育との接続を図るものとなっている。

　また、批判的思考の育成とのかかわりでいえば、幼児教育における思考力育成の視点が「思考力の芽生え」として位置づけられており、今後、幼児教育と小学校教育を通じて一貫したカリキュラムの開発やマネジメント研究のさらなる充実が期待される内容となっている。

4　おわりに

　江口（2010）は、市民という主体について、「むやみに『力』を振り回さない『主体』であること、『モノ』や機能等ではないこと、それらに対峙しつつそれらを活用する、主役であれ脇役であれ『アクター』になること」と論じている（江口2010：7-8）。「批判的思考力」という力はグローバル時代の社会参加において必要な力となるが、実際の参加においてその力を振りかざす機会をもちえる－ガバナンスにおいては政策決定者と位置づけられる－のは一部のエリートに限定されるのであろうか。階層組織構造にせよ、市場にせよ、ネットワークにせよ、市民の「アクター」としての社会参加は意識的にせよ、無意識にせよ、当事者意識の有無を問わず必須のものとなっている。民主主義手続きにおける投票という形をとるにせよ、市場における消費という形をとるにせよ、あらゆる意思決定の場面における行為（act）は、何らかの「社会的事象」を構成しているのである。この営みにおいてイニシアティブをとるかとらざるかも強制されているわけではない。ただ、ある問題解決を目指すガバナンスに

第3節　批判的思考の視点から見た社会的事象の見方・考え方の育成

おいて共感を表明しうるのであれば、批判的思考力という力は、「アクター」としてのポジションが主役であれ脇役であれポジティブにプロセスを進める一助となるであろう。

　社会的事象の見方・考え方の育成を批判的思考の視点からとらえたとき、育成される批判的思考力とはそのような前向きの心をみせる市民をエンパワーする力となるべきではないだろうか。

〈注〉

1　定義を巡っては、例えば、「推論」「判断」「メタ認知」「反省」「問答」「知的作用」を定義付けに用いる傾向が多いことを報告する研究や、政策決定者・経営者・教育者 500 名の「批判的思考」についてのコンセンサスを提示する研究など、依然として一定の関心を惹きつけるテーマとなっているようである。Halpern (2002) pp.6-7. を参照。

2　2015 年 9 月 25 日の「持続可能な開発サミット」では、「持続可能な開発のための 2030 アジェンダ」が採択され、一連の持続可能な開発目標（SDGs）が提示された。SDGs の目標 17 項目はミレニアム開発目標（MDGs）で示された、8 つの貧困対策目標を土台としたものである。とりわけ、貧困に関する目標 1、不平等に関する目標 10、ガバナンスに関する目標 16 は、国連開発計画（UNDP）の長期的な計画にとって中心目標と考えられている。

3　実際には前述したように、市場についての学派によるニュアンスの違いがある。本稿はガバナンス論が主旨ではないため、以下に補足としてまとめる。例えば新古典派に立脚してとらえるならばまず、この立場では市場参加者の情報と価格の情報をもとに自らの行動を変えていくのが意思決定の場面となる。ここでの組織の一員としての意思決定者が調整していく行動が市場を均衡に導くと解釈するのである。一方、新オーストリア学派では、市場は不均衡であることが多いととらえる。よって、市場は均衡に導くことをガバナンスの目的とせず、市場によって作り出される競争環境によって参加主体間の行動を活性する点にガバナンスの目的の主眼を置いていると解される。よって、厳密には、市場組織構造が目指す「グッドガバナンス」については指向性の違いがありうる。ただし、本論では優勢を占める新古典派の市場組織構造を中心に取り上げるものとする。

4　ネットワークのガバナンスの困難として他にも民主主義の原理が欠損する状況があることも指摘されている。Held (1995) では、国内政治のように階層構造組織が持ちうる拘束力である主権が存立していない国際政治におけるガバナンスにおいて本稿で分類するところのネットワーク組織構造としてのコスモポリタンガバナンスを想定し、問題解決と調整手段としてのコスモポリタンデモクラシーの実現の重要性を指摘している。これに対し

Kymlicka（2001）では、「「伝統や習慣という共有された語彙」なしに、相互理解や相互信頼を形作ることはできず、公的問題の議論も成立しない」（Kymlicka 2001：209）とし、インフォーマルな主体間での民主主義原理構築の困難点を指摘している。

5　例えば、Heller. P ら（2007）ではネットワーク型の組織構造をもったキャンペーンと「協調型ガバナンス（一般市民が政策立案に継続的にかかわる取り組み）」の実践例を紹介しているが、ガバナンスに関与しようとする市民の多くは、教育水準が高く、経済的地位が確保されているなど、社会階層上優位な地位を占めるグループであったことを報告している。この結果からは、ネットワークにおけるガバナンスの参加が資質能力を備えたエリート層に偏り、幅広い要望や議論の（公正な批判的思考のレベルでの）実践という点では疑問が残るものであった。しかし、そうした疑問があるにせよ、これまでの組織論における課題を克服しうる注目すべきグッドガバナンスのモデルと評価を受けている。階層組織としての官僚機構とネットワーク志向の観点からの市民の共同参画がこの協調型ガバナンスの本旨である。

〈参考文献〉

江口勇治（2010）：市民に求められる学力、谷川彰英監修、江口ら編『市民教育への改革』、東京書籍、pp.6-9.

マーク・ベビア（2013）：『ガバナンスとは何か』、NTT 出版。

道田泰司（2001）：批判的思考、『おもしろ思考のラボラトリー』北大路書房、pp.99-120.

Held, D. (1995) *Democracy and the Global Order: From the Modern State to Cosmopolitan Governance, Cambridge*: Polity Press, 336p.

Halpern Diane F. (2002) *Thought and Knowledge: An Introduction to Critical Thinking*, 4th Edition, Routledge, 316p.

Heller. P, Harilal. K, Chauduri. S (2007) "Building Local Democracy: Evaluating the Impact of Decentralization in Kerala, India": World Development 35, pp.626-648.

Kymlicka, W. (2001) *Politics in the Vernacular: Nationalism, Multiculturalism, and Citizenship*, New York: Oxford University Press, 392p.

第3節　批判的思考の視点から見た社会的事象の見方・考え方の育成

第1章　社会的事象の見方・考え方の育成を目指す初等社会科の実践理論

第4節
環境教育における社会的見方・考え方の育成 －自然環境との関係づくりを考えるフレームワークの提案－

宮崎沙織（群馬大学）

キーワード：生活環境の維持・向上、環境保全、自然災害、自然－人間社会システム

　環境教育は、2000年代以降、ESD（Education for Sustainable Development）や東日本大震災などの影響を受け、その枠組みを拡大してきている。そうした背景を踏まえ、本稿では、環境教育を「環境問題の解決やよりよい自然環境との関係づくりを目指す教育活動」のこととし、小学校社会科との関連を考えていきたい。

1　2017年版学習指導要領（小学校社会科）における環境教育

（1）2017年版学習指導要領における社会的見方・考え方と環境教育のかかわり

　2017年3月告示の小中の学習指導要領では、社会的な見方・考え方を働かせることが目標に加わった。小学校社会科では、「社会的事象の見方・考え方」を示し、「社会的事象を、位置や空間的な広がり、時期や時間の経過、事象や人々の相互関係などに着目して捉え、比較・分類したり総合したり、地域の人々や国民生活と関連づけたりすること」とされた。

　小学校社会科における「社会的事象の見方・考え方」は、「位置や空間的な広がり、時期や時間の経過…」と、地理的・歴史的・公民的な区分に近い視点で明記されているところに特徴がある。その中で、環境にかかわる文言がみられるのは、「位置や空間的な広がり」である。中央教育審議会初等中等教育分科会教育課程部会社会・地理歴史・公民ワーキンググループ資料「社会的な見方・考え方（追究の視点や方法）の例（案）」（2016年5月）では、「位置や空間的な広がりの視点」として、「地理的位置、分布、地形、環境、気候、範囲、地域、構成、自然条件、社会的条件、土地利用など」を挙げ、問いや知識の例がいくつか記載されており、その中に環境が位置づいている。

　もちろん環境教育に関わる事柄において、学習指導要領で示されたような社

第4節　環境教育における社会的見方・考え方の育成

会的な見方・考え方を働かせることは大切なことである。しかしながら、位置
や空間的な広がりとしての環境だけでなく、環境を見る視点および環境とのよ
りよい関わりを考える見方・考え方を提示しなければならないと考える。

（2）2017年版学習指導要領の学習内容と環境教育のかかわり

　2017年版学習指導要領小学校社会科における環境教育に関わる主な内容
は、生活環境の維持・向上、自然環境の保全、自然災害の防止の三点に分類で
きる。

　一点目の生活環境の維持・向上にかかわる内容は、「廃棄物の処理」に代表
されるような社会科環境教育の中核というべきものである。2017年版学習指
導要領では、第4学年の「飲料水、電気、ガスの供給」や「廃棄物の処理」、
第5学年の「公害の防止」に関わる内容が該当する。「飲料水、電気、ガスの
供給」では、「節水、節電」の文言に加え「ごみの減量や水を汚さないこと」と
「自分たちにできることを考えたり、選択・判断したりできるよう配慮する」
と内容の取扱いで新しく示された。また、解説において「環境や安全に配慮し
て発電している…」等と記されるなど、環境負荷軽減の考え方がより強く示さ
れるようになった。第5学年の「公害の防止」については、2008年版では「公
害から国民の健康や生活環境を守ることの大切さ」としていたが、2017年版
では「公害の防止や生活環境の改善」の文言が加えられた。公害を防止するだ
けでなく、生活環境の改善が挙げられているところに特徴がある。

　二点目は、自然環境の保全にかかわる内容である。2017年版では、第4学
年の「地域の資源を保護・活用している地域」と第5学年の「森林の保全」に
関わる内容が該当する。第4学年の「地域の資源を保護・活用している地域」
では、「自然環境、伝統的な文化のいずれかを選択して取り上げること」とあ
る。第5学年の「森林の保全」では、現行は「森林資源の働き及び自然災害の
防止」であったが、自然災害と分離し独立した項目として示された。そして
「国土の環境保全について、自分たちにできることなどを考えたり選択・判断
したりできるよう」と示されている。

　三点目は、自然災害の防止にかかわる内容である。自然災害については、東
日本大震災以降、より一層重視されるようになった内容である。2017年版で
は、第4学年の「自然災害から人々を守る活動」と第5学年の「自然災害の発

第1章　社会的事象の見方・考え方の育成を目指す初等社会科の実践理論

生と保全」に関わる内容が該当する。第4学年では、県内の自然災害を扱い、第5学年では、自然災害からの国土の保全について扱う。

このように、2017年版学習指導要領における環境教育に関する内容は、全体としてやや増加傾向にある。よって、これらの内容を、環境教育としてどのようにとらえ考えていけるのか、その方向性を本稿では整理していく。

2　環境教育における見方・考え方と社会的見方・考え方

環境教育全体においても、教科の枠を超えた見方や考え方に関連する提案は、様々な立場から行われている。ここでは、『環境教育指導資料【幼稚園・小学校編】』とカリフォルニア州環境教育プログラムを参考に整理・検討する。

（1）『環境教育指導資料【幼稚園・小学校編】』における見方・考え方

『環境教育指導資料』とは、日本の環境教育の指針のような冊子である。文部省は、1991年に中学校・高等学校編、92年に小学校編、95年に事例編を発行し、環境教育ブームの契機を作った。それ以降、小学校編については、編集を国立教育政策研究所教育課程研究センターに変更し2007年と2014年に改訂・発行されている。最新の『環境教育指導資料【幼稚園・小学校編】』（国立教育政策研究所教育課程研究センター 2014）では、小学校における環境教育について、「子供が自分自身を取り巻く全ての環境に関する事物・現象に対して、興味・関心をもち、意欲的に関わる中で、環境に対する豊かな感性を育み、問題解決の過程を通して環境や環境問題に関する見方・考え方を育むとともに、持続可能な社会の構築に向けて積極的に参加・実践する力を育てることが大切である」（国立教育政策研究所教育課程研究センター 2014：36）と記されている。

上記より、2014年版『環境教育指導資料』では、「環境や環境問題に関する見方・考え方」の育成を重視していることがわかる。しかし、具体的な見方・考え方への言及はなく、関連して「環境教育を通して身につけさせたい能力や態度」と「環境を捉える視点」が例示されている。本稿では、特に環境を捉える視点に着目したい。環境を捉える視点とは、「持続可能な社会の構築を目指す環境教育を考えるための、自然や生命、エネルギーなどの要素を関連づけて理解するための視点」（国立教育政策研究所教育課程研究センター 2014：35）

第4節 環境教育における社会的見方・考え方の育成

とされる。これらの視点を各教科でバランス良く位置
付けることで、効果的な環境教育が実践可能であると
されている。

> | 環境を捉える視点 |
> | --- |
> | ・資源の循環 |
> | ・自然や生命の尊重 |
> | ・生態系の保全 |
> | ・異文化の理解 |
> | ・共生社会の実現 |
> | ・資源の有限性 |
> | ・エネルギーの利用 |
> | ・生活様式の見直し |

国立教育政策研究所
（2014）より

例えば、第3学年及び第4学年社会科「廃棄物の処
理」についての学習では、資源の循環と資源の有限性
を視点として、清掃工場や埋め立て処分場などの見学
を通して、自分たちが出したごみがどのように処分さ
れるのか（熱エネルギーの有効利用や資源循環、処分
場の寿命）について理解させ、少しでもごみの量を少
なくする方法を考え、関係諸機関の人々から助言をもらい、実際にその方法で
地域の人々に発信するような活動を紹介している。

また、第5学年「国土の保全などのための森林資源の働き及び自然災害の防
止」では、生活様式の見直しを視点として、自然が「人々に恩恵を与える面と
人々の関与が災害を引き起こす面の両面から環境を捉えることにより、国土の
保全や形成に関心を高め、環境への自分たちの関わり方について考える」（国
立教育政策研究所 2014：46）実践事例を紹介している。

2014年版『環境教育指導資料』で示された環境を捉える視点は、どれも重要
な視点ではあるものの、視点間のつながりや各教科との関連、体系的な構成も
示されていない。よって、環境を捉える視点をより効果的に導入するには、視
点間のつながりをはかり、各教科との関連と示していくことが必要と考える。

（2）システム的な考え方を導入した環境教育としての社会的見方・考え方

環境を捉える視点を社会科の内容との関連を図り体系化するため、ここでは
システム的な考え方を利用し、環境を捉える視点を再整理し、環境教育におけ
る社会的見方・考え方として検討したい。

環境教育におけるシステム的な考え方は、環境問題研究の影響を受け、近年
国内の ESD や環境教育研究でも取り上げられるようになった（曽田 2011、山
本 2014 など）。システム的な考え方とは、生態系のように系（システム）を
構成する諸要素のつながりと相互作用に注目し、環境全体をとらえようとする
考え方である。導入方法は目標レベルから授業方法レベルまで様々である。例
えば、カリフォルニア州の環境教育プログラム[1]では、自然システムと人間社

37

第1章　社会的事象の見方・考え方の育成を目指す初等社会科の実践理論

会システム間（自然－人間社会システム）の関係を「依存・影響・循環・透過・意思決定」という環境の原則及び概念を示し、カリキュラム構成に活かしている。自然－人間社会システムを基盤とした環境の原則及び概念は、「人間社会は自然システムから供給される多くのモノやサービスに<u>依存</u>しており、また人間社会システムは自然システムに<u>影響</u>を与えている。システム間をモノやサービスが<u>循環</u>し、自然システムへの悪影響は人間社会システムにも<u>透過</u>される。そして、システム間の関係性は人間社会システムにおける<u>意思決定</u>によって決定される」という考え方である。

　以上から、カリフォルニア州環境教育プログラムの自然－人間社会システム間のとらえを基盤とし、『環境教育指導資料』の環境を捉える視点を参考に、自然環境を社会的にとらえ考えるための概念（環境教育における社会的見方・考え方としての三つの概念）を下記に整理した。

---

①循環と恩恵
　人間社会システムは、自然システムから様々なモノやサービスの供給を受けている。それは、自然システム内やシステム間の循環によって成立している。この循環があるからこそ、恩恵が受けられるのである。
②有限性と人間／社会の過剰介入
　自然システムからの恩恵は、有限である。多量の搾取や利用、廃棄は、人間社会システムに公害や環境問題として影響を及ぼす。
③調整と共生
　人間社会システムでは、自然システムとの関係を維持するため調整し、人や社会、自然と共生していく必要がある。調整と共生では、①と②を考慮し、適切なバランスのあり方を個人及び社会の実践としての追究することを求める概念である。

　以上、社会科では、環境に関わる事象について自然環境と人間社会間における、①循環と恩恵、②有限性と人間／社会の過剰介入から捉え、関係性を維持・向上していけるよう③調整と共生の在り方を考えることとする。

第4節　環境教育における社会的見方・考え方の育成

3　環境教育における社会的見方・考え方のフレームワーク

　ここでは、先に示した環境教育における社会的見方・考え方としての三つの
概念（①循環と恩恵②有限性と人間／社会の過剰介入③調整と共生）と、小学校
社会科の学習内容との関連を整理しフレームワークを作成した（表１）。三つの
概念を導入することで、次のように学習内容をとらえることができると考える。

　学習内容は、小学校社会科における環境教育に関わる内容の分類（詳細は１
（２）を参照）を利用した。

　まず、生活環境の維持・向上に関わる内容は、ライフラインに関わる事項
や、公害、地球環境問題が対象となる。例えば、飲料水の供給については、
「①自然環境の循環により安全できれいな水を得ることができ、②水やその循
環システムは有限なものであり、過剰な利用や排水は水不足や水質汚染を起こ

表１　小学校社会科の学習内容と環境教育における社会的見方・考え方の関連

	小学校社会科に関連する内容	環境教育における社会的見方・考え方		
		①循環と恩恵	②有限性と人間の過剰介入	③調整と共生
生活環境の維持・向上	飲料水の供給【第4学年】	水源と水の廃棄までの循環（二次利用など含）等	過剰な利用や排水による水不足や汚染の危険性等	節水対策豊かな水源の確保と管理等
	廃棄物処理【第4学年】	廃棄物処理の循環、熱エネルギーの利用等	廃棄物が増加による汚染や健康被害の危険性等	廃棄物の減量対策、5Rの実践等
	電気・ガスの供給【第4学年】	エネルギー資源の循環と利用等	資源の有限性と社会への影響等	節電・省エネ発電方法の見直し
	水質汚染【第5学年】	水の循環と水質汚染の仕組み等	汚染の原因と社会への影響等	法整備、市民運動等
	地球環境問題【第6学年】	地球環境の多様性の価値、地球温暖化の仕組み等	温暖化の原因と社会への影響等	国連の取り組み、法整備、市民運動等
自然環境の保全	湖沼(地域資源)の保全【第4学年】	降雨時の機能生物多様性等	開発問題生物の絶滅等	市民の活動、ナショナルトラスト等
	森林の保全【第5学年】	水源、森林浴、災害防止効果等	森林の減少とその影響等	植林、法整備、保護林、市民活動等
自然災害の防止	火山噴火【第4、5学年】	火山の分布や恩恵等	観光利用や開発等の影響等	避難場所、入山避難情報、観測等
	風水害【第4、5学年】	風や雨による景観森林や湖沼の役割等	開発・都市化等の影響等	保安防災林、植育林、避難情報、ハザードマップ等
	地震、津波【第4、5学年】	地形景観交通路など生活利用等	開発・都市化等の影響等	避難情報や場所設置、ハザードマップ、耐震建築物等
	雪害【第4、5学年】	景観、レクリエーション(スキーや登山)生活利用等	開発・都市化等の影響等	避難情報や場所設置、気象情報等

（筆者作成）

第1章　社会的事象の見方・考え方の育成を目指す初等社会科の実践理論

す。③自然環境からの水の供給と人間／社会の利用のバランスは、節水や水源を守る活動などにより調整していかなくてはならない。」ととらえられる。

　次に、自然環境の保全に関わる内容については、湖沼や湿原、河川、生物、森林等があげられるが、ここでは湖沼と森林のみ例示した。森林については、第5学年で扱われる定番の事象である。「森林の保全」を事象として、それを三つの概念でとらえると、「①森林は水源、CO_2削減、レクリエーションなどの機能・価値があり、②人間の介入により森林の減少・荒廃があり、森林の減少は人間社会にCO_2増加や災害の発生などのマイナスな影響をもたらす。③植林や保護林指定、ナショナルトラストなどを通して保全されている。」ととらえられる。

　最後に、自然災害の防止に関わる内容は、火山噴火や地震、津波、風水害、雪害などがある。例えば、地震については、「①断層がつくった地形が険しい山を通りぬける交通路に利用されていたりするように、地震によって形成された地形は、様々な景観や生活面での利用を可能にしている。日本ではこのような地形システムの中で生活をしているのである。それから、②都市化や宅地開発により、地震時には液状化現象や土砂崩れなどの危険性が出てきた。そのほか、二次被害といわれる人災にも見舞われやすい状況となった。これらの被害を防ぎ、地形システムとのバランスをとるため、③情報の共有はもちろん、砂防ダムやハザードマップの作成、耐震建築などの対策がとられている。」ととらえられる。

　以上、三つの概念で諸事象をみることで、総合的に自然環境と人間社会との関係性を学習者がとらえ、よりよい自然環境との関係性を考えることができる。ただ、表1の内容は、事象及び項目により、スケールや科学的なメカニズム等、背景が多様であり、すべてを説明できていないことに留意をしてほしい。

4　環境教育としての社会的見方・考え方育成のための単元開発

　ここでは、実践蓄積が少ないと考えられる自然環境の保全と自然災害の防止について、環境教育における社会的見方・考え方育成の単元開発を試みたい。両単元ともそれぞれの事象に対して、自然環境とのよりよい関係性を追求した対応策を考えることができることを目的とする。

40

第4節　環境教育における社会的見方・考え方の育成

（1）第4学年　地域の資源を保護・活用している地域「トトロの森を守る所沢市」

　本単元は、2017年版学習指導要領第4学年内容（4）における「地域の資源を保護・活用している地域」に該当し、里山の保護・活用を題材にしたものである。事例地域は、トトロの森のある狭山丘陵および所沢市[2]を設定した。なお、2017年版学習指導要領では、地場産業も扱うこととなっており、生産量県下2位の狭山茶の生産に着目する。

　第1次では、狭山丘陵における雑木林や茶畑、宅地、レジャー施設などの様子をとらえ、その中で雑木林であるトトロの森が守られていることに気づかせ、どのように森が守られ生かされてきたのか予想を立てる。第2次では、いつから守られているのかをテーマに、狭山茶の歴史と暮らし、昭和以降の大規模宅地開発やレジャー開発の影響に着目する。第3次では、現在トトロの森における市の活動や市民団体の活動や博物館、里山の家の様子などを調べ追究する。第4次は、まとめの時間として、トトロの森は現在どのように生かされているのか、エコツーリズムとしての利用やナショナルトラスト活動の継続などをまとめる時間とする。

　トトロの森は、いわゆる雑木林（二次林）であり、原生林ではない。雑木林のかつての存在意義や現在の存在意義について、考える機会ともしたい。

表2　「トトロの森を守る所沢市」の単元構成

	各時間の内容（・学習内容、①～③概念）
つかむ	第1次 トトロの森を守る所沢市 　トトロの森のある狭山丘陵について知り、学習問題について話し合う。 【学習問題：トトロの森はどのように守られ、生かされているのでしょうか】 ・茶畑、宅地、森林、レジャー施設
追究する	第2次　いつからトトロの森は守られているのか　①② ・茶畑と里山（江戸時代から続く狭山茶の生産と里山の暮らし） ・宅地開発、レジャー開発 第3次どのようにトトロの森を守っているのか　③ ・市の活動　・ナショナルトラスト ・博物館の活動　・市民団体の活動
まとめる	第4次　トトロの森のこれから　①②③ ・エコツーリズムとしての利用 ・里山や緑地の価値の再考 ・トトロの森以外の雑木林の今後

（筆者作成）

（2）第5学年　自然災害の防止「日本の自然災害と国土保全」

　本単元は、2017年版学習指導要領第5学年の内容（5）に該当する単元である。第5学年では、内容（1）において、国土の地形や気候、自然条件からみて特色ある地域の人々の生活について学習する。そのため、既習事項としての国土の地形や気候、自然環境に合わせた人々の生活の様子に関する理解や考え

41

方をいかした単元構成としたい。表3は、地震を事例に単元構成を作成しているが、地震以外の事例やいくつかの自然災害を取り上げることでもよいと考える。

第1次では、日本の自然災害に関する情報を地図化する作業を通し、どんなところで起きるのか、どんな対策があるのか予想を立てる時間としたい。第2次では、科学的なメカニズムと

表3 「日本の自然災害と国土保全」の単元構成

	各時間の内容 （・学習内容、①～③概念）
つかむ	第1次　日本の自然災害 ・火山噴火、地震、津波、風水害、雪害 【学習問題：日本では、自然災害からどのように国土や人々を守っているのでしょうか】
追究する	第2次　地震と日本の地形のかかわり　① ・地震発生メカニズムとしてのプレートや断層 ・プレートや断層による地形の特徴と人々の生活との関係
	第3次　地震と一緒におこりうる災害　② ・地震の被害 ・地震による二次被害
	第4次　地震に備える　③ ・公助、共助、自助による防災対策 ・自然環境とのバランスのとり方
まとめる	第5次　自然災害から日本を守るには　①②③ ・地震以外の自然災害の諸対策 ・自然災害との関わり方の追求

（筆者作成）

して、地震がプレートや断層の影響を受けて起こることと、その影響による多様な景観と地形利用にも気づかせたい。第3次では、地震が起きるとどのような被害がでるのか、これまでの地震を振り返りつつ、液状化現象や津波災害、そのほかの二次災害について扱う。第4次では、地震への備えとしてどのような対策があるのか、また自然環境との調整をはかるためには、極端な対策はできないことにも気づかせたい。第5次では、まとめの時間として、自然災害から国土を守るためにはどのようなことが必要なのか、考えまとめる時間とする。

以上を通して、この単元では、自然災害の防止を題材に、自然災害というマイナス面ばかりではなく、日本の自然環境のプラス面にも単元の中で着目させたい。そして、自然環境と調整を図りながら、防災を考えさせたい。

5　おわりに

本稿では、環境教育における社会的見方・考え方として、三つの概念を提案した。ただ、簡単な単元事例の提案に留まっており、各事例単元の教材としての意義や詳細、学習評価等については今後十分な検討を行う必要がある。

しかしながら、環境教育の立場では、環境にかかわるすべての事象において、提案した見方・考え方を利用し、自然環境からの恩恵そして影響、自然環

境との調整を考えられることが理想である。社会科では、環境教育に関連する内容が扱われてはいるものの、節水・節電などの短絡的な行動化に陥りやすい。そのような面を克服するためにも、この提案した見方・考え方は、自然環境との関わりにおけるプラス面とマイナス面を基盤に行動を考えることに主眼を置いた。そして、調整と共生のあり方について、個人や社会のどの単位での施策および行動なのかを明確にし、より現実的な環境とのかかわり方や環境問題の解決策とすることが、社会科では重要と考える。

〈注〉

1　カリフォルニア州の環境教育プログラムは、The California Education and the Environment Initiative（EEI）Curriculum といい、環境の原則と概念（California's Environmental Principles and Concepts）を基盤に、社会科系教科と理科系教科の単元開発とその普及活動を行っている。詳細は、拙稿（2009）：カリフォルニア州における環境リテラシー育成のための社会科プログラム－環境の原理に基づく学習内容の再構成に着目して－、社会科教育研究、109、pp.58-69 にまとめている。

2　狭山丘陵の保全に関わる市や市民団体等の取り組みは、各団体のホームページを参考にしている。（所沢市 http://www.city.tokorozawa.saitama.jp/index.html）（公益財団法人トトロのふるさと基金 http://www.totoro.or.jp/index.html）など。

〈参考文献〉

国立教育政策研究所教育課程研究センター（2014）：『環境教育指導資料【幼稚園・小学校編】』東洋館出版社.

曽我幸代（2012）：持続可能性に求められる思考様式に関する一考察－システム思考の視点から－、国立教育政策研究所紀要、第141集、pp.221-230.

中央教育審議会初等中等教育分科会教育課程部会社会・地理歴史・公民ワーキンググループ（2016）：社会的な見方・考え方（追究の視点や方法）の例（案）、文部科学省.

文部科学省（2017）：『小学校学習指導要領』文部科学省.

文部科学省（2017）：『小学校学習指導要領解説社会編』文部科学省.

文部科学省（2008）：『小学校学習指導要領』東京書籍.

山本隆太（2015）：ドイツ地理教育におけるシンドロームアプローチの受容とその意義：ESDによる影響を中心として、新地理、63（1）、pp.39-58.

第1章　社会的事象の見方・考え方の育成を目指す初等社会科の実践理論

第5節
ケアの視点から見た社会的事象の見方・考え方の育成
－「依存」を前提とする「関係の構築」－

鎌田公寿（常葉大学）

キーワード：ケア、依存、関係の構築、「市民」

1　「社会的事象の見方・考え方」と「人間の見方」

（1）小学校社会科における「社会的事象の見方・考え方」

　「社会的事象の見方・考え方」（以下、「見方・考え方」）とは、「課題を追究したり解決したりする活動において、社会的事象等の意味や意義、特色や相互の関連を考察したり、社会に見られる課題を把握して、その解決に向けて構想したりする際の視点や方法」だとされる（文部科学省 2017：6）。この定義を筆者なりに解釈すると、次のようになる。「見方」とは、社会的事象／問題の現れ方を捉える際の視点、「考え方」とは、社会的事象／問題を解決する際の方向である。文部科学省の定義では、「考え方」は「方法」とされているが、本節では、「（具体的な）手立て」よりも「（抽象的な）方針」としての意味合いを強調するため、「方向」とした。

　では、小学校社会科における「見方・考え方」とはいかなるものか。同じく文部科学省によれば、「社会的事象を、位置や空間的な広がり、時期や時間の経過、事象や人々の相互関係などに着目して捉え、比較・分類したり総合したり、地域の人々や国民の生活と関連付けたりすること」である（文部科学省 2017：6）。ここには、①位置や空間的な広がり、②時期や時間の経過、③事象や人々の相互関係、という3つの「見方・考え方」が示されている。以下では、本節の問題関心から、③に焦点化する。この「見方・考え方」について、中央教育審議会答申の別添資料に示されている「問いの例」として、「どのような工夫や努力があるのだろう」「どのようなつながりがあるのだろう」「なぜ○○と○○の協力が必要なのだろう」の3つがある（文部科学省 2016：141）。こうした問いからもわかるように、③は、社会的事象／問題と〈わたし〉のつ

第 5 節　ケアの視点から見た社会的事象の見方・考え方の育成

ながりを意識化し対象化するための「見方」であり、かつ、社会的事象／問題とのかかわり方を〈わたし〉が選択・判断する際の「考え方」であるから、先の問いはさらに、「共に生きていく上で何が大切なのだろう」という問いへとつながる（文部科学省2016：141）。実際に、小学校社会科においては、子どもが自らの社会生活を支えている人びと（ないし人びとが創り出した社会システム）の存在に気づき、それとの関係を認識したうえで、自らがとるべき行動を考える、ということが重視されている。関係を認識するだけでなく、その性質を考えもするのであるから、「いかなる態度で、いかなる方向で関係を構築するか」という問いが、とるべき行動に先立って（かつ連続するものとして）立ち現れることになる。

　これは、社会的事象／問題の構造理解および解決と、人間存在に対する認識の仕方とが地続きであることを示唆する。人間をみつめ、その性質をつかむこと、そしてそのうえで関係を構築すること。これが社会的事象／問題の構造理解と解決にとって必須である。続く（2）において、その論理を示す。

（2）社会的事象／問題と人間

　人間を純粋に個人としてみた場合、説得的な根拠をもってその価値を比較し、優劣をつけることはできない。しかし現実には、「上位（強者）」が（恣意的に）「下位（弱者）」（たとえば、社会的、民族的、性的「マイノリティ」）を決め（個人の価値を比較・決定し）、社会の周縁に押しやる、抑圧するといった事態が生じている。

　これは、人間を個人としてみているようでいて、実のところ、いくつかの部分（たとえば、年齢、身体、住環境、人種・民族、性）が集まった全体としてみている、ということによって引き起こされる問題である（藤野2016：86-87）。部分はさらに、社会一般に流布している、単純化され、価値づけられたカテゴリー（たとえば、身体であれば健常者／障害者、性であれば異性愛者／同性愛者）としてみられる。個人は、こうしたカテゴリーの受容をめぐって格闘する。しかし、当該カテゴリーの「多数派」が圧倒的な権力をもって「少数派」を支配し、ネガティヴな価値を付与することがある。このとき、「多数派」であること自体が、権力の根拠となる。権力は、支配－被支配の関係を絶対化、正当化する。支配－被支配の関係は、「支援者－被支援者」という、ごく

45

第1章　社会的事象の見方・考え方の育成を目指す初等社会科の実践理論

「当たり前」の姿で表出することもある。ここには、「自律（自立を含む）」した〈われわれ〉に「依存」する〈人びと〉、という認識が潜んでいる。

この認識は、「多数派」内部における「異質」、すなわち、「（ネガティヴな価値づけをした／された）依存」の隠蔽に起因する（岡野 2010：31）。依存を、あたかも自らには存在しない性質として、外部である「少数派」に投影し、〈われわれ〉と〈人びと〉を区別するのである。

こうした思考を克服するには、人間存在に共通する、依存という性質に気づくことで、カテゴリーに付与された価値を権力もろとも相対化し、他者認識および自己認識を転換する、という方略をとる必要がある（この中核には、「自律／依存」の二項対立の再編がある）。これが、「少数派」への差別を減らし、「関係の構築」という観点から社会的事象／問題の解決をめざすことにつながる。本節では、その際に求められる「見方・考え方」が「ケア care」である、という主張を行ってみたい。

このような立場から、本節では「見方・考え方」を、「社会的事象の見方・考え方」と「人間の見方」の2つを含意するものとして使用する。

2　ケアとは何か

（1）ケアの諸要素

ケアとはいかなる営みなのか。またその遂行に伴い、何が求められるのか。「見方・考え方」としてのケアを導くために、まずはこれらの問いに取り組むことにする。

ケアをケアたらしめる主要素は、「専心 engrossment」である（Noddings 2010：47）。専心とは、ケアされる人のニーズに注意を集中し、把握することである。その際、なすべきことが2つある。1つは、ニーズの把握に向けた探求である。ケアされる人が表明したニーズ（以下、表明的ニーズ）が、真のニーズでないとき（ニーズを表明した本人が、自分の真のニーズをわかっていないとき、自分を欺いているときなど）がある。こうした場合、ケアする人は、ケアされる人のニーズを推断する必要がある。ケアする人が推断したニーズ（以下、推断的ニーズ）をケアされる人に示し、対話することによって、その時点での真のニーズを、両者が納得したうえで確定するのである。これは本

46

第5節　ケアの視点から見た社会的事象の見方・考え方の育成

質的には、ケアされる人が「どう生きたいのか」「何を幸福とするのか」をともに探求する作業である。

もう1つは、文脈を考慮することである（Robinson 2011：98）。というのも、社会構造とかかわって発生するニーズもあるからである。こうしたニーズを満たすには、まずはそれを生み出している社会構造を理解し、そののちに、いかなる方向に社会を創り変えるべきかを考えることになる。このことは、1点目とも関連する。ケアされる人が現状の社会のしくみを十分に把握できていないがために、ニーズをニーズとして認識できていない（ニーズに対する十分な自己理解がなされていない）場合、ケアする人が、社会のしくみを理解したうえで推断的ニーズを提示すれば、ケアされる人の真のニーズに近づくことができる。なお、現状の社会構造がニーズを生み出している場合、構造改革がニーズ充足の手段として採用される。これは、単独では到底なしえない。複数人、あるいは当該社会のすべての「市民」が取り組まねばならない。そして構造改革が実現したならば、他の人びとがもつ同様のニーズも充足される。（ただし、それは結果としてであって、ケアの出発点は、あくまで「個人」のニーズであるということを忘れてはならない。同じニーズをもつ人びとが一定数その社会に存在するという状況は、もちろん考えられる。しかし、だからといって、あらかじめ「同一のニーズをもつ集団」とみなしてしまえば、集団内におけるニーズの多様性に鈍感になるという陥穽にはまる。やはりケアは、個人に対してなされるものでなくてはならないのである。）

以上のような仕方で、ケアする人はケアされる人のニーズを満たそうとする。しかし、ケアされる人にとって、そのニーズを注視するケアする人の存在は、所与のものではない。そもそもニーズは、自身だけでは満たすことができないからこそ、外部に向けて発せられる。このとき、他者とすでに関係を構築しているのであればひとまず問題はない。けれども、もしそうでないのなら、ケアされる人は関係が断絶した状態、孤立した状態にあるといえる。したがってケアは、こうした状態を回避し、関係を構築・維持するうえで、きわめて重要な役割を果たす。このことから、ケアとは、関係の断絶という状態を回避するべく、ケアされる人のニーズの把握に努め、制度改革を視野に入れつつ、関係のネットワークの範囲と（そこに位置づく）自らがなすべき事柄を特定し、

47

第1章　社会的事象の見方・考え方の育成を目指す初等社会科の実践理論

その遂行によって関係を構築することである、といえよう。

（2）「ケアされる」人間

　次に、ケアを遂行するためには、「ケアされる人」という自己認識の獲得が必要不可欠であるということを論じたい。

　すでに述べたように、ケアされる人の真のニーズを把握するためには、対話が必要となる。その際憂慮すべきは、「パターナリズム paternalism」である。パターナリズムとは、相手の意思決定を代行しようとする態度のことである。これは、ケアとは対置される。なぜならパターナリズムは、推断的ニーズの押しつけにほかならず、真のニーズを把握するための対話を阻害するからである。パターナリズムは、「ケアする〈わたし〉」と「ケアされる〈あなた〉」の支配‐保護の関係を含意する。これが自律した「強者」としての自己認識を助長し、依存する「弱者」との権力格差を、意識的にせよ無意識的にせよ、肯定する。ゆえに、パターナリズムに陥ってしまえば、自律と依存の二項対立を再編することもできない。

　パターナリズムから脱却し、ケアへと向かうためには、自身をも「ケアされる人」と認識すること、つまり、自己を含めたすべての人間に共通する「依存」を認識することが、決定的に重要である。ケア論において共有されているのは、人間は脆弱で傷つきやすい存在、誰もがニーズを有しケアを必要とする存在、という理解である。「われわれは皆、ケアの受け手である」という点において（Tronto 2013：146. 傍点は原文イタリック）、人間は本来的に平等である。まずはこの地平に立つことが必要である。これが自己と他者との線引きを解消する。「〈あなた〉も、そして〈わたし〉も、同じように依存した存在である」と認識することで、パターナリズムを回避できるのである。

　自己内部に存在する依存を、「異質」なものとして外部に放り出すだけでなく、それを他者に投影し、自己とのあいだに頑強な境界線を引き続けるかぎり、他者のニーズに専心することはできない。ケアへと向かう動機は、他者のニーズを満たしたいという想いである（Noddings 2010：48）。このおおもとにあるのは、繰り返すが、依存の認識である。互いに依存しているからこそ、他者とつながることに積極的になるだろうし、また、ニーズが満たされていない状況、「関係の断絶」を生み出す社会構造を変えようともするだろう。さら

には、いったん構築された関係からの離脱によって他者が傷つくことを回避すべく、関係を維持しようともするだろう。

　「ケアされる人」という自己認識に至るには、まずは「ケアされる人」としての自身のニーズを突き詰めて考え、明確化することが求められる。その結果、それは一時的な「欲求」ではなく、間違いなく「ニーズ」であり、それゆえに、ケアする人の存在が必要であることに気づく。別言すれば、自身が他者に依存していることが明瞭に意識されるのである。そのうえでニーズが充足されれば、「ケアされる人」としての自覚がさらに強化される。

3　「社会的事象の見方・考え方」としてのケアを育成するためのポイント

（1）「社会的事象の見方・考え方」としてのケア

　ここまでの議論を踏まえて、「見方・考え方」としてのケアが具体的に何をさすのかを確認したい。

　1つ目は、「関係の断絶」という社会的事象／問題の「見方」である。たしかに、小学校社会科において強調されているように、人びとの努力や工夫によって〈わたし〉の社会生活は支えられている。だが他方で、法制度による権利保障からこぼれ落ちる人びと、さらにそれが原因で「弱者」とみなされ、周縁化される人びとがいる。こうしたあらわれ方を、「関係の断絶」として捉えることができる。

　2つ目は、「関係の断絶」が解決された状態としての、「関係の構築」という社会的事象／問題の「見方」である。もっとも、「関係の断絶」は、「関係の構築」を前提とする。その点では、「関係の断絶」より前に「関係の構築」を獲得するという手順を踏んでもよいだろう。

　3つ目は、「依存」という人間の「見方」である。これは、人間は自律可能な存在であると同時に、他者に依存した存在（他者なしには、容易くその生が脅かされ危うくなる存在）でもある、と捉えることである。この「見方」は、自律が期待される環境に過度に晒されることで、それを忘却したとき（そしてそれに付随して、パターナリズムが前面に押し出されるとき）にこそ、重要になる。依存という人間存在の普遍的性質を常に認識することでパターナリズムを克服すること。これは、次に説明する「考え方」の基盤となる。

49

第1章　社会的事象の見方・考え方の育成を目指す初等社会科の実践理論

　4つ目は、「関係の断絶」を「関係の構築」へと導くための、「考え方」としてのケアである。ケアされる人のニーズを重んじ、ニーズを生み出す原因となっている（かもしれない）その人の人間関係や社会構造を把握する。そして、真のニーズをみきわめたうえで、自身も含め、誰がどの程度責任を負うべきか（責任をどのように分配するか）を、制度改革も視野に入れて考える。これらが、個別の関係性および具体的な問題解決の手段を構想するための指針となるのである。

（2）育成するためのポイント

　続いて、小学校社会科において「見方・考え方」としてのケアを育成するための手立てを考案する。

　まず、「関係の構築」という「見方」を獲得するうえで何よりも重要なのは、他者との出会いを用意することである。小学校社会科においては、とくに第3学年から第5学年にかけて、他者との出会いが豊富に設定される。第3学年であれば「生産や販売の仕事」「地域の安全を守る働き」、第4学年であれば「人々の健康や生活環境を支える事業」「自然災害から人々を守る活動」、第5学年であれば「我が国の農業や水産業における食料生産」「我が国の工業生産」といったように、多くの学習内容が、他者との出会いを軸に展開されている（文部科学省2017）。これらをとおして、子どもは他者との「関係を構築」する。より正確にいうと、他者との「関係を自覚」する。第3学年から第5学年にかけては、他者との出会いを経験することで、「つながっている」という「見方」を獲得する段階であるといえる。まずは「関係がある」ということを認識しなければ、「関係の断絶」とはいかなる状態をさすのかを理解できない。そうしたことから、第3学年から第5学年にかけては、「関係の構築」という「見方」を獲得させることが適当であろう。他者とのつながりを、まずは意識化するのである。

　次なる段階は、関係を対象化しながら、他者と「どのようにつながっているのか」を問うことである。結論からいえば、その内実は、まずもって他者から「支えられている」という関係の仕方である。このことから、小学校社会科においては、「依存」という「見方」の獲得が十分に意識されているといってよい。しかし、「支えられている」ことと、「ケアされている」こととは、ニーズ

50

第5節　ケアの視点から見た社会的事象の見方・考え方の育成

の表明の有無という点で、厳密には異なる。前者にはニーズの表明、つまり、自分は何を望み、何を必要としているのかを表明し、それを自覚したうえで、さらに突き詰めて考えるというプロセスが欠如しているのである。本節において意味するところの「依存」という「見方」を獲得するためには、まずはこのプロセスを導入するとよい。「支えられている」ということを認識する前に、たとえば見学や調査の計画段階において、自分のニーズを言語化しておく。もっとも、子どものニーズは往々にして奔放である。ゆえに、「支える側」（たとえば「働く人びと」）である他者（ないし社会システム）が推断した子どものニーズとのずれが生じる可能性は十分にある。そして一般的に、（社会科の入口に立ったばかりの）子どもの表明的ニーズではなく、「支える側」による推断的ニーズのほうが、子どもの真のニーズである場合が多い。そこで子どもは、見学や調査における対話を通じて、ずれの有無を確認し、もしずれがあったならば、「なぜ自分のニーズが認められないのか」という問いを発見し、他者とともにそれに取り組み、結果、自分のニーズが「支える側」による推断的ニーズであることに気づいていく。そしてそれがすでに満たされていること（あるいは満たされるように他者が努めていること）を鮮明に理解することができれば、「依存」の見方の獲得に歩みを進めたことになる。

　また逆に、子どもも「支えられる」ばかりではなく、関係を良好なものへと高めるために、自分にできることを考え実践することで、他者を「支える」。この両面性を、自他ともに認めることができるような支援が必要である。たとえば、子どもは同じく見学や調査によって、「支える側」が行っている、子ども（を含む当該社会のメンバー）のニーズを満たすための取り組みを知る。そしてこの取り組みに自分も参与できないかと考える。これが、子どもが「ケアされる人」から「ケアする人」へと立場を転換する契機となり、「考え方」としてのケアの獲得へと向かっていく。人びととの関係を念頭に、そこにおける自らの責任を自覚し、関係の維持・発展を志向し、ともに幸福を追求するための具体的な方法を提案しようとするのである。提案は、とくに第6学年の学習内容である、「我が国の政治の働き」「グローバル化する世界と日本の役割」などに位置づけることができる（文部科学省 2017）。このとき、「依存」という「見方」を十分に身につけていれば、パターナリズムに陥ることなく、ニーズ

51

第1章　社会的事象の見方・考え方の育成を目指す初等社会科の実践理論

への確かな理解を伴って社会の創造に取り組むだろう。

4　ケアする・される「市民」の育成と社会科

　以上本節では、「社会的事象の見方・考え方」にケアを位置づけ、小学校社会科においてとくに「見方」を獲得するための方略を、ささやかながら提案した。他者が望む生き方、幸福を実現するためには、それを互いに探求し、了承する必要がある。この営みがケアであり、それが社会を構想するための強固な土台となるのである。その際に求められるのは、自分の社会的位置を絶えず問い直し、人間存在としての平等に立ち返ろうとする姿勢である。そうして辿り着いた共通の人間性こそが、連帯を可能する「見方・考え方」なのである。これを備えた人間を、本節では「市民」と呼びたい。そして、ケアする・される「市民」の育成を中心的に担う教科が、ほかならぬ社会科であると考える。これまで、「シティズンシップ citizenship」（「市民性」などと訳される）を育む教育において、ケアを要素とする実践の分析・開発がなされているが（鎌田2012、橋崎2017、若槻2014など）、本節における試みは、そうした研究に学びながらも、「見方・考え方」にケアを位置づけることで、「市民」の育成に果たす社会科の役割を明瞭にするものである。

　最後に、今後の課題について述べる。「依存」という「見方」、そして「関係の断絶」という「見方」がより一層求められるのは、やはり、差別の対象となりやすい、社会的、民族的、性的「マイノリティ」との出会いにおいてである。「マイノリティ」が学習内容として扱われるのは、一般的には中学校社会科・高等学校公民科であり、他者から発せられる切実なニーズに向き合い、それをいかに、自身を含めた社会全体で実現していくかを考える授業を組み立てることが可能となる。しかしそれと同時に、自律への要請が強まり、依存の忘却、そしてそれに付随するパターナリズムという課題も切実性を増す。そうしたときこそ、「依存」という「見方」を獲得するための支援が必要である。小学校の段階で、こうした支援をすることはもちろんだが、それでも、依存の忘却に抗うには継続的な取り組みが必要である。今後は、中学校以降の社会科・公民科において、「見方・考え方」を育成する方法、そしてそれを組み込んだ小中高一貫の育成カリキュラムの構築に取り組みたい。

第5節　ケアの視点から見た社会的事象の見方・考え方の育成

〈参考文献〉

岡野八代（2010）：つながる・つなぐ－複数の、具体的な個人の間の、偶発的な集まりからの政治－、岡野八代編著『生きる－間で育まれる生－』、風行社、pp.21-57.

鎌田公寿（2012）：ケアを学ぶグローバル教育の可能性－Noddingsの理論の考察を通して－、グローバル教育、Vol.14、pp.18-33.

橋崎頼子（2017）：ケアの倫理に基づく実践を通した多元的・多層的アイデンティティ形成に関する一考察、第25回日本グローバル教育学会自由研究発表資料.

藤野寛（2016）：『「承認」の哲学－他者に認められるとはどういうことか－』、青土社、245p.

文部科学省（2017）：『小学校学習指導要領解説　社会編』.

文部科学省（2016）：『次期学習指導要領等に向けたこれまでの審議のまとめについて（報告）』.

若槻健（2014）：『未来を切り拓く市民性教育』、関西大学出版部、166p.

Noddings, Nel.（2010）. *The Maternal Factor: Two Paths to Morality*. Berkeley: University of California Press.

Robinson, Fiona.（2011）. *The Ethics of care: A Feminist Approach to Human Security*. Philadelphia: Temple University Press.

Tronto, Joan C.（2013）. *Caring Democracy: Markets, Equality, and Justice*. New York: New York University Press.

第1章　社会的事象の見方・考え方の育成を目指す初等社会科の実践理論

第6節
経済教育において社会的事象の見方・考え方を育成する初等社会科授業　−経済に関する児童の素朴理論に基づいて−

呂光暁（筑波大学）

キーワード：経済的な見方・考え方、素朴理論、概念変化、科学的理論

1　経済的な見方・考え方の意味

　社会的事象に内在する経済的事象に対する見方・考え方は、「経済的な見方・考え方」として置き換えることができる。しかし、その中身は学習指導要領で示されたものと完全に一致するわけではない。

（1）経済学における経済的な見方・考え方

　経済的事象に関する経済学の見方・考え方は、経済学という学問の体系に由来する。例えば、猪木（2013：2）は経済学を、「家計、企業、政府部門、外国（輸入と輸出）といったさまざまな経済主体がいかに行動し、それらがどのような相互依存関係にあるのかを分析し、一国の経済がどのような機能と構造のもとで他国と依存しあっているのかを明らかにすることを目的としている」学問と定義した。また、工藤（1997：16）は、近代経済学における「経済全体の見取り図や要素間の相互関連を描く解剖学的方法」と「経済の調整システムを説明する機能的方法」という二つの経済分析法に依拠して、経済的な見方・考え方を「社会的事象の中に、経済的な相互依存関係を発見し、さらに経済の行為主体と経済全体の視点から経済の機能的関連や動きについて説明できること」と捉えた。このような定義の下での経済的な見方・考え方は、経済的事象の相互関係を「分析・究明」するものとなる。

（2）経済教育における経済的な見方・考え方

　経済教育の研究領域における経済的な見方・考え方については、一般に、アメリカの National Council on Economic Education（NCEE）が開発した経済教育のスタンダードにみられる基本的な概念体系に依拠することが多い。NCEE はアメリカの経済教育を推進する母体として、早い時期から経済教育の

第6節　経済教育において社会的事象の見方・考え方を育成する初等社会科授業

基本概念を 22 項目から提唱し、その上で、幼稚園から高等学校にかけての概念体系の学年配列を提案した。その中身は、表 1 に示す通りである。

　NCEE による概念体系の他に、栗原（1993：53）は認識論の視点から、「歴史・制度学派」経済学と「合理主義経済学」という二つの立場から経済的な見方・考え方を捉え、後者の立場により、「希少性概念から派生する基礎的な経済概念（トレード・オフ、機会費用、選択など）を学ばせることの必要」を主張した。また、実際の教授・学習活動において、「概念達成方略」を通じて基礎的な経済概念を理解させ、それらの概念を現実の経済問題に適応させて、生徒自身が意思決定することの重要性を強調した。さらに、山根（1984、1987）は、経済学の学問体系に基づきながらも、より現実的なレベルにおける児童の行動的な側面を重視することで、経済的な見方・考え方を、生産・消費といった経済活動を分析するための概念と捉えた。そして、経済的な見方・考え方の中身を、具体的には「利益」「費用」「生産性」「機会費用」「トレード・オフ」「流通」などの概念から捉えた。

　以上のことを踏まえると、経済的な見方・考え方が、経済学の学問体系に基づき、経済的事象を思考するためのツールとして考えられてきたことがわかる。その一方で、経済教育に基づく経済的な見方・考え方は、経済学の学問体系に由来する基礎概念を中核的な内容とした、児童が経済的事象を分析するにあたっての概念枠組みと捉えられている。両者の具体的な中身は一定程度異なる。しかし、経済学と経済教育における経済的な見方・考え方は、ともに経済学の知見から由来する概念（体系）に基づくものであり、両者は「思考のためのツール」「分析する際の枠組み」として、道具的な性格を有する点で共通していることを確認できる。

表 1　アメリカ NCEE による経済教育の概念体系

基礎的経済概念	1. 希少性　2. 機会費用とトレード・オフ　3. 生産性　4. 経済システム　5. 経済制度と動機　6. 交換・貨幣・相互依存関係
ミクロ経済の概念	7. 市場と価格　8. 供給と需要　9. 競争と市場構造　10. 所得分配　11. 市場の失敗　12. 政府の役割
マクロ経済の概念	13. 国民総生産　14. 総供給　15. 総需要　16. 失業　17. インフレーションとデフレーション　18. 金融政策　19. 財政政策
国際経済の概念	20. 絶対優位・比較優位・貿易障壁　21. 為替レートと国際収支　22. 成長と安定の国際的側面

（経済教育研究会（1997：12）より筆者作成）

2 経済的な見方・考え方と児童の日常認知

（1）日常経験による経済的な見方・考え方の形成

　経済的な見方・考え方は学校教育における経済学習だけによって獲得される
ものではない。消費社会に生きる小学校児童も「十分に自立的な消費主体であ
る」（高橋 2016：156）ため、生活の場面においても経済的事象に対する見
方・考え方を形成している。猪瀬（2002）や呂（2014b）などの研究から、経
済的な見方・考えを形成・応用する過程において、日常経験の要素が介在する
ことが、理論的かつ実証的に明らかにされてきた。ところが、日常経験によっ
て形成される児童の経済的な見方・考え方は、必ずしも経済学者や経済教育学
者が定義したそれと同質ではない。ここで注目すべきは、日常経験による認知
に、素朴理論（naive theory）が内在することである。

（2）経済に関する児童の素朴理論

　素朴理論とは、「人が経験によって自発的に形成した物事や事象及びそれら
の関係についての知識体系」を意味する。名称は「素朴理論（naive theory）」
の他に、「前概念（preconception）」「誤概念（misconception）」「素朴概念
（naive conception）」などがある。経験に基づく素朴理論は誤概念や素朴概
念などから構成されており、諸概念が相互に関連し合って系統性をもつだけで
なく、一定領域内の問題解決にも適用されることから、素朴理論と総称される
ことになる。つまり、「素朴理論」はこれらの用語を総合して包括した用語で
ある。現在、物理的、心理的、生物的領域を始め、経済的領域においても、そ
の理論が通用可能であることが確認されている。

　図1に示したように、素朴理論には、専門領域の学問体系に近く、科学的な
内容も含まれているが、一般に、科学的に誤った不適切、不十分なものが多く
含まれる。例えば、先行研究で明らかにされたように、小学校児童は、お金や
銀行などの経済的事象の機能を理解するのに個人的な人間関係や生活経験を重
視し、そのため、経済的に理解しにくい、商品の価格の形成などについては、
その物の物理的特性から説明しようとすることなどが報告されている（田丸
1993）。

（3）素朴理論に注目することの重要性

　学校の教育課程において、経済に関する教育内容は主に小学校と中学校の社会科及び高等学校の公民科に位置付けられている。小学校では、学年の上昇につれ、基礎的な経済内容が地域学習や産業学習などの学習場面に登場し、社会科の学習内容の拡大に伴って難易度が増すような配列となっている。小学校の経済教育は、こうした同心円的な拡大方式による「身近な地域―日本―世界」という順序のもとで、経済的な見方・考え方を系統的に育成しようとしている。

　一方、社会科に経済に関する教育内容が位置づけられているが故に、経済教育の方法論は、社会認識の育成という角度から考案されることが多い。科学的な社会認識を育成するために、森分（1978）は、「仮説・検証」をさせることを強調する。そして、児童が日常生活で身に付けた生活的概念や非科学的常識的な理論を、説明力の強い・間違いの少ない・科学性の高い科学的理論にまで成長させるという「科学的探究」の授業構成理論を提案した。その際に、「個人的な感情や情緒、倫理的な判断を交えない知的な理解」が、社会科の目標原理および授業構成原理として追究されたのである。しかし、呂（2015）が指摘するように、「科学的探究」の授業構成理論は、個人的な感情や情緒、倫理的な判断を排除することになり、かえって学習者および学習内容の心理的な要素を剥離する恐れがあり、必ずしも科学的社会認識の育成には繋がらない。

　福田（1996）は、経済教育のカリキュラムを開発する際に、学習者の経済認識の実態を踏まえることを指摘する。そして、経済認識の発達段階に応じて教授学習内容を配列し、経済認識の発達規定要因に応じて授業づくりを行うことの必要性から、経済教育における心理的な知見の重要性を主張した。本稿では、この福田（1996）の主張に依拠し、森分（1978）の考える生活的概念や非科学的常識的な理論を素朴理論の枠組みから捉え直し、仮説・検証に代わって概念変化という方法論を採用して、素朴理論を科学的理論へと発展させる方策を提案してみたい。

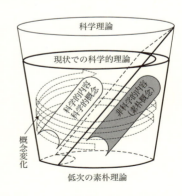

図1　素朴理論の内部構造
（出典：呂 2015、P15）

第1章　社会的事象の見方・考え方の育成を目指す初等社会科の実践理論

3　素朴理論による経済的な見方・考え方の育成

（1）素朴理論に基づく教授原理

　素朴理論は、自発的認知活動によって形成される知識体系である。それは、具体的に観察できる経済的事象に対する認識と、観察できない経済的因果関係に対する認識という二つの内容を含む。この二つの内容は、前述した経済的な見方・考え方における「見方」と「考え方」にそれぞれ対応する。両者は、経済的事象の認識が因果関係の認識の基礎になるという関係にある。したがって、認知発達上では、経済的事象の認識が経済的因果関係の認識に先立つことになる。そして、素朴理論を科学的理論へと発展させるには、「概念変化」という方法論が一般的に用いられる。

　波多野・稲垣（2005）によれば、概念変化とは、核となる概念、概念表象、概念表象化（ルールやモデル、理論を含む）の変化であり、既有の知識体系の大規模な再構造化を意味する。概念変化の一般過程は「素朴理論への気づきの欠如→科学的理論による素朴理論の再認識→科学的理論の形成」としてまとめられる（呂 2013）。また、前述のように、素朴理論が非科学的内容と科学的内容の両方を含めているため、概念変化の中核にある「科学的理論による素朴理論の再認識」は、「非科学転換型」と「科学伸長型」に分類される（呂 2015）。非科学転換型の概念変化とは、非科学的内容を活性化し、素朴理論の非科学性に対する学習者の不満を増加させ、素朴理論の全体を引っ繰り返して、最終的に科学的理論を定着させるという方策である。それに対して、科学伸長型の概念変化とは、科学的内容を充足し、素朴理論の科学性を高め、学習者の満足度を増加させて、漸進的に科学的理論を受け入れさせる方策である。

（2）「価格」をテーマとした授業実践

　本稿では、非科学転換型と科学伸長型の概念変化に基づいて、米と魚の値段をテーマとした実験授業をそれぞれ計画し、小学校第5学年の農業学習と水産業学習で実施された授業を紹介する。授業実施にあたっては、まず事前のアンケート調査から「価格」に対する児童の素朴理論を明らかにした。具体的には、価格の決定や相違に対する児童の「着目要因」と、価格の変動を考える際に児童が立てた「論理構造」を考察した。その結果、需要と供給によって価格

が決定される、つまり「(需要＋供給)→価格」という科学的理論に対して、多くの児童は「使用価値→価格」「供給→価格」「コスト→価格」などの素朴理論を持っていることがわかった。そこから児童の素朴理論の特質を踏まえた授業を計画した。それぞれの実験授業の概要は、表2と表3に示す通りである。教師の発問や児童の反応などの授業の細部は、呂（2014a、2015）を参照していただきたい。

表2　「米の値段」単元の構成

思考過程	学習過程	時間	内容
素朴理論への気づき	素朴理論の存在に気づかせ、素朴理論の中核的な概念に注目させる。	第1時	同種の商品の価格差という経済現象に出会わせ、「それはなぜか」という問題意識を持たせる。まず、長野県産コシヒカリと新潟県産コシヒカリという同じ品種の200円の値段の差について、児童に疑問を持たせる。「価格の違い」から、米の値段に影響を与える諸要因を予想させることで、その値段は「味」（自然的な側面）によって決められるという中核的な概念を取り上げ、それによって形成された因果関係の枠組み、つまり素朴理論を導き出す。
素朴理論による科学的理論の再認識【非科学転換型概念変化】	既有の素朴理論における概念と対応して、より科学性のある上位概念を提示し、その有効性を考えさせることで、既有の素朴理論に矛盾を生じさせ、異なる視点から経済現象に対する再認識を促す。	第2時　第3時	商品の「価格の違い」という経済現象に対する再認識活動を促すように、商品の物理的な属性だけでなく、その背後にある経済的関係についても考えさせる。両方のコシヒカリを炊いて、児童に食べさせた後に、どちらが長野県産、新潟県産なのかを予想させる。同じ「米の値段は味によって決められる」という論理を使って判断したが、各個人の判断結果が違うという状況から、「味によって、米の値段が決められない」という矛盾を児童の中に生じさせる。そこから、「長野県産と新潟県産コシヒカリの値段の差」について実際に小売り会社の社長に尋ね、「米の値段は市場の中で需要と供給の相互関係によって形成される」ことを児童に提示し考えさせる。
科学的理論の形成	科学的理論が定着できるように、上位概念による新しい説明の枠組みを構成させる。	第4時	価格形成において、「長野県産と新潟県産コシヒカリの味、柔らかさ、見た目」などの「物と物の関係」から、その背後にある「作る人、運ぶ人、売る人、買う人」といった「人と人の関係」を児童に気づかせ、「誰が米の値段を決めているか」を児童に考えさせた後に、実際にスーパーマーケットで、夕方に値下げした「プチオードブル」などの写真を提示し、市場の需給関係によって、価格が成立・変動していくことを児童に理解させる。

（呂（2014a）より筆者作成）

第1章　社会的事象の見方・考え方の育成を目指す初等社会科の実践理論

表3　「魚の値段」単元の構成

思考過程	学習過程	時間	内容
素朴理論への気づき	素朴理論における中核的な素朴概念とそれによって形成された因果関係的な枠組みを引き出す。	第1時	日常生活で食べたことがあるまたは知っている魚を聞き、その価格と産地に関心を持たせる。そこから水産物の流通過程に関するビデオを視聴させ、魚が獲られてから消費者まで届く流通過程を児童にまとめさせる。流通過程における価格の変動について予想させる。結果として、生産地市場から消費地市場までの長い流通過程を経由したため、必要経費がかかることと流通過程の各段階における卸売業者や小売業者が魚価に利潤を付加することで、価格が形成されたという理解までに児童が辿り着く。供給側、つまり生産者と販売者が商品の価格を決定するといった因果関係が児童の中に定着する。
科学的理論による素朴理論の再認識【科学伸長型概念変化】	科学的理論における中核的な素朴概念を新たな因果関係の充足によって拡大させ、その科学性を高める。	第2時	卸売市場における魚のせりに関するビデオを視聴させる。せりの仕組みを説明した上で、魚の模擬せりを実施する。自ら漁価の決定に関与するような実体験によって、児童は自身の影響を発見し、価格の形成における買い手（需要側）の役割に気づく。つまり、生産者や販売者と同様に、価格の形成における消費者の働きも重要であるという理由で、生産者と販売者そして消費者が共に商品の価格を決めることまで児童の理解が深められる。
科学的理論の形成	元の中核的な素朴概念と発展した科学性のより高い概念の両者を比較させ、後者の方はより説明性と妥当性が高いことに気づかせる。最終的に発展した中核的な概念による因果関係的な枠組みを定着させる。	第3時	「供給→価格」と「（供給＋需要）→価格」の二種類の決め方の存在を確認させ、比較させる。魚の流通過程における生産者・卸売業者・小売業者・消費者といった各人物の心理的な活動（動機）を児童に考えさせることによって、各人物が自身の願望を持って価格に影響を及ぼそうとしているが、それはあくまで実際に獲れる・買える魚の量に基づいていることに注目させる。根本的に生産者・販売者から供給される商品の量と消費者が欲しくて買える量によって、商品の価格が形成されること、そして供給量と需要量が変化するため、価格も変動していくことを児童に理解させる。

（呂（2015）より筆者作成）

（3）素朴理論に基づいた教授原理の有効性

　授業前後に同じ内容のアンケート調査を行い、児童の見方・考え方の変化を考察し、実験授業の効果を検討した。例えば、児童が価格の決定や相違を考える際に着目する視点の変化を示した表4と表5からは、授業後に「需要」に対する児童の着目度が顕著に増加したことがわかる。つまり、価格に対する児童の見方・考え方は「使用価値」「供給」を重視する思考から「需要」を重視する思考へと転じたのである。このように、児童の素朴理論の科学性が増したことから、素朴理論に基づく実験授業の有効性を証明することができる。

第6節　経済教育において社会的事象の見方・考え方を育成する初等社会科授業

表4　「米の値段」の授業前後における児童の着目要因の変化

着目した要因		事前	事後	Q 値	n	df	有意確率
自然的使用価値	nuv	44	33	2.951	145	1	n.s.
社会的使用価値	suv	46	63	4.587	145	1	$p < .05$
供給	s	56	52	0.32	145	1	n.s.
需要	d	20	44	12.522	145	1	$p < .01$
コスト	c	36	21	5.488	145	1	$p < .05$
利益	p	1	11	8.333	145	1	$p < .01$

（呂 2014a より筆者作成）

表5　「魚の値段」の授業前後における児童の着目要因の変化

着目した要因		事前	事後	Q 値	n	df	有意確率
自然的使用価値	nuv	24	15	6.231	38	1	$p < .05$
社会的使用価値	suv	10	2	5.444	38	1	$p < .05$
供給	s	25	22	0.4	38	1	n.s.
需要	d	14	23	4.263	38	1	$p < .05$
コスト	c	4	10	2.778	38	1	n.s.
利益	p	4	1	1.8	38	1	n.s.

（呂 2015 より筆者作成）

　また、実際の授業過程から、一種の関係理解でもある素朴理論を発展させるには、児童の論理的思考を「物と物の関係」から、その背後にある「人と人の関係」へと向けさせ、「経済的関係」にまで発展させるという社会・文化的アプローチが有効であることも明らかとなった。そして、概念変化という方法論が、十分とは言えないまでも、学習者の心理的変容を活用するという点において、社会科教育でも有効であることが明らかとなった。

4　経済的な見方・考え方を育成する際の注意点

（1）学習内容について

　冒頭で触れたように、経済的な見方・考え方は、一般に経済学から由来する概念体系（概念や概念群）から構成されることが多い。しかし、概念体系そのものの理解や習得は、経済に関する学習の到着点ではない。むしろ、その出発点となるべきである。「思考のためのツール」「分析する際の枠組み」という道具的な性格を有する経済的な見方・考え方を働かせ、経済的事象のあり方を認

第1章　社会的事象の見方・考え方の育成を目指す初等社会科の実践理論

識し、現実社会に内在する経済的関係を考察させることを通して、児童の経済的思考力・判断力を養うことが、経済学習の本来的に果たすべき役割である。そのためには、実際の学習活動において、経済的事象に関する知識や情報の獲得よりも、経済的事象に関する概念の理解や認識の変容をもたらす学習内容、さらに、概念の理解や習得よりも、概念の分析的な使用を促す学習内容の開発や吟味が求められてしかるべきである。

（2）教授・学習方法について

　経済学者や経済教育学者が経済学に基づいて規定した経済的な見方・考え方の対極にあるのは、児童が日常経験を通して形成する経済的な見方・考え方、つまり素朴理論である。学問知や学校知と日常認知との相違から考えるなら、科学的理論に基づく経済的な見方・考え方を児童に理解・応用させるためには、一人ひとりの児童のもつ素朴理論への対応が常に重要となる。さらに言えば、素朴理論を如何にして科学的理論へと発展させるかが、経済教育を含む教科教育全体の有効性を示す決定的な要素となる。

　素朴理論から科学的理論までの思考の深化を児童一人ひとりにもたらすためには、社会認識や経済認識の形成を重視するのみならず、経済参加者としての当事者意識の獲得や経済的意思決定といった学習者の心理的発達の変容を重視する必要がある。具体的には、日常の教授・学習活動において、経済的論理性を内包した教科内容を先行させるのではなく、その内容に対する学習者の認識状況や心理的特徴から、教授・学習活動を計画することが求められる。そして、児童の発言や感想に敏感となり、ICT 設備や分析ソフトなどを駆使することで、児童の中に起こる思考の推移や感情の変化を読み取ることも重要であろう。さらに、学習効果を維持、そして向上するためにも、学習者の心理的な変容を継続的にモニタリングして、教授・学習法をミクロレベルで随時調整することも求められるはずである。

第6節　経済教育において社会的事象の見方・考え方を育成する初等社会科授業

〈参考文献〉

猪瀬武則（2002）：経済的見方考え方の基底、弘前大学教育学部紀要、第87号、pp.75-82.

猪木武徳（2013）：（序章）　経済学とはどんな学問か、薮下史郎・猪木武徳・鈴木久美『入門・経済学　［第3版］』、有斐閣、pp.1-20.

工藤文三（1997）：経済学の方法からみた経済学習の諸問題、社会系教科教育学研究、第9号、pp.13-20.

栗原久（1993）：「経済的な見方や考え方」についての一考察、筑波社会科研究、第12号、pp.49-56.

経済教育研究会（1997）：『新しい経済教育のすすめ』、清水書院、206p.

高橋登（2016）：（第7章）　日本の子どもたちにとってのお金－発達の生態学的分析から－、高橋登・山本登志哉『子どもとお金　おこづかいの文化発達心理学』、東京大学出版会、pp.155-174.

田丸敏高（1993）：『子どもの発達と社会認識』、法政出版、227p.

波多野誼余夫・稲垣佳世子（2005）：『子どもの概念発達と変化─素朴生物学をめぐって』、共立出版、259p.

福田正弘（1996）：子どもの経済システム理解の発達（2）－心理学における研究成果とその意義－、社会科研究、第44号、pp.81-90.

森分孝治（1978）：『社会科授業構成の理論と方法』、明治図書（2012再刊）、214p.

山根栄次（1987）：小学校における経済的見方・考え方の指導（II）：消費者の立場からの経済教育、三重大学教育学部研究紀要・教育科学、第38号、pp.99-116.

山根栄次（1984）：小学校における経済的見方・考え方の指導（I）、熊本大学教育学部紀要・人文科学、第33号、pp.23-39.

呂光暁（2015）：児童の素朴理論を生かした小学校社会科経済学習－科学的社会認識の形成を目指して－、社会科教育研究、第124号、pp.14-26.

呂光暁（2014a）：「概念変化」を通して経済に関する素朴理論を科学的理論に転換させる試み－単元「米の値段」（小学校第5学年）を事例として－、公民教育研究、第21号、pp.63-78.

呂光暁（2014b）：経済的な見方や考え方と日常経験の関係性に関する研究－小学校児童を対象に－、経済教育研究、第33号、pp.130-140.

呂光暁（2013）：経済理解における素朴理論に関する研究、中等社会科教育研究、第31号、pp.87-100.

第1章　社会的事象の見方・考え方の育成を目指す初等社会科の実践理論

第7節
哲学対話を通して社会的事象の見方・考え方を吟味する初等社会科授業の提案

得居千照（筑波大学大学院）

キーワード：哲学対話、社会的事象の見方・考え方の吟味、パレーシア

1　はじめに

　2017（平成29）年3月、小学校新学習指導要領が、さらに、同年6月、小学校学習指導要領解説がそれぞれ公にされた。一連の社会科教育改革では、「社会的な見方・考え方」を働かせ、「公民としての資質・能力」の基礎を育成することが教科目標として示されている。この「見方や考え方」の取り扱いに関する先行研究として、唐木清志（筑波大学）を研究代表とする日本公民教育学会の研究プロジェクトがある。そこでは、12の概念、「正義」「平等」「社会参画」「幸福」「自由」「効率」「グローバリズム」「多様性」「持続可能性」「生命」「公正」「ナショナリズム」が社会的な見方や考え方として提示されている。これら多様な概念は、児童生徒が現代社会の諸課題を探究する際に役立てられるものであり、小・中学校社会科、高等学校公民科の新たな授業づくりを生み出す視点でもある。

　「社会的な見方・考え方」は、現代社会の諸課題を探究、解決する際に活用されるものである。その場合、授業の目的は現代社会の諸課題を探究することであり、「社会的な見方・考え方」は探究のためのツールとして機能することになる。そのため、「社会的な見方・考え方」の意味や内実は、ある程度の合意に基づいて教師により提示され、授業で活用されることが多い。しかし、「社会的な見方・考え方」として位置づけられる概念は多様な解釈が可能であり、その意味自体を問うことも必要になるのではないか。筆者はここに問題を見出し、以下の研究仮説を設定する。つまり、「社会的な見方・考え方」の育成の過程に吟味する活動を取り入れ、児童生徒を「社会的な見方・考え方」の生成過程に参加させることで、児童生徒を学びの主体へと成長させ、現代社会の諸

課題の探究者へと高めることができるのではないか、ということである。

　本稿では、「社会的な見方・考え方」（小学校の場合は「社会的事象の見方・考え方」）を吟味する一つの方法として、哲学対話に着目する。哲学対話は、生活の中にある「当たり前」にあえて問いを立て、他者と共に自由に問い合い、対話を通してゆっくりと考えを深めていく実践である。そこでは自らの経験や前提から「私はこう考える」という発話がなされ、対話を通して意見を吟味、真理を探究する営みがみられる。このような「率直に語る」実践は、ミシェル・フーコー（Michel Foucault, 1926-1984）が示した「パレーシア」に通ずるものがある（中川 2016）。本稿では、「社会的な見方・考え方」を吟味することの意義を探るための手がかりとして、このパレーシアに着目する。

　以上を踏まえ、本稿の目的を、江戸川区子ども未来館における哲学対話の実践とフーコーが示したパレーシアの検討を手がかりに、哲学対話を通して「社会的事象の見方・考え方」を吟味することの意義を明らかにすることとする。

　本稿では、以下の手順により検討を進める。第一に、哲学対話の理念を概観する。第二に、筆者がファシリテーターとして参与観察を行っている江戸川区子ども未来館における「子ども哲学」の哲学対話の実践に注目し、児童の学びの様子から「社会的事象の見方・考え方」を吟味する方法を明らかにする。第三に、哲学対話を通して「社会的事象の見方・考え方」を吟味することの意義を、パレーシアを手がかりに検討を行い、結論とする。

2　哲学対話の理念

　日本における哲学対話研究は、マシュー・リップマン（Matthew Lipman, 1922-2010）の『子どものための哲学（Philosophy for Children）＝ P4C』の分析が中心である。1970年代、当時、コロンビア大学の哲学教授であったリップマンは、小・中・高等学校の教室で哲学対話を行いながら、P4C という哲学教育カリキュラムを開発した。コロンビア大学で論理学の講義を担当していた際に、その講義の価値に疑問を持ち、子どもが「自分自身で考える」ことのできる大人へと成長できるよう、思考スキルを発達させる具体的な方法はないのかという問いを抱いたことが開発の契機とされる。論理学の学習によって、実際に学生たちはよりよく推論できるようになったのか。リップマンのこのよ

第1章　社会的事象の見方・考え方の育成を目指す初等社会科の実践理論

うな自問自答は、大学就学前の児童生徒に対する思考力教育の模索へと発展
し、初等教育の段階から、対話を中心とする思考力教育を実施すべきであると
いう結論へと至った。

　では、なぜ哲学的な問題に関する対話が必要とされるのか。土屋（2012）は、
哲学的な問題の利点を3点提示している。すなわち、①事前に何らかの知識が
共有されていなくてもスムーズに対話ができること、②結論（答え）ではなく
思考のプロセス（理由）に注意を集中することができること、③自分の意見を
相対化して考えやすくなること、である。また、河野（2014）は、アカデミズ
ムの哲学と比較し、哲学対話における哲学の特徴を表1のように示している。

　市民が自由に問い合い哲学する営みは、EU やユネスコにおいて民主主義教
育の観点から推奨されている。一方、日本における哲学教育実践の現状は、さ
まざまな哲学や観念、宗教についての一般的な知識の習得に重きが置かれてお
り、その目的は合理的な議論を行える能力を育成することには向かっていない
とされている（UNESCO 2007）。哲学する場として教室が成り立っていない
現状を受け、日本学術会議哲学委員会哲学・倫理・宗教教育分科会（2015）
は、〈知識中心の「倫理」〉から〈考える「倫理」〉への改革案を示した。その
具体的な方法の一つが哲学対話である。哲学対話の基本的な流れは、次のよう
に示される。①教室で輪になって座り、その日のテーマや問いを決める、②決
まった問いをめぐり、ゆっくりと、自分たちの言葉で考える、③時間に終わり
がきても、無理にはその日の見解を一つにまとめない（小川 2016）。話しに
くさを紛らわせるため、ぬいぐるみや毛糸で作られたコミュニティボールを用
いることも多い。教師は、知識や問いの答えを教える存在ではなく、ファシリ

表1　哲学対話における哲学の特徴

子ども哲学	アカデミズムの哲学
哲学は過程	哲学は知識の体系
哲学は問うこと	哲学は学説を知ること
哲学はみんなのもの	哲学は少数の知性人のもの
哲学のテーマは具体的な生活のなかに	哲学のテーマは抽象的な理論のなかに
いろいろな人と対話する	本を読んでひとりで考える
自分独自の哲学を生きる	先人と同じ考えに到達する

（河野 2014 をもとに筆者作成）

テーターとして「知的安全性」が損なわれないよう、対話の整理や進行を担いながらも、一人の探索者として対話に参加する。

　以上を踏まえ、次項では、哲学対話の実践から「社会的事象の見方・考え方」を吟味する方法を明らかにしてみたい。

3　江戸川区子ども未来館における「子ども哲学」の取り組み

　ここで取り上げるのは、筆者が2016年度よりファシリテーターとして参与観察を継続的に行っている、東京都江戸川区子ども未来館における「子ども哲学」の取り組みである[1]。江戸川区子ども未来館では、子ども未来館アカデミーの「ゼミ」を、半期から1年の連続講座として開講している。「ゼミ」は、科学や社会、ものづくりなど、さまざまな分野で開講されている。2016年度から始まった取り組みが「子ども哲学」である。ここでは、小学4～6年生までの児童が月に1回、哲学対話を中心とする実践を行っている。表2は、2017年度「子ども哲学」の基本的な流れである。

表2　2017年度「子ども哲学」の基本的な流れ

時間	過程	内容	児童の動き
14：00～ 14：05 （5分）	イントロダクション	先生、ボランティアの自己紹介。その日の流れについての説明を行う。	椅子に座りながら、今日の流れを確認する。
14：05～ 14：10 （10分）	対話の準備	哲学対話を行うため、カーペットに移動し、輪になって座る。 自己紹介や近況報告をするなど、アイスブレイクを行う。	対話を行う姿勢を作るため、自己紹介などを行う。フルーツバスケットなどで、座る位置を変えることもある。
14：20～ 14：40 （20分）	問いを作る	その日のテーマや絵本をもとに、子どもたち自身で問いを作る。似ている問いなどは、まとめて一つの問いにするなど、問いを検討し、対話する問いを選定する。	テキストや絵本を読んでの感想を言い合う中で、考えてみたいことや疑問に思ったことから問いを出し合う。問いの選定は多数決により決まることが多い。
14：40～ 14：50 （10分）	まずは1人で考え、書いてみる	選ばれた問いについて、自分が今考えていることを「てつがくノート」に記述する。	テーマや問いに対する考えや疑問について、他者と相談せずに書いてみる。
15：50～ 15：30 （40分）	哲学対話	選ばれた問いをもとに哲学対話。	問いについての意見を聴き、自分の意見を述べたり、質問をしながら考えを深める。
15：30～ 15：50 （20分）	図書紹介 図書の貸出	その日のテーマに関連する図書紹介を図書館の職員が行う。 本の貸出受付。	カーペットに座ったまま、図書紹介を聞く。本を借りたい者は本を借りる。
15：50～ 16：00 （10分）	改めて1人で考え、書いてみる 解散	今日の対話の感想も含めて、問いに関する考えを「てつがくノート」に改めて記述してみる。 さようならの挨拶。	哲学対話を通して考えたことや疑問に思ったことなど、自分の言葉で書いてみる。 さようならの挨拶をする。

（筆者作成）

第1章　社会的事象の見方・考え方の育成を目指す初等社会科の実践理論

　2017 年度より、小学 5・6 年生はデイヴィッド・A・ホワイト著、村瀬智之監訳 (2016)『教えて！哲学者たち　子どもとつくる哲学の教室　上』(大月書店) をもとに、小学 4 年生はオスカー・ブルニフィエの「こども哲学」シリーズなどのさまざまな絵本をもとに、それぞれ対話を行っている。ここでは、小学 5・6 年生を対象にした「きみは公正で正しい人だろうか？」(ホワイト 2016：22-26) に関する哲学対話を示す[2]。対話の参加者は、児童が 11 名、大学院生およびボランティアが 3 名の合計 14 名である。約 66 分の哲学対話の記録から、その一部をトランスクリプトとして示し、哲学対話を通して「社会的事象の見方・考え方」を吟味する児童の様子を明らかにしたい。

　本実践においてはまず、「あなたは友だちから計算機を借りていた。でも友だちは返してほしいと言ってきた。正しい行動はどれかな？」という問題設定のもと、4 つの選択肢が与えられる。1 名の児童が「①「まだ使う必要があるんだ」と言って、友だちを説得する」を選択、10 名の児童が「③返す。だって友だちの物で、自分の物ではないから」を選択した。しかし、理由づけの仕方はそれぞれ少しずつ異なり、この違いが問いを深化させる。

　たとえば、③を選択した理由を、「①だと、説得できないかもしれないし、友だちの物だから図々しい」とした紺野 (発話 48) の理由づけから、紺野の選択は消極的な選択であることが議論の対象となる。その中で、赤井から「100％説得することのできる、上下関係があるような相手だった場合はどうするか」(発話 49) という質問がなされ、紺野は「100％説得できるのなら、①を選ぶ」(発話 50) と答えている。以後、この上下関係が吟味される。

【事例1】上下関係に対する吟味（20 分 25 秒 − 23 分 06 秒）

60	F	なぜ、上下関係があると、返してほしいのに言えないのか。
61	黒田	上下関係で崩れると部活とかで選ばれなかったり、そういうことがあるので、先輩と親しくなって選ばれやすくするから。だから、上下関係はつくっておかないと。
62	丸山	先輩とかに生意気とか言っていたら、先輩からいじめが起きたり、学校全体に嫌われ者になっちゃうから。
63	緑川	今そういう意見を出していたみんなに質問なんですけど。それは、相手のためですか？自分のためですか？それとも仕方ないからですか？
64	黒田	自分のためです。
65	丸山	自分のためです。
66	紺野	自分のため。
67	緑川	自分の将来のためだったら、今を我慢してもいいんですか。自分が、後で部活でやるために、今を我慢しないといけないんですか。なんでですか。
68	黒田	なんでって、場が崩れるから。
69	緑川	それはなんでって聞いてるんだけど。
70	黒田	ただ貸さなかっただけで選ばれないんだったら、選ばれるようにした方がいい。

第7節　哲学対話を通して社会的事象の見方・考え方を吟味する初等社会科授業の提案

　【事例１】は、上下関係から思い出される身近な事例を共有しながら、上下関係に対して吟味がなされる場面である。黒田（発話61、64、68、70）、丸山（発話62、65）、紺野（発話66）が学校生活における自身の経験に基づき、上下関係の抗えなさを主張している。これに対し、緑川（発話63、67）は上下関係において遠慮するのは誰のためなのか、未来のために今を犠牲にしていいのかなど、上下関係の抗えなさに、あえて問いを立てている様子がうかがえる。

【事例２】 上下関係から正義に関する吟味への移行（23分27秒 － 26分45秒）

73	赤井	今、部活の話が出てきていて、上下関係で気に食わないことをすると選ばれないというのがあったけれど、それは正義ですか。
74	志野	それは、ちょっと違うと思うんだけど。それは、正義っぽくないんだけど。
75	赤井	もし正義であるならば、どういう風にして人は選ばれるべきだと思いますか。
76	志野	がんばってなにかをする。
77	丸山	ほぼ同じで、僕も。努力をして、上に上がったものが正義で、良い感じで。なんかチャラくて成り上がって。それ以外だったら、運とか、父親の権力とか。
78	F	つまり、家柄とか関係なく自分の力で上にいったら、ということ？
79	丸山	はい。
80	緑川	ってことは、努力＝力＝強さ＝正義ですか。
81	丸山	まあ、そうです。
82	緑川	たとえそれが、泥棒の家でもいい泥棒になってがんばって努力して出世したら、それは正義ですか。
83	丸山	そもそも、やっていること自体が悪だからそれは正義とは言えない。もともと小さい、ちっちゃい頃から泥棒であっても、それは悪いことだからそれは正義ではなく。ちっちゃい頃から泥棒で、なんか盗んでも自分の中に罪悪感とかがとどまって、自分的に苦しいイメージをいつも抱いて、結果的には努力して良い感じになるけど。苦しくなるんじゃないかなって思う。
84	青野	逆に、なんで、正義を求めようとするんですか。

　【事例２】は、【事例１】に続き、正義について吟味されるまでの、移行場面の対話である。緑川（発話80、82）はここでも議論を抽象的な形にまとめたり、問いを投げかけたり、探究を深めるきっかけを与えている。【事例２】の最後、青野（発話84）からは、正義を暗黙の前提のようによいものであるとして議論を進めていることに対し、問いが投げかけられていることがわかる。

　正義に関する吟味も進められる。正義とは、「がんばってなにかをする」（発話76）こと、「努力＝力＝強さ＝正義」（発話80）であることなどの考えが出てきている。ここで、さらに吟味を深める具体例が出される。それが【事例３】である。紺野（発話94）は「犯罪と悪いことの違い」を吟味する具体例を提示している。紺野の発話は、泥棒することは犯罪だけれども、お金がある人からお金がなくて困っている人にあげるのは悪いことではないのではないか、という点から正義を吟味する視点を与えている。また緑川（発話99）は、丸山（発話98）を受け、「罰と犯罪」の関係を問うている。

69

第1章　社会的事象の見方・考え方の育成を目指す初等社会科の実践理論

【事例３】正義を吟味する具体例の提示（28分25秒 − 31分37秒）

94	紺野	お金がなくても生きていける人から、それを取って、貧乏な人に分けてあげている泥棒がいるとして。泥棒は悪だけど、それは悪って言えるんですか。
95	F	なるほど。つまり、そのお金を取られても生活に困るっていうわけじゃない人からお金を取って、そのお金を貧乏な人にあげるのは悪いことか、ということ？
96	紺野	命を救っているから
97	F	命を救っているから、それは悪いことになるのか。
98	丸山	結果的に警察とか、そういう罰とかあるじゃないですか。それ的には、悪いことになるけれど、やっていたこと自体は悪ではないから。まあ、でも悲しいけど。罰に当たってしまう可能性が高い。
99	緑川	じゃあ、人間は罰に感情を支配されているんですか。罰が怖いからなの？
100	丸山	別に、罰。罰が怖いから嬉しいこととか、感情を抑えたりしているんだと思います。
101	志野	お金持ちの人から取ってもまだお金があると思うし、貧乏な人にお金をあげても、それでもお金が貧乏な人が楽になるから、どっちもいいと思うから。

　また、ここで注目したいのが、志野（発話101）である。緑川（発話99）、丸山（発話100）の議論を経て、「罰と犯罪」の関係をめぐる議論へと展開するのかと思いきや、紺野（発話94）の具体例を引きずり、自らの考えを述べている。この発話は、文脈を無視したものではない。ここにみられるのは、自らが考えたい問いを、他者の発言を聴きながらゆっくりと考えている態度である。それはつまり、自らが話したくなったとき、何かに躊躇することなく話すことのできる「知的安全性」がその場に成立していることを意味する。

4　哲学対話を通して「社会的事象の見方・考え方」を吟味することの意義

　「子ども哲学」の実践からもわかるように、哲学対話において、児童は自らの経験や前提に基づき「社会的事象の見方・考え方」について率直に話し、その吟味を繰り返している。対話で取り扱われる問題とは、すでに明らかとなっているような「大文字の社会問題」ではなく、個々人の生活の中で、ゆるやかに共有されているような、いうなれば「小文字の社会問題」である。

　では、なぜ、哲学対話を通して「社会的事象の見方・考え方」を吟味することが、「公民としての資質・能力」の基礎の育成につながるのか。ここでは、社会科教育における市民性や民主主義に関する議論と、哲学対話の接点を検討するため、フーコーが示したパレーシアに着目する。フーコーは晩年、「公的な場において真理を語る営み」としてパレーシアに注目した（フーコー 2002）。パレーシアの語源は、ギリシア語の $\pi\alpha\rho\rho\eta\sigma\iota\alpha$ であり、英語では free speech と訳される。その意味は、「すべてを語る」こと、つまり、自分の考えを包み隠さずに語ることにある。真理を、哲学や学問の体系の内ではなく、日

70

第7節　哲学対話を通して社会的事象の見方・考え方を吟味する初等社会科授業の提案

常の人々の語る言葉と姿勢の内に見出そうとしたのが、フーコーのパレーシアである。フーコーによれば、「自由に語る」ことは、何の考えもなしに、自分の心に浮かんだことを、何でも口にすることではない。このような「自由な語り」は悪しきパレーシアとして、本来のパレーシアとは区別される。

　フーコーは、パレーシアを行使する者をパレーシアステースとした。パレーシアステースの発話は、「私はこう考える者である」という形をとる。パレーシアは、誰かに真理を教えるのではなく、批判する機能を果たす。それは、真理を探究する営みであり、自分を偽って生きるのではなく、真理を語る者を望む態度である。この時、パレーシアステースとしての市民は、真理を語るに際してリスクを引き受ける。このような危機に直面してでも真理を語る、その勇気ある市民像をパレーシアは求めているのである。

　「公民としての資質・能力」の基礎の育成を目指す初等社会科においても、パレーシア、つまり、批判的に、自由に語るという視点は不可欠と言えよう。では、自分の考えていることを包み隠さずに語り、危機に直面してでも真理を語る勇気をもつ、そのようなパレーシアステースを育成するアゴラ（広場）を社会科教育ではどのようにして設計してきたのか。

　社会科教育の実践史を紐解けば、パレーシアという言葉は登場しないまでも、子どもの自由な語りを尊重した実践が数多く存在してきたことに気付く。その代表例として、生活綴方の実践を挙げることができる。生活綴方とは、生活の中の生々しい現実や、それをめぐる考えや感情を文章でありのままに書くことによって生まれた子どもの作品（作文や詩）を教材とし、学級集団による検討を経ることで「ものの見方、考え方、感じ方」の深化と共有化を図る教育のことである（田村 2012）。生活綴方の特徴は、自らの経験をありのままの言葉で語ることにある。しかし、生活綴方に底流する個の尊厳やリアリズムを重んずる教育思想は、第二次世界大戦下では危険思想とみなされ、弾圧されたという過去がある（田村 2012）。戦後初期社会科において、生活綴方の実践は無着成恭の『山びこ学校』などを契機に再び取り組まれるようになるが、この事実は、生活綴方の実践がパレーシアステースとしてリスクを引き受けつつも、真理を探究し、自由に語る市民の育成に貢献してきたことを意味している。

　ここで、改めて哲学対話の議論に立ち戻り、パレーシアとの関係性を検討し

71

てみよう。自由な哲学的議論を皮切りに始まった哲学対話の実践は、今日、学校教育においてもシティズンシップや思考力育成の観点から注目されてきている。哲学対話では、相手を批判することよりも、共に探究を行うことに力点が置かれていた。他者と共に自らの経験や前提に問いを立て、ゆっくりと対話しながら真理を探究する営みは、市民の育成を目指す社会科教育でも、パレーシアでも欠かすことのできない要素であろう。パレーシアが指し示す方向性、それはまさに、哲学対話の可能性であり、社会科教育では、子どもたちによる自由な語りを担保する教室の実現として取り上げられなければならない。

5　おわりに

　本稿では、「社会的事象の見方・考え方」を吟味する一つの方法として哲学対話に着目し、その意義を検討した。児童には、児童なりの「社会的事象の見方・考え方」があること。また、考察対象となる社会問題についても、「大文字の社会問題」に回収されない「小文字の社会問題」があり、後者の立場から社会との接点を考えることが重要であることを指摘した。しかし、このような理想とは異なり、現在の教室はパレーシアステースという「公民としての資質・能力」の基礎の育成に資するような空間には、必ずしもなっていない。それはまさに、児童のみならず、教師を含んだすべての者の自由な語りを担保する、対話空間としての教室の実現という課題として示される。このような空間における他者との対話によって、既存の概念や解釈は変更され続ける。これからの社会科教育において必要なのは、過去・現在・未来の社会を〈知る〉ことだけでなく、自らの生活の中から社会や自己を〈語る〉ことのできる教室なのではないか。ここに民主主義の教室と社会科教育の未来を見出したい。

　なお、本稿では哲学対話の実態をつかむことを優先したため、実験的な試みとして学校外での実践を取り上げざるをえなかった。そのため、社会科授業への応用可能性については、さらなる検討が必要である。社会科授業において如何に「社会的事象の見方・考え方」を率直に問う空間を実現することができるのか。この問いは、民主主義のための教育（education for democracy）ではなく、民主主義の教育（education of democracy）であると言われる哲学対話を如何に実践していくのか、という問いとも重なる。今後の課題としたい。

第7節　哲学対話を通して社会的事象の見方・考え方を吟味する初等社会科授業の提案

〈注〉

1　実践記録のデータの収集および使用については、保護者および児童、施設より了承を得ている。また、本稿では、データの二次利用につき、研究目的での使用および個人情報の保護、情報流出への配慮という条件を付して、データ所有者より使用許可を得ている。

2　本稿で取り上げる実践は、2017年6月9日に行われた哲学対話の記録である。トランスクリプトの作成に際し、参加者の名前はプライバシー保護の観点から、すべて仮名に置き換え、ファシリテーターはFとした。

〈参考文献〉

小川泰治（2016）：高校生との「哲学対話」、高校倫理研究会『高校　倫理が好きだ！　現代を生きるヒント』、清水書院、pp.184-193.

河野哲也（2014）：『「こども哲学」で対話力と思考力を育てる』、河出書房新社、219p.

田村真広（2012）：生活綴方運動、日本社会科教育学会編『新版　社会科教育事典』、ぎょうせい、pp.52-53.

土屋陽介（2012）：日本語版解説　哲学対話授業のごあんない、シャロン・ケイ、ポール・トムソン著、河野哲也監訳『中学生からの対話する哲学教室』、玉川大学出版部、pp.140-147.

デイヴィッド・A・ホワイト著、村瀬智之監訳（2016）：『教えて！哲学者たち　子どもとつくる哲学の教室　上』、大月書店、150p.

中川雅道（2016）：パレーシア、率直に語る勇気、日本哲学会第75回大会、哲学教育ワークショップ発表資料、22p.

日本学術会議哲学委員会哲学・倫理・宗教教育分科会（2015）：未来を見すえた高校公民科倫理教育の創生―〈考える「倫理」〉の実現に向けて―、60p.

ミシェル・フーコー著、中山元訳（2002）：『真理とディスクール　パレーシア講義』、筑摩書房、274p.

文部科学省（2017）：小学校学習指導要領解説　社会編（最終閲覧日：2017年8月11日）http://www.mext.go.jp/a_menu/shotou/new-cs/1387014.htm

UNESCO（2007）：*Philosophy：A School of Freedom*, Paris, UNESCO Publishing, 279p.

第2章

地理的な見方・考え方を目指す中等社会科・地理歴史科の実践理論

第1節
地理教育における地理的な見方・考え方の重要性
―学習指導要領における位置づけ―

井田仁康（筑波大学）

キーワード：地理的な見方・考え方、地理学の5大概念、新学習指導要領、地理教育の構造

1　新学習指導要領での地理的な見方・考え方

　小学校では2020年から、中学校では2021年から実施される学習指導要領が2017年3月に公示された（以後、新学習指導要領とする）。新学習指導要領では、資質・能力を「知識・技能」「思考力・判断力・表現力等」「学びに向かう力・人間性等」の3観点に整理され、これが評価の観点ともなる。

　「思考力」では、「見方・考え方」が重視される。中学校社会科および地理歴史科地理では、「社会的事象の地理的な見方・考え方」が学習の中で重視され、小学校から高等学校までの学びの連続性を保証しようとしている。この連続性において、高等学校で「地理総合」が必履修化されたことにより、地理的な見方・考え方は、小学校を含め、中学校および高等学校まで進学する、すべての児童・生徒が連続して学ぶことができ、その意義は大きい。

　新学習指導要領においては、小学校では、「社会的事象の見方・考え方」として、地理に関する見方・考え方は、「位置や空間的な広がり」ということになり、さらに「比較・分類」は、地理に限らず歴史なども含めて共通的な分析方法としての「見方・考え方」となるだろう。中学校社会科地理的分野および高等学校地理歴史科地理（「地理総合」「地理探究」）では、「社会的事象の地理的な見方・考え方」とし、「社会的事象を位置や空間的な広がりとして捉え、地域の環境条件や地域間の結び付きなどの地域という枠組みの中で、人間の営みと関連付けて」が記述されている。

　このように、新学習指導要領では地理的な見方・考え方が、小学校から高等学校まで連続して学習されることが意図されている。高等学校までの連続性を可能にさせたのは、高等学校における地理の必履修化である。高等学校では

第1節　地理教育における地理的な見方・考え方の重要性

2022年から必履修科目「地理総合」と、それに続く選択科目の「地理探究」が設置される。

2　地理的な見方・考え方でめざす人間像と5つの観点

（1）めざす人間像と5つの観点

　教育である以上、地理的な見方・考え方でどのような人間像を育成しようとしているのか、明確に示されなければならない。まずは、地理でめざす人間像を考えてみよう。地理でめざすべき人間像は以下の3点にまとめられる（井田2016）。

　まず第1は、より一層深い世界観をもった人間である。第2は、知識だけでなく、それを活用して自分たちの住んでいる生活圏、国、世界といった地域に貢献できる人間である。第3は、世界と日本・地域の将来を見据える人間である。その中で、地理的な見方・考え方がより一層貢献できるのは、第1のより一層深い世界観をもった人間の育成に関してであろう。地理的な見方・考え方により、地域という枠組みから事象を捉え、自然と人間との共存、在り方などについて、より一層深い世界観に導くことができよう。

　新学習指導要領では、地理的な見方・考え方とは、位置・分布、場所、地人相関、空間的相互依存作用、地域である。この5つの観点については『中学校学習指導要領解説　社会編』（文部科学省2017）にも詳細に述べられているが、本稿でも整理しておこう。

　まずは、位置・分布である。位置は、地球上の緯度経度で示せる絶対的位置と、ユーラシア大陸と太平洋との境にあるというように、何かとの関係性において示すことができる相対的位置がある。位置はただその場所を示すだけでなく、自然現象および社会現象における位置関係で、その地域の特徴が形成される。事象の位置をみることで、事象の位置における規則性を見出すこともできる。また、分布については、事象の分布を空間的に捉えることにより、その分布パターン、つまり分布の傾向性を捉えることができる。位置の規則性や分布パターンから、その事象の一般的共通性を捉えることができる。

　場所は、その場所の自然的、社会的特性を意味する。自然的特性には、地形、気候、植生、動物などが含まれる。また、社会的特性には、文化、経済、

77

第2章　地理的な見方・考え方を目指す中等社会科・地理歴史科の実践理論

都市や集落などが含まれ、人間および人間集団としての信念、哲学、価値観などが反映されている。位置・分布で一般的共通性が見出されるのに対して、ここでは地方的特殊性を追究することになる。

地人相関は、人間と自然環境との相互依存関係を意味する。人間は自然環境に適応して生活したり、自然に働きかけたりして多様な文化景観を生み出す。人間は、自然環境によりその生活に制約を受けたり、よりよい生活をするために自然を改変したりしてきた。もともと地理学は、人間と自然環境との関係について究明してきた学問である。人間が自然環境との関わりの中で、生活を維持、向上させるとともに、良好な自然環境を保全し、持続可能な社会を築けるようにすることが、地理学および地理を学習する意義である。

空間的相互依存作用は、地域がお互いに依存しあっているということを意味し、具体的な現象としては貿易や交通などがある。地下資源は地球上のどこでも産出されるわけではない。地下資源が豊富な地域からその資源がない地域へと送られ、送られた地域ではその資源を活用し製品をつくり、その製品を資源が豊富な地域へと送ることで、両地域が互いに補完しあう。また、人口が少なく自然が残された地域に、開発が進み人口の多い地域から観光客が訪れ、人口の少ない地域からは仕事、買い物や医療、教育のために施設が集まっている人口の多い地域を訪れるというように、人の移動が双方向にみられ、両地域が補完しあうようなこともある。このように、人や財の流れにより、地域は結び付いているのである。

地域は、空間的に意味のある範囲である。地域という枠組みで考えることにより、その空間の特性が捉えやすくなり、空間を特徴づけることができる。地理学では、地域は形式地域と実質地域があるとされるが、ここでの地域には実質地域で、等質地域あるいは機能地域として捉えることができる。地域にはスケールという概念も含まれよう。スケールにより地域の範囲は変ってくる。例えば、日本というスケールで地域を考えると、稲作は全国でおこなわれており、一般的共通性とみなされ、その意味では一つの地域として捉えることができる。他方、地球規模のスケールで考えると、稲作は東・東南・南アジアでは盛んなものの、他の地域では他の穀物の栽培が卓越する。このスケールでは稲作は地方的特殊性となり、東・東南・南アジアが稲作の地域として意味づけら

78

第1節　地理教育における地理的な見方・考え方の重要性

れる。さらに、地域は時間的に変化するものであり、地域の範囲は時間により変化し、固定化されたものではない。人口が増加すれば住宅地域は拡大するだろう。すなわち、地域は空間的にも時間的にも変化するものである。

　以上の5つの観点、すなわち地理的な見方・考え方は、1992年に国際地理学連合（IGU）の地理教育委員会（CGE）で提唱された、地理教育国際憲章の「地理学の5大概念」に基づいている。ここでは日本的な解釈も含まれた地理的な見方・考え方となっているものの、地理学習で子どもたちにもってもらおうという、世界共通の地理としての観点であるといえるであろう。

（2）相互に関わり合う5つの観点

　地理的な見方・考え方の5つの観点は、相互に関連しあっている。それを具体的に示してみよう。地図帳などで北緯36度付近をみる。北緯36度とは地球上の絶対位置を示す。日本だと東京あたりになる。アメリカ合衆国のロッキー山脈での北緯36度付近をみると、山脈の東は大平原のグレートプレーンズ、西はコロラド高原となる。このようにロッキー山脈との位置関係からみると、それは相対的位置となる。同じ北緯36度という位置にありながら、東京は温暖湿潤気候で、適度な降水量がある。こうした温暖湿潤気候は、北日本を除いて広く日本で分布する気候帯である。換言すれば、温暖湿潤という気候は、北日本を除く日本の一般的共通性を示すといえる。他方、コロラド高原は降水量の少ない砂漠気候であり、砂漠気候は南北に広がる分布パターンである。

　砂漠気候のもとでは砂漠がみられる。人口密度は低く、1日の気温差は大きい。一方東京は、平野部を背景に産業の中心として発展した。人口も集中する。このようなコロラド高原、東京の自然的および社会的特性は、場所という概念になる。このような2つの場所の異なった自然環境のもとでは、人間の生活の仕方の相違を生む。住みやすい自然環境は社会環境に影響を与え大都市となる。他方、人間が暮らすのに厳しい環境のもとでは、集落があるとしても大都市としては成立しにくい。こうした観点は、地人相関であり、人間生活と自然環境から地域を捉えようとする。地人相関は、自然環境が人間生活を規定するという観点だけでなく、人間（社会）が自然環境に働きかけるという観点をも意味する。東京が大都市となりえたのは、江戸時代に河川という自然環境に働きかけ、河川を改修したことが大きい。コロラド高原周辺の砂漠気候のもと

79

でも、川をせき止め、フーバーダムを建設することで電力を確保し、砂漠の中にラスベガスという都市の出現を可能にさせた。

こうした東京やラスベガスは、物の流動や人の流動を促進させ、地域を結び付けた。つまり、空間的相互依存作用である。東京は政治や経済の中心として、日本全国のみならず、世界各地とも物や人により結び付いている。ラスベガスも観光都市としてアメリカのみならず世界からの観光客を集め、地域を結び付けている。そして、ラスベガスは、人の住まない砂漠という地域を都市に変え、砂漠の中に都市という地域を形成した。これは地域という概念での地域変容である。東京も都市地域を拡大させていった。

このように、北緯36度付近という位置から、2つの空間を取り上げ、同じ北緯の位置にありながら、気候帯の分布、場所が異なり、地人相関、空間的相互依存作用、地域という共通した観点から、この2つの空間の理解、すなわち地域理解を試みた。つまり、これら5点の観点は、それぞれ独立しているわけではなく関連しているのである。

新学習指導要領では、こういった地理的な見方・考え方の5つの観点は関連しあっていることを考慮しながら、それぞれの中項目での観点を示し、それらの観点を分析の糸口として、地理的事象の理解を試みようとする。

3　地理的な見方・考え方の系譜

地理的な見方・考え方は、直接的な表現でないにしろ、学習指導要領に書かれる前から提示され、議論されてきた。田中（1929）は、分布を知ること、分布の地理的関係を極めること、個性をもった地理的地域であること、多くの地理的地域における地理的関係の最大公約数に等しい理法を帰納すること、の4点を地理的考察法としているが、地理的な見方・考え方と言い換えてもいいだろう。菊地（1976）は、地理的な見方・考え方を、場所と縮尺からなる基礎概念、分布・地域・地域系の形態と立地作用・結合作用・相互作用の2側面からなる本質概念、大地に対する人間の評価と予測からなる視点概念との3つに分けた。また、朝倉（1981）は、地理的な見方・考え方に密接に関連した地理的学習能力として、方法と場所、地理的位置、場所的相違、有機的関係、地域・地域性という5つの観点を紹介しているが、これは地理学の概念から地理

教育的な地理的な見方・考え方を導出しようとしたとみなせる。このように、従来から地理的な見方・考え方は、地理教育に造詣の深い著名な地理学者、地理教育者によって論じられてきたが、地理的な見方・考え方を整理した桜井（1989）、戸井田（1999）、井田（2003）などは、地理的な見方・考え方は、視点や時代により、また人により定義が異なっていること、定義が困難なことなどを指摘してきた。

　地理的な見方・考え方が学習指導要領に明示されたのは 1969（昭和 44）年度版である。それ以降の学習指導要領には「地理的な見方や考え方」もしくは「地理的な見方・考え方」が記述されている。「地理的な見方・考え方」などが明示された背景としては、地理が知識の詰め込みなのではなく、観点が重要な分野・科目であることを明確にさせた表れといえる。井田（2003）は、1977（昭和 52）年度版以降の学習指導要領の記述が変化してきていることを示す一方で、世界で共通する地理学の中心的概念と日本の地理の目標を巧みに盛り込んでいると指摘する。こうした流れのなかで、2017（平成 29）年版学習指導要領では、地理的見方・考え方が知識や技能と並行して中項目ごとに示されるようになったのである。

4　地理学習と地理的な見方・考え方—地理教育の構造

　新学習指導要領では、記述の仕方に大きな変化がみられる。従来は、地理的な見方・考え方が目標にのみ記されていたが、新学習指導要領では、中項目ごとに「次のような知識を身に付けること」と「次のような思考力、判断力、表現力等を身に付けること」とが明示されている。換言すれば、中項目ごとで、知識と地理的な見方・考え方のかかわりを意識して授業をおこなうことが求められているのである。

　小学校から高等学校までの地理学習の内容は、小学校では、第 3 学年で身近な地域、市町村範囲の学習、第 4 学年では自分たちの住む都道府県範囲の学習、小学校第 5 学年で日本に学習の範囲は広がり、さらに第 6 学年では世界へと目が向けられ、いわゆる同心円的拡大で、対象となる学習の範囲が広がる。小学校社会科の目標にあるように、身近な地域や国土の地理的環境の理解が、知識的側面での地理的な学習内容となる。一方で小学校の学習内容は、地理的

第2章　地理的な見方・考え方を目指す中等社会科・地理歴史科の実践理論

な内容が多く含まれているといえ、調べ活動が重視され、歴史的、公民的内容も含まれ、方法を含め総合的な内容構成である。中学校では、日本や世界の地誌的学習および自然、産業などから日本を俯瞰して、地域的な共通性や特殊性を見出すという系統地理的な学習となる。すなわち、中学校では地誌および系統地理的な学習の基礎を学ぶことになる。そして、中学校での地誌、系統地理の基礎を踏まえて、高等学校の「地理総合」では、主題的な学習を組み、地図やGISといったツールを駆使しながら、地理的な課題を解決する能力を養うことになる。さらに、「地理総合」で主題を追究するにあたって、より一層広く深い知識やスキルの必要性を生徒が自覚することで、高等学校選択科目となる「地理探究」を履修し、さらなる向上が図られるのである。

　こうした学習内容と地理的な見方・考え方に基づいて、学習内容の地理的な観点が明確に示されるようになった。学習内容の知識が蓄積され地理的技能が向上するとともに、地理的な観点からの分析が深められ、より一層地理的な見方・考え方に習熟できるのである。地理的な見方・考え方は、学習内容と関連付けられ、さらには地理的技能と関連しあう。こうした地理的な見方・考え方、学習内容、地理的技能は、学習プロセスの中に組み込まれ、主体的、対話的、深い学びといった、いわゆるアクティブ・ラーニングを活用することで、

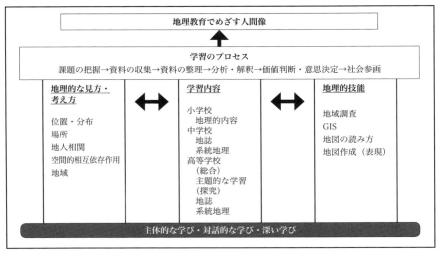

図1　地理教育の構造

第1節　地理教育における地理的な見方・考え方の重要性

めざす人間像へとせまる。これを整理すると図1のような地理教育としての構造ができるのである。

5　むすび

　新学習指導要領では、地理的な見方・考え方が重視される。地理的な見方・考え方は、地理的思考力と捉えることができ、思考の観点を示すものであるともいえる。地理では、こうした地理的思考もしくは思考の観点を大事にし、地理を地理的な見方・考え方から事象を捉えるとともに、そこで得られた知識を蓄積することで、さらなる地理的な見方・考え方を深化させるのである。このような思考は、現在の地理的事象を分析するだけでなく、将来の地域を構想するための視座を与えてくれる。

　教育の上位目標は、人間形成である。地理的な見方・考え方といった思考力を柱に、学習内容と地理的技能とを連関させ、これらを学習プロセスの中に位置づけ、さらにアクティブ・ラーニングの採用で、地理教育がめざす人間像に向かうという構造が構築できる。この地理教育の構造により、地理が人間形成に寄与できることを明確にすることができるのである。

〈参考文献〉

朝倉隆太郎（1981）：地理的分野の指導．朝倉隆太郎・梶哲夫・横山十四男編『中学校社会科教育法』、図書文化社、pp.63-154.

井田仁康（2016）：高等学校「地理」の動向と今後の地理教育の展望、人文地理68-1、pp.66-78.

井田仁康（2003）：地理的な見方・考え方．村山祐司編『21世紀の地理　新しい地理教育』、朝倉書店、pp.26-52.

菊地利夫（1976）：『高校地理教育の原理と方法』、古今書院

桜井明久（1989）：地理教育．高橋伸夫・溝尾良隆編『地理学講座6　実践と応用』、古今書院、pp.110-163.

田中啓爾（1929）：『地理教育に関する論文集』、目黒書店

戸井田克己（1999）：地理的見方・考え方の基礎的考察．井上征造・相澤善雄・戸井田克己編『新しい地理授業のすすめ方』、古今書院、pp.8-23.

文部科学省（2017）：『中学校学習指導要領解説 社会編』

第2節 地理的な見方・考え方の育成と地理的探究に基づく学習 ―アジアの中学校地理カリキュラムの比較を通して―

金 玹辰（北海道教育大学）

キーワード：地理的探究に基づく学習、カリキュラム、中学校、アジア

1　地理的な見方・考え方の育成にはどのような学習が必要であろうか

　2017（平成 29）年改訂の中学校学習指導要領における地理的分野の目標
は、「社会的事象の地理的な見方・考え方を働かせ、課題を追究したり解決し
たりする活動を通して、広い視野に立ち、グローバル化する国際社会に主体的
に生きる平和で民主的な国家及び社会の形成者に必要な公民としての資質・能
力の基礎」を育成することである。では、社会的事象の地理的な見方・考え方
を働かせ、課題を追究したり解決したりする活動を行う学習はどのようなもの
であろうか。

　筆者は、これまで地理教育の国際比較研究を行う中で、生徒自ら地理の学び
を学ぶ学習としての「地理的探究に基づく学習」のあり方を明らかにしてきた
（金 2012）。アメリカやイギリスなど、欧米の地理教育においては、様々な課
題を解決するために、生徒自らが地理的な視点からその解決策を探す「地理的
探究に基づく学習」が強調されている。それは、地理的探究に基づく学習を通
して、生徒が地理的知識や技能の習得だけではなく、持続可能な世界を築くた
めに課題を解決しようとする価値・態度までも養う、総合的な市民的資質を身
に付けることを目指しているからである。さらに、近年地理的探究に基づく学
習は、アジアにおいても導入されつつある。特に、香港とシンガポールでは、
イギリスの影響を受けてきた地理教育の伝統を維持しながら、世界的競争力を
高めるために地理的探究に基づく学習を重視する特徴が見られる（Kim
2015）。

　英語圏でよく使われているこの「地理的探究（geographical inquiry）」は、
日本の地理的な見方・考え方と非常に類似する概念である。今回の『中学校学

習指導要領解説社会編』では、社会的事象の地理的な見方・考え方について、「社会的事象を、位置や空間的な広がりに着目して捉え、地域の環境条件や地域間の結び付きなどの地域という枠組みの中で、人間の営みと関連付けること」とし、「考察、構想する際の『視点や方法（考え方）』」を見方・考え方として整理している（文部科学省 2017：28）。

そこで、本稿では地理的探究に基づく学習に注目し、日本・香港・シンガポールの中学校地理カリキュラムを比較し、地理的な見方・考え方の育成との関係を明らかにしたい。

2　地理的探究に基づく学習を実践するために必要なものは何だろうか

地理的探究に基づく学習は、「地理的問い」、「地理的概念」、「探究のプロセス」という 3 つの構成要素を持つ。ここでは、日本の中学校学習指導要領とともに、それに相当する香港とシンガポールのカリキュラムを対象として、これらの地理的探究に基づく学習の構成要素がどのように反映されているかを分析していく。

（1）日本

今回の改訂における「地理的な見方・考え方」は、2008（平成 20）年改訂の『中学校学習指導要領解説社会編』の中で整理された「地理的な見方や考え方」を引き継ぐものである（文部科学省 2017：28）。具体的にみれば、地理的な見方や考え方は、①地理的な見方の基本、②地理的な考え方の基本、③～⑤地理的な考え方を構成する主要な柱に分けて説明されている（文部科学省 2008：20-21）。ここで注目したいことは、その説明において地理的問いと地理的概念が強調されていることである。例えば、地理的な見方の基本としては、「①どこに、どのようなものが、どのように広がっているのか、諸事象を位置や空間的な広がりとのかかわりでとらえ、地理的事象として見いだすこと。また、そうした地理的事象にはどのような空間的な規則性や傾向性がみられるのか、地理的事象を距離や空間的な配置に留意してとらえること」と説明されている。地理的な見方は「位置」、「空間的な広がり」、「距離」、「空間的な配置」という概念と関連するものである。「どこに、どのようなものが、どのように広がっているのか」という問いに答えることで、「位置」と「空間的な

広がり」を踏まえた地理的な見方を身に付けることができる。

　以上のことを踏まえ、今回の改訂ではより明確な関連性が述べられている。まず、地理的問いについては「主体的・対話的で深い学びを実現するために、社会的事象の地理的な見方・考え方に根ざした追究の視点とそれを生かして解決すべき課題（問い）を設定する活動が不可欠である」と指摘している（文部科学省 2017：29）。次に、「地理的概念」については「位置や分布、場所、人間と自然環境との相互依存関係、空間的相互依存作用、地域」という国際地理学連合・地理教育委員会（IGU・CGE）の「地理教育国際憲章」（1992）の5大概念が反映されている（文部科学省 2017：31）。そして、地理的問いと地理的概念の関係を具体的な例で提示している（文部科学省 2017：33-34）。例えば、「位置」や「分布」に関わる事象については、まず「それはどこに位置するのか、それはどのように分布するのか」と、事象の所在を問う。さらに、「どのような位置関係にあるのか」や「なぜそこに位置するのか」を問うことで、位置の規則性へ発展することができる。

　一方、今回の改訂では課題把握、課題追究、課題解決の三つが学習のプロセスとされ、動機付けや方向付け、情報収集や考察・構想，まとめや振り返りなどの活動が明示されている（文部科学省 2017：31）。しかし、このような学習過程において地理的問いや地理的概念がどのように具体的な役割を果たしているかは述べられていない。

（2）香港

　日本では思考・判断・表現の目標と関連して、地理的問いや地理的概念が強調されている。一方、香港の中学校地理カリキュラムでは、「空間」、「場所」、「地域」、「人間と環境の相互作用」、「地球的な相互依存」、「持続可能な開発」という地理的概念が知識・理解の目標となっている。そして、ⅰ）それはどこにあるのか、それはどのようなものであるのか、ⅱ）なぜそこにあるのか、なぜそのようになったのか、ⅲ）それはどのように、そしてなぜ変化するのか、ⅳ）それはどのような影響を持つのか、ⅴ）それはどのように管理すべきなのか、という地理的問いは技能の目標として明記されている。

　まず、知識・理解の目標としての地理的概念の習得は、理解後の新たな場面への適用までを要求する。具体的には、特定地域や地域間の連携性を含め場所

第2節　地理的な見方・考え方の育成と地理的探究に基づく学習

的知識を枠組みとして、人文環境と自然環境との相互作用を空間的・時間的にとらえ説明することである。また、自然環境が人間生活にどのような影響を与えるのか、人間の活動がどのように自然を変えるのかを理解し、地球的課題に対する理解を深め、いかに持続可能な方法でその課題を解決すべきなのかを探ることである（CDC2011：9）。

　次に、技能の目標としての地理的問いは、地理的に考える（think geographically）方法を導くものであり、地理的探究の出発点でもある（CDC2011：10）。地理的探究において、地理的問いは、生徒が強い地理的視点（strong geographical perspective）に立つことを可能にし、また課題の解決のために地理的概念を適用することを支援する（CDC2011：73）。さらに、地理的問いと地理的概念との関係については、具体的な例を提示した日本と異なり、香港では明確ではない。しかし、地理的問いは探究のプロセスと結びついて説明されている。具体的には、観察・知覚（何か）→定義・叙述（何が、どこで）→分析・説明（どのように、なぜ）→評価・予測・意思決定（何が良いか、それはどうなるか、決定は何か）→個人的評価・判断（私はどう思うか、それはなぜか、私はどうするべきか）である（CDC2011：74）。

（3）シンガポール

　シンガポールでも、地理の考え方／視点（geography's way of thinking/perspective）として地理的概念を設けている。2013年の後期中等地理カリキュラムから、「空間」、「場所」、「自然・人文的プロセス」、「スケール」、「環境と文化の多様性」、「相互依存性」という6つの概念が設けられており、2014年の前期中等地理カリキュラムでは、「空間」、「場所」、「環境」、「スケール」の4つの概念が挙げられている（CPDD2016：2-5）。これらの地理的概念は、香港と同じく、地理的探究のプロセスを学ぶために必要な知識・理解の目標に位置づけられている。

　一方、地理的問いについては、目標と関連して設定されている日本や香港とは異なりシンガポールでは、課題中心のカリキュラム構成原理（issue-based framework）として言及されている。すなわち、「熱帯雨林」、「水」、「エネルギー」、「住宅」、「交通」、「水害」等の課題を中心にカリキュラムを構成する中で、「課題は何であるのか」、「世界のどこが課題による影響を受けるのか」、「課

87

題がなぜそこで起こるのか」、「課題は人間社会と自然環境にどのような影響を
及ぼすのか」、「それはどのように管理すべきなのか」という地理的問いを用い
ることになっている（CPDD2016：7）そのため、各単元名においても「熱
帯雨林：我々はどのように熱帯雨林を守ることができるのか」、「エネルギー：
我々はどのようにエネルギー危機を防ぐことができるのか」のような地理的問
いで表現されている。そして、地理的問いは、探究のプロセスを導き、地理学
者が課題を調査する時に用いる方法であり、4つの地理的概念を生徒の発達段
階に合わせて表現したものであると説明されている。

　そして、地理的探究は生徒の主体的学びを強化する教授学習方法としても重
視されている。探究のプロセスは、①好奇心に火を付け、問いを立て、②関連
する情報を収集し、③情報を分析・解釈し、結果を示した後、④これまでの課
程を振り返って収集した情報や分析方法を評価するような順番になっている
（CPDD2016：26-27）。

　以上、日本、香港、シンガポールにおける地理的探究に基づく学習がどのよ
うにカリキュラムに反映されているかを分析してきた。地理的問いと地理的概
念はすべてのカリキュラムに反映されている。しかし、香港とシンガポールで
は具体的な探究のプロセスが示されているが、日本では具体的なプロセスまで
は示されていない。課題中心の内容構成となっている香港とシンガポールでは
地理的探究に基づく学習という観点から、学習の観点（目標）としての地理的
問いと学習内容としての地理的概念、学習方法としての探究のプロセスが導入
されている。それに比べ、課題とともに、系統地理や地誌までが含まれている
日本では、地理的な見方・考え方という学習の観点と各内容との関係により重
点が置かれているからである。従って、日本における地理的探究に基づく学習
の実践においては、探究のプロセスを生かしながら学習をどのように進めるか
が求められる。

3　どのように地理的問いを設定するべきか：エネルギー単元を事例として

　ここではエネルギー単元を事例として、どのように地理的探究に基づく学習
を進め、地理的な見方・考え方の育成につなげるかを、香港とシンガポールの
カリキュラムより明らかにすることで、今後の日本における実践への示唆を得

第2節　地理的な見方・考え方の育成と地理的探究に基づく学習

たい。

（1）香港

　香港では地理的課題を一つの単元として、導く問い、事例地域、知識、スキル、価値・態度に分け表にまとめている。エネルギー単元を示すと表1になる。エネルギー単元は「地球的な相互依存」、「持続可能な開発」の地理的概念を中心とする3年生の必修単元である。

　地理的探究の出発点として、4つの地理的問いが設けられ、それらに答えることで関連する知識、スキル、価値・態度を身につけることができる。探究のプロセスから見れば、問1は学習課題としてエネルギー問題を知覚し、どこで何が問題であるのかを叙述する段階、問2はエネルギー問題の現状を分析・説明する段階、問3は問題の解決策を評価する段階、問4は今後を予測し、地域社会や国家のような集団での意思決定と個人的評価・判断を行う段階である。生徒は問1〜4すべてに答える必要はなく、学習課題に対する生徒の関心や知識等を踏まえて、水準を調整することもできる。さらに、事例地域を選択し、各国の独自のエネルギー問題を確認し、問題の可能な解決策を整理する探究活動を行うことで地域的特殊性を身につけることもできる。そのような地理的探究を通して、エネルギー問題のような地球的な課題を解決するためには、世界の各地域間で相互依存しており、持続可能な開発が必要であること（地理的概念）を理解することが可能である。

（2）シンガポール

　シンガポールも各単元について、4つの地理的問いに沿って、学習成果、内容、概念、用語の順にまとめられている。「環境と資源」をテーマとする自然地理分野の一つであるエネルギー単元は表2のように構成されている。

　探究のプロセスから4つの地理的問いを見れば、問1は化石燃料資源の枯渇によるエネルギー危機を観察・知覚する段階、問2はエネルギー危機がどこで起きているのかを世界のエネルギー消費パターンから定義・叙述する段階、問3はエネルギー危機はどのように社会に影響を及ぼすのかを分析・説明する段階、問4はエネルギー危機はどのように防ぐことができるのかを評価・予測・意思決定する段階である。しかし、個人的評価・判断を行うことまでは望んでいないことがわかる。このような探究のプロセスと関連して、香港とは異なり

89

第2章　地理的な見方・考え方を目指す中等社会科・地理歴史科の実践理論

表1　香港の中学校におけるエネルギー単元構成

導く問い	1．私たちはなぜ必死にエネルギー資源を求めていかなければならないのか。 　－世界の主要なエネルギー資源は何か。それはどこで見つけられるのか。 　－エネルギー生産と消費のグローバルなパターンはどのようなものなのか。 　－なぜ先進国と途上国の間にエネルギー資源の不均一な分配があるのか。 　－エネルギー生産と消費の不均一なパターンの意味は何であるのか。 2．近年のエネルギー資源をめぐる新たな問題とは何であるのか。 　－現在の化石燃料の採掘と利用によって引き起こされる環境問題は何であるのか。 　－途上国（例：南アジア、アフリカ南部・東部）における木材燃料の利用はなぜ人々と環境に危険で 　　あるのか。 　－現在の再生可能エネルギー利用における費用と利益は何であるのか。 3．私たちは他に解決策を持っているのか。 　－再生可能エネルギー資源と再生不可能エネルギー資源とはどのような意味であるのか。 　－再生可能エネルギー資源の利用における長所は何であるのか。 　　その短所は何であるのか。 　－原子力は再生可能エネルギー資源であるのか。 4．未来のエネルギー需要は今後どのような方法で持続可能になるのか。 　－エネルギー問題に対処するために香港はこれまで何をやり、今後何ができるのか。 　－世界のエネルギー問題のために、国家的・世界的に可能な解決策は何であるのか。 　－私たちが家や学校でできるものは何であるのか。それは役に立つのか。
地域 事例	・イギリスの風力発電　・中国の水力発電　・ブラジルのバイオ燃料
知識	・世界の主なエネルギー資源：再生可能な資源と再生不可能な資源 ・エネルギー生産と消費のグローバルなパターン、そのようなパターンによって引き起こされ関連する 　経済的および政治的な葛藤 ・再生不可能エネルギーを利用する場合の費用と利益、特に化石燃料と燃料木材の利用 ・再生可能エネルギーの長所と短所 ・先進国と途上国におけるエネルギー問題の類似点と相違点 ・原子力利用の賛否両論と今後のエネルギー供給におけるその役割の拡大 ・世界のエネルギー問題のための地域的・国家的・世界的に可能な解決：エネルギー需要の削減、よ 　り効率的なエネルギーの使用、新しい省エネルギーと再生可能エネルギー技術の開発、新しい建物の 　設計と技術、より効率的なエネルギー・システム（例えば、大量輸送システム）の採用を含む。 ・省エネ、エネルギー節約等の個々の行動。例えば、エネルギーの利用を効果的に削減し、ライフスタ 　イルと消費パターンを変える。
スキル	・情報源からある国の独自のエネルギー問題を確認し、問題の可能な解決策を整理するための探究のプ 　ロセスを開発する。 ・原子力発電に関する主な議論を表形式で要約する。 ・主なエネルギー資源の割合を示す円グラフを作成し、国の総エネルギー生産量を計算する。 ・世界における石油の流通を示すためのフローマップを作成する。 ・ある期間内に、異なる種類のエネルギーの生産割合の変化を示すために棒グラフを作成する。 ・世界の異なる地域／大陸における異なる種類のエネルギー消費を示す世界地図の上に、GISを使用し 　て比例記号（比例バー／円）を挿入する。 ・広東省の原子力発電所の建設に関する意見を集めるため、学校・地方のアンケート調査を実施する。 ・地図や写真の証拠に基づいて、化石燃料（石炭、石油など）の開発による環境的影響を挙げる。
価値・態度	・エネルギー節約のための責任感を育てる。 ・エネルギーを節約するために自分のライフスタイルや習慣を変える必要性を認識する。 ・中国が直面するエネルギー問題への関心を示す。 ・異なる場所の人々がエネルギー問題に異なる反応をする理由を理解する。 ・エネルギー問題を解決する際の個々の行動の限界を自覚し、エネルギー問題のようなグローバルな課 　題を処理するためにはさまざまな解決策の組み合わせが必要なことを理解する。

(CDC2011：52-53)

第2節　地理的な見方・考え方の育成と地理的探究に基づく学習

表2　シンガポールの中学校におけるエネルギー単元構成

導く問い	学習成果：生徒は以下のことができる	内容	概念	用語
1　エネルギー危機とは何であるのか。	・化石燃料の利用を挙げる（知識・理解）。 ・化石燃料がいかに作られるかを説明する（知識・理解）。 ・エネルギー危機の特徴を挙げる（知識・理解）。	・エネルギー資源 　－原始資源：動物、木材燃料、風 　－化石燃料 ・化石燃料の類型：石炭、石油、天然ガス 　－化石燃料の形成と分布 　－化石燃料の利用と関連する環境問題 ・エネルギー危機 　－化石燃料の埋蔵量の枯渇 　－増加するエネルギー消費	<u>地理的概念</u> ・空間 ・環境 <u>内容的概念</u> ・実用的価値 ・環境悪化	・エネルギー資源 ・再生可能資源 ・再生不可能資源 ・化石燃料 ・岩石の輪廻 ・堆積岩
2　エネルギー消費はどこでも同じ水準であるのか。エネルギー消費はなぜ異なるのか。エネルギー消	・地図を利用して高い水準のエネルギーを消費している国や地域の位置を確認する（技能）。 ・グラフや表を利用して世界のエネルギー消費パターンを挙げる（技能）。 ・事例の国に関する参考文献を用いて、今まで数十年の間なぜエネルギー消費が増加したのかを説明する（技能）。 ・人の生活様式の選択が他の人や自然環境に影響を及ぼすことを認識する（価値・態度）。	・シンガポールと事例国（例：中国とアメリカ）のエネルギー消費 　－近年の消費水準 　－過去と未来の成長率 ・高いエネルギー消費の理由 　－産業的成長（例：中国、インド、シンガポール） 　－裕福（例：アメリカ）	<u>地理的概念</u> ・場所 ・空間 ・スケール <u>内容的概念</u> ・カーボンフットプリント ・人間開発	・エネルギー消費 ・産業的成長
3　エネルギー危機はどのように社会に影響を及ぼすのか。	・文書／引用や写真、図を用いて、エネルギー危機がいかに社会に影響を及ぼすのかを説明する（技能）。	・増加するエネルギー消費の影響 　－社会 　　・頻繁なエネルギー供給の中断 　　・生活費用の増加 　－経済 　　・競争力の減少	<u>地理的概念</u> ・場所 <u>内容的概念</u> ・生活の質	・生活費用 ・競争力
4　エネルギー危機を防ぐことができるのか。エネルギー危機はどのように	・世界やシンガポールにおけるエネルギー消費の減少のための対策を挙げる（知識・理解）。 ・化石燃料の埋蔵量の減少に対して選択できる戦略を挙げる（知識・理解）。 ・化石燃料の埋蔵量の減少に対して選択できる戦略を説明する（知識・理解）。 ・化石燃料の埋蔵量の減少に対して選択できる戦略の長所と短所を挙げる（知識・理解）。 ・同意できない他人の見解や意見を尊重する（価値・態度）。	・エネルギー消費の減少（例：シンガポール） 　－エネルギー節約 　－エネルギー利用の効率性 ・代替エネルギー資源 　－太陽力（例：アメリカ） 　－風力（例：デンマーク） 　－水力（例：中国） 　－原子力（例：フランス）	<u>地理的概念</u> ・環境 ・スケール <u>内容的概念</u> ・エネルギーの持続可能な利用	・太陽力 ・風力 ・水力 ・原子力

（CPDD2016：104-106）

学習成果では知識・理解や技能に比べ、価値・態度の項目が少ない。特に、各問いに対するより具体的な内容や概念（地理的概念・内容的概念）・用語を提示する点から深くて広い地理的知識を求めている。さらに、各単元を学んだ後、地理的調査を行うようになっている。エネルギー単元でも、学校を調査地域とする地理的調査（geographical investigation）が設けられている。その際、「人々の活動と態度は学校のエネルギー消費にどのような影響を与えるのか、また我々はエネルギー消費を減らすことができるのか」という地理的問いの基に、前述した探究のプロセスに沿って調査を行うようになっている（CPDD 2016：107-106）。

（3）日本での実践のための提言

　日本では「資源・エネルギーと産業」の中単元が設けられているが、香港とシンガポールでは、地球的課題の一つとして「エネルギー」だけで一単元になっている。それは、学習課題としてエネルギーについて、一時間の授業ではなく単元（香港：8～10時間、シンガポール：10時間）を通して課題の解決策を深く考える必要があることを意味する。すなわち、地理的探究に基づく学習は単純な学習方法に留まらず、カリキュラムを構成する原理である。一つの課題に対する解決策を深く調べるためには十分な時間をかける必要がある。そして、探究の出発点としての一連の地理的問いを設け、その答えを探すために必要な知識と技能を体系的に構造化し、探究のプロセスに沿った学習を進めることが望ましい。その学習活動を繰り返すことで、生徒は自然に地理的視点に立って社会的事象を見たり、地理的方法で課題を解決したりすることができる。すなわち、地理的な見方・考え方を身につけることが可能になる。さらに、最終的には地理的な見方・考え方を身につけることで、生徒が何ができるかまで考える必要がある。地理的な見方・考え方が地理「固有」の目標に留まらず、生徒のより広い可能性へとつながる地理「教育」の目標になれるように念を入れるべきである。

〈注〉

1　これらの地理的概念は 1998 年改訂の中学校カリキュラムには見られなかったが、2007 年度改訂の高等学校カリキュラムには「位置と分布」、「場所と地域」、「人間と環境の相互作用と相互依存関係」、「自然・人文環境の変化と開発」、「環境の管理と持続可能な開発」、5 つの類似する概念が登場している（CDC、2007、p.9）。高等学校における地理的概念は、日本と同じく IGU・CGE の「地理教育国際憲章」の影響が考えられる（金、2014）。

2　前期中等カリキュラムは、一般的な大学進学モデルである EXPRESS コースと技術教育とともに学術教育も行う Normal Academic（N-A）コースと、技術教育だけを行う Normal Technical（N-T）コースに分かれる。N-T コースでは地理を履修しないが、EXPRESS コースと N-A コースでは地理が必修科目になっている。さらに、6 つの単元の内、エネルギーと洪水の 2 つは EXPRESS コースだけ学ぶようになっている（金、2016）。

〈参考文献〉

金 玹辰（2016）：シンガポールの後期中等地理における地理的探究の強調－ CGE O-Level 地理シラバスの分析を手がかりにして－、北海道教育大学紀要（人文科学・社会科学編）、第 67 巻第 1 号、pp.85-100.

金 玹辰（2014）：香港の地理教育における自然災害の取り扱い－中学校カリキュラム及び教科書の分析を中心に－、新地理、第 62 巻第 1 号、pp.29-43.

金 玹辰（2012）：『地理カリキュラムの国際比較研究－地理的探究に基づく学習の視点から－』、学文社、245p.

文部科学省（2017）：『中学校学習指導要領解説 社会編』

文部科学省（2008）：『中学校学習指導要領解説 社会編』、日本文教出版.

Kim, H.（2015）：Trends of School Geography in Asia, In Ida, Y., Yuda, M., Shimura, T., Ike, S., Ohnishi, K., Oshima, H. (Eds.), *Geography Education in Japan*, Springer, pp.185-194.

Curriculum Planning and Development Division（CPDD, 2016）：*GEOGRAPHY SYLLABUS・Lower Secondary Express Course/Normal（Academic）Course*, Singapore：Ministry of Education, 124p.

The Curriculum Development Council（CDC、2011）：*GEOGRAPHY CURRICULUM GUIDE（SECONDARY 1-3）*, Hong Kong：Education Bureau, 160p.

第３節
ドイツ地理教育と日本の地理教育の比較
―地理的な見方・考え方の観点から―

大髙　皇（常磐大学）

キーワード：深い学び、範例的教授学習、ドイツ

１　地理的見方・考え方の育成にはどのような学習が必要であろうか

　2017 年に告示され 2021 年度以降に実施される予定の第９次改訂版の中学校学習指導要領について同解説編では、「今回の改訂において社会科のみならず全ての教科等において各教科等を学ぶ本質的な意義の中核をなすものが「見方・考え方」であり、教科等の学習と社会をつなぐものである」としている。従って本改訂の看板が、目標としての「社会的な見方・考え方」であることは言を俟たない。

　この「社会的な見方・考え方」については 2016 年 12 月 21 日付の中央教育審議会答申において、「課題を追究したり解決したりする活動において、社会的事象等の意味や意義、特色や相互の関連を考察したり、社会に見られる課題を把握して、その解決に向けて構想したりする際の視点や方法であると考えられる」と定義されている。この答申を受けて、中学校社会科においては「社会的な見方・考え方」は各分野の特質に応じて整理され、地理的分野では「社会的事象の地理的な見方・考え方」として、「社会的事象を位置や空間的な広がりに着目して捉え、地域の環境条件や地域間の結び付きなどの地域という枠組みの中で、人間の営みと関連付けて」働かせるものとされ、小・中・高という学校段階を超えて社会科、地理歴史科、公民科を貫く「社会的な見方・考え方」の構成要素として整理されている。換言すれば、従来、中等教育における地理教育の目標として掲げられてきた「地理的な見方・考え方」が、社会科教育全体の目標である「社会的な見方・考え方」の下位に「社会的事象の地理的な見方・考え方」として位置付けられた、ということになる。

　そして、この「社会的な見方・考え方」、「社会的事象の地理的な見方・考え

方」は、「主体的・対話的で深い学び」の実現に向けた授業改善（アクティブ・ラーニングの視点に立った授業）の推進、とりわけ「深い学び」とも関係づけられている。学習指導要領において「社会的な見方・考え方」は、社会科、地理歴史科、公民科としての本質的な学びを促し、深い学びを実現するための思考力、判断力の育成はもとより、生きて働く知識の習得に不可欠であること、主体的に学習に取り組む態度や学習を通して涵養される自覚や愛情等にも作用し、資質・能力全体に関わるもの、としている。

　このように、「見方・考え方」を、児童生徒が学習や人生において自在に働かせることができるようにし、教科等の学習と社会をつながんとすることを「深い学び」として、教科教育を学ぶ本質的な意義の中核に据えよう、という発想は既にドイツ教授学において範例的教授学習（Exemplarisches Lehren und Lehren）として構想・実現され、今もなおドイツの地理教授において息づいている。範例的教授学習とは教育内容の過剰によって学習が浅薄に進められることを防ぐために、基礎的・本質的な教育内容に制限して、これを深く徹底的に学習させることを目指して、1951年、高等学校及び大学の代表者によって行われた高等学校教科課程改善の決議「チュービンゲン決議」（Die Tübinger Beschlüsse）を契機に生まれたもので、その後ドイツにおいて様々な教科で用いられた（三枝 1965：118-120）。そこで、本稿ではドイツの地理教育カリキュラムの構成原理の歴史的変遷を整理しつつ、ドイツの地理教育における範例的教授・学習と「深い学び」の在り方を明らかにしたい。

2　ドイツの地理教育と範例的教授学習

（1）範例的教授学習の登場まで

　ドイツにおいては 1872 年に義務教育が開始されたと同時に、独立した教科として地理科が導入されて以来、長らく静態地誌的カリキュラムが採用されてきた（Hausmann 1985：97-98）。しかし、静態地誌的カリキュラムには欠点が指摘されていた。まず、各地域にそれぞれ特色があるのだから各地域の特色を学ばなければならない、という考え方によって学習が進む、即ち地域の特色の理解が自己目的化してしまうために、地域の特色を理解する意義を生徒が自ら見出しにくいこと。そして、他の地域について学習する際も、以前に取り

扱った地域と同じ観点が繰り返し用いられるため、羅列的な教授になってしまうことである（Schreiber 1981：19-20）。こうした問題を解決すべく、1920年代には Spethmann によって動態地誌的カリキュラムを取り入れる動き（Spethmann 1928）もあったが羅列的な教授の解決には至らなかった。

（2）「隙間への勇気」と「徹底性への勇気」

　1951年、高等学校及び大学の代表者によって行われた高等学校レールプラン改善の決議、「チュービンゲン決議」において、科学・技術の急速な発達による学習内容の増加が引き起こした「内容過剰」は生徒の精神的生命を窒息させるものであり、こうした内容過剰をそのまま放置して、教師がもっぱら巧みな指導技術にのみ自らの活動余地を見出す現状では、生徒の学力は決して向上しない、と結論付けられた。そこで、こうした状況を克服する道として、まず導入されたのが「隙間への勇気」（Mut zur Lücke）という教育内容削減の動きである。「隙間への勇気」とは、教育内容を削減することによって、今まで学習されてきたのにもかかわらず学習されなくなってしまう内容、即ち「隙間」が生まれることを恐れず、教育内容を量的に削減しようとする単純な概念である（長谷川 1969）。このような量的削減は1998年・1999年に告示され2002年度以降に実施された第7次改訂版の学習指導要領によってもたらされた内容削減、いわゆる「ゆとり教育」と全く同じ発想である。

　しかしこのような教育内容の単なる量的削減は、教育内容の量を教育の基準と考える「教授学上の実質主義」（didaktischer Materialismus）に過ぎず、教材の実体そのものを疑問視するものではなかった。従って、「隙間への勇気」は「知識の支離滅裂」（Zusammenhanglosigkeit）を引き起こすものだという批判をかわすことはできなかった。そこで、「徹底性への勇気」（Mut zur Gründlichkeit）あるいは「根源的なものへの勇気」（Mut zum Ursprünglichen）という、少数の重要な教育内容を選択して、それだけをその根源にまで深く徹底的に学習させようとする教育内容選択が次第に求められるようになった。この考え方は伝統的なドイツ教授学が目標としてきた「最小限の学習素材でもって最大限の教育効果をめざすこと」に基づいており、チュービンゲン決議においても「本質的なものへの深化」という表現に示されていた（長谷川 1969）。即ち、この段階において教育内容に対する考え方が

量的から質的に移行したことがわかる。範例的教授学習の考え方は、このような教育内容の質的な面に視点を据えたところにその基本的原理がある。

（3）「ウクライナの防風林」

　地理教育において範例的教授学習を取り入れた Stenzel（1961）は範例的教授学習を用いた指導計画「ウクライナの防風林地帯」を構想し、4つの段階を踏まえた学習を提唱している。Stenzel は各地域をそれぞれ独立した教育内容としてではなく、何らかの基本的性質を共有している「類型」（Typus）として把握し、それらの代表として一つの地域（この場合はウクライナの防風林地帯）を選ぶ（これを「個」と呼ぶ）。このとき、このウクライナの防風林地帯は類型に属する他の地域と共通する基本的性質を代表しているので、これについて徹底的に学び、個別的項目について理解するだけでなく、南ロシアのステップ地帯にあるウクライナの防風林地帯の特徴的事実から、他の森林地帯一般に対する法則的な見方を獲得する（「個の段階」）。他の地域（ここではアメリカの大草原を取り上げている）に進むときに子どもたちは、この法則的見方を携えて、おそらくは同じことが他のステップ地帯についてもいえるのではないか、ちがうところはどういうことか、という予測をもって学習に立ち向かうことができる（「類の段階」）。この時、他のステップ地帯についての学習は簡略化したり省略したりすることもできる。こういう思い切った教材の精選構造化の方式が範例方式である。

　しかし、範例的教授学習はこれに留まらず更に連続的に発展していく。類の段階を終えたときは、個の段階で得られた法則的見方（ここでは自然や土地に対して人間が関与するときにどのような効果が表れるか、どんな調和をするのか、など）が正しかったかどうかが確認されるときでもある（「法則性の段階」）。次にこの法則性とのかかわりにおいて生きている自分という人間はだからどうするべきか（ここでは、人間が地域に依存しているという洞察など）、自分の生き方を考えるところにまで学習を進める（「自己理解の段階」）。この学習は範例的教授学習の極めて特徴的なところである。ドイツにおける範例的教授学習は、「見方・考え方」を習得する「深い学び」によって、教育内容の精選を図ろうとしたのである。

（4）範例的教授学習が地理教育にもたらしたもの

　この指導計画「ウクライナの防風林地帯」は、我が国においても三枝（1965）をはじめよく紹介されているものであるが、こうした範例的教授学習の登場によって、ドイツの地理教育は静態地誌的カリキュラムの改善に向けた動きが盛んになった。例えば、Schultze（1970）は、地域は即自的に存在しているために、地域ごとに学習を進めようとする地誌的な枠組みは転移可能な洞察を生まず、範例的教授学習になじまないとして、個々の事象の地域的差異とその要因について探究する系統地理的カリキュラムを、論文「地誌に変わる系統地理学」において提唱した。他方、Robinsohn（1967）は、これまでの学問中心のカリキュラムを否定して、子どもたちが将来大人になり社会生活を送る際に必要な資質とは何かを予測し、その資質を習得できるカリキュラムを作ろうとする「生活状況の克服」（Bewältigung von Lebenssituationen）目指した人間中心カリキュラムを提唱した。また Birkenhauer（1970）は紛争をテーマとした「問題地誌」（Problemländerkunde）という主題的カリキュラムによる学習を、Newig（1993a、b) は宗教・世界観をテーマとした「文化大陸」（Kulturerdteile）という主題的カリキュラムによる学習をそれぞれ提唱した。

3　PISA ショック以降の地理教育の動向と範例的教授学習

（1）PISA ショック

　経済協力開発機構（OECD）による「生徒の学習到達度調査」（PISA）は、数学的リテラシー、読解リテラシー、科学的リテラシーの３分野について、参加国が共同して国際的に開発した学習到達度問題を用いて 15 歳児を対象とした調査で、2000 年に初回の調査（PISA2000）が行われて以来、３年ごとのサイクルで調査が実施されている。我が国はこの PISA2000 において参加した 32 の国のうち、数学的リテラシーが１位、読解リテラシーが８位、科学的リテラシーが２位という記録を残した。しかし、2003 年に実施された PISA2003 においては参加した 41 の国と地域のうち、数学的リテラシーが６位、読解リテラシーが 14 位、科学的リテラシーが１位と大きな低下を見せた。このことが我が国の教育行政の動向はもちろん、教育に関する様々な議論に影響を与えたことは周知のとおりである。

第3節　ドイツ地理教育と日本の地理教育の比較

　一方、本稿が対象とするドイツは PISA2000 において、数学的リテラシーが 20 位、読解リテラシーが 21 位、科学的リテラシーが 20 位という不本意な結果を残し、ドイツ教育界は震撼した（Hoffmann 2006）。このいわゆる「PISA ショック」を受け、2001 年に各州文部大臣会議（KMK）は①就学前教育段階からの言語能力の改善、②就学前教育と基礎学校の接続の改善、③読解力や数学、自然科学の基本的理解についての改善、④不利な教育条件を負う子ども（移民家庭の子女等）への支援措置、⑤必修の教育スタンダードに基づく授業と学校の質の保証と改善のための措置および結果評価の重視、⑥組織的な学校開発に資する診断力と方法技量を考慮した教職専門性の改善措置、⑦特別支援を必要とする生徒及び特別な才能のある生徒への情報提供を拡充する終日（全日）教育の措置の 7 点からなるアクションプログラム「7 つの行動分野」を決議した（原田 2008）。

（2）教育スタンダードづくり

　とりわけ、教科教育のレベルで着目されるのは、このうち、⑤必修の教育スタンダードに基づく授業と学校の質の保証と改善のための措置および結果評価の重視、である。実際に 2005 年にはドイツで初となる教育スタンダードとして、中等段階 I の数学、ドイツ語、外国語（英語、フランス語）、生物学、物理学、化学を対象とした教育スタンダードが制定された（Ringel 2005）。この教育スタンダードにおいて地理教育は対象とされなかったが、ドイツ地理学会を中心に 2002 年に「教科地理におけるレールプラン作成のための原則と勧告」を、2005 年に「地理教授の国家スタンダード―可能性と限界―」（Nationale Bildungsstandards für den Geographie unterricht - Möglichkeiten und Grenzen）を、2007 年に「中等段階卒業資格用地理科教育スタンダード」（Bildungsstandards im Fach Geographie für den Mitteren Schulabschluss）が作成されている。

　もっとも地理教育における、こうした教育スタンダードづくりの動きは PISA ショック以前にも見られた。かつては各州がもつ「文化高権」[1]や学校ごと・教師ごとの独自性を尊重する傾向から教育スタンダードを持たず、基本的には教師個人にレールプラン[2]の作成を委ねてきたドイツにあって、最小限の地理教育のコンセンサスを持たせようと、1980 年にドイツ地理学者中央連合

が「基底レールプラン地理」（Basislehrplan Geographie）を提案した（Köck 1980：16）。これは、東西ドイツ統一の進展もあって、その役割を十分に果たせなかったが、その後も国際地理学連合・地理教育委員会が 1992 年に制定した地理教育国際憲章に基づき、ドイツ学校地理学者連合が 1999 年に「基本レールプラン地理」（Grundlehrplan Geographie）をそれぞれ公刊している（Hoffmann 2006）。ただ、これらはあくまで自主的な基準、コンセンサスとしてのみの存在意義をもつレールプランであって、公的な性格を帯びた、拘束力をもつ教育スタンダードを意識したものではなかった。

（3）教育スタンダードにみるアウトプット志向

さて「PISA ショック」以降、主流となった学会版教育スタンダードについては、服部（2007a、b）がインプット指向からアウトプット指向への転換と評しているように、内容中心のカリキュラムから、目標中心のカリキュラムへの転換が図られている。

即ち、前述のような系統地理的カリキュラムや主題的カリキュラムの導入は、範例的教授学習を意識した人間形成主導性を謳いながらも結局は教育内容を中心としたものであり、教育目標はあくまで形式的なものに過ぎなかった。しかし、一定段階で生徒が習得すべきコンピテンシーを記述することで、目標、即ち学んだ後の生徒の姿が具体的に描かれるようになったのである。そして、ここでは目標によって内容精選がなされているのである。

これらの学術団体が作成した教育スタンダード、いわゆる学会版教育スタンダードは法的拘束力をもつものではないが、各州のカリキュラムや教育スタンダードに影響を与えている。とりわけ、このようなコンピテンシーの導入は地理教育に浸透し、コンピテンシーに関する理論研究や実践、評価方法が研究されている（阪上 2015）。

一方、この間にベルリン市・ブランデンブルク州・メクレンブルク＝フォアポンメルン州・ブレーメン州は四州が合同して教育スタンダードを作成するなど、州レベルでも教育スタンダードづくりが進められている。特にバーデン＝ヴュルテンベルク州ではドイツの他州に先駆けて、2004 年にすべての教科において教育スタンダードを導入している（大髙 2010）が、同州の教育スタンダードにおいてはその序文において「とりわけ PISA 以降に認識され求められ

てきた、旧来のレールプランを特徴づける知識ピラミッドを克服しようとする教育プランナーの意図は、民族的な『無駄の排除』を必要とし、そして学習する主題ごとの『範例性』によって教育理論的に根拠づけられた、かつての尽力を再び取り上げることである」と、その教育内容精選指向を打ち出している。

4 「深い学び」の先にあるもの—教員養成の現場から

　我が国でも PISA2003 の結果を受けて、いわゆる「ゆとり教育」の見直しが進められ主として教育内容面で教育改革が進められ、その成果として 2008年・2009年に告示され 2011年度以降に実施された第8次改訂版の学習指導要領について地理分野では地誌教育重視への回帰が進められた。このように我が国の地理教育は幾度となく学習指導要領の改訂を行いながらも内容の取捨選択に留まっている嫌いがある。

　他方ドイツにあっては、前述のように地誌学習による羅列的な地理教育に対して、範例的教授学習をもってその克服に取り組んだという教授学的伝統があり、しかもそこで取り組まれた知識精選指向が PISA ショック克服の手段として用いられている。我が国の地理教授においても、教材の量的考え方から教材の質的考え方へのパラダイムシフトが必要なのではないだろうか。

　さて筆者は現在、社会科教員を養成する立場にあるが、そこで唖然とさせられるのは、地理的分野においても歴史的分野においても社会科教科書の本文を読み取らせることに終始する模擬授業を行う学生の姿である。彼らに本文の傍らにある地図、統計、グラフ、写真などの資料は目に入らない。教科書の本文を順番に音読させる、調べ学習と称して本文から発問の答えを抜き出させるということさえある。このような唯言語主義的社会科教育・地理教育ともいうべき教育方法の横行は、彼らがこのような授業を受けてきた証左と考えたくはないが、教育実習先においてこうした教育方法を指導されることもあるようだ。

　新学習指導要領に盛り込まれた「深い学び」が、「社会的な見方・考え方」を身につけるものたりえ、唯言語主義的社会科教育・地理教育を脱するに資することを願ってやまない。

第2章　地理的な見方・考え方を目指す中等社会科・地理歴史科の実践理論

〈注〉

1　ドイツでは基本的に教育が連邦の権限に属するとは規定しておらず、教育に関する基本的権限は州が有しており、これは州の文化高権（Kulturhoheit）と呼ばれている。例えば、日本教育大学協会編（2005）を参照。

2　Lehrplan（レールプラン）という語は、英語圏から流入してきた語である Curriculum（カリキュラム）という語と同義的に使われる場合が多い。ただし、前掲の Robinsohn を中心に Curriculum に対して Lehrplan は狭義的であるとして、Lehrplan と Curriculum は異なる概念であると捉える場合もあるので、本稿ではレールプランという語を用いる。

〈参考文献〉

Birkenhauer, J. (1970)：*Die Länderkunde ist tot. Es lebe die Länderkunde.* Geographische Rundschau 22, H. 5, S.194-203.

Hausmann, W. (1985)：*Länderkundlicher Durchgang*, Böhn, D. Hg, *Fachdidaktische Grundbegriffe in der Geographie, Oldenbourg*, S.97-98.

Hoffmann, T. (2006)．*Geographische Lehrpläne in die Praxis umsetzen.*

Haubrich, H. Hg., *Geographie unterrichten lernen. Die neue Didaktik der Geographie konkret.* Oldenbourg, S.79-106.

Köck, H. (1980)：*Theorie des zielorientierten Geographieunterrichts.* Köln.

Newig, J. (1993a)：*Die Bedeutung des Prinzips "Vom Nahen zum Fernen" zur Strukturierung des Erdkundeunterrichts. (I. Teil), Zeitschrift für den Erdkundeunterricht*, H1, S.28-32.

Newig, J. (1993b)：*Die Bedeutung des Prinzips "Vom Nahen zum Fernen" zur Strukturierung des Erdkundeunterrichts. (II. Teil), Zeitschrift für den Erdkundeunterricht*, H2, S.72-76.

Rinschede, G. (2005)：*Entwicklung und Aufbau geographischer Lehrpläne.*

Rinschede, G. Hg, *Geographiedidaktik.* (Auflage 2), UTB, S.113-142.

Ringel, G. (2005)．*Nationale Bildungsstandards für den Geographie unterricht. Möglichkeiten und Grenzen, Geographie und Schule*, H.156, S.23-32.

Robinsohn, S. B. (1967)：*Bildungsreform als Revision des Curriculums und ein Strukturkonzeot für Curriculumsentwicklung*, Neuwied.

Schreiber, T. (1981)：*Kompendium Didaktik Geographie.* Ehrenw.

Schultze, A. (1970)：*Allgemeine Geographie statt Länderkunde. Zugleich eine Fortsetzung der Diskussion um den exemplarischen Erdkundeunterricht*, Geographische Rundschau, Jg. 22, H. 1, S.1-10.

Spethmann, H. (1928)．*Dynamische Länderkunde*. Breslau.

Stenzel, A. (1960)：*Stufen des Exemplarischen, Bildung und Erziehung*, Jg. 13. H. 3, S.129-141.

大髙　皇（2010）：ドイツにおける地理教育カリキュラムと教育スタンダードの展開　―バーデン＝ヴュルテンベルク州教育スタンダードを事例として―、社会科教育研究、No.110、pp.130-142.

三枝孝弘（1965）：範例方式による授業の改造、明治図書、No.3、pp26-41.

阪上弘彬（2015）：ドイツ地理教育における ESD の観点―レールプラン作成に関わる教育学と地理学の検討から―、社会科教育研究、No.126、pp.38-48.

長谷川榮（1969）：範例教授―学習と形式陶冶、教育方法学研究、No.3、pp.32–34.

服部一秀（2007a）：ドイツ地理学会版教育スタンダードの地理学力像［その1］、山梨大学教育人間科学部紀要、No.9、pp.122-132.

服部一秀（2007b）：ドイツ地理学会版教育スタンダードの地理学力像［その2］．山梨大学教育人間科学部紀要、No.9、pp.133-146.

原田信之（2008）：ドイツは PISA の問題にどのように取り組んでいるか、日本教育方法学会編『教育方法 37　現代カリキュラムと教育方法学　―新学習指導要領・PISA 型学力を問う―』図書文化、pp.84-97.

第4節 GISと地理的な見方・考え方
― 「主題図学習」 ―

國原幸一朗(名古屋学院大学)

キーワード：主題図、GIS、主題図学習、地域的特色、地域的変化

1　なぜGISを学校で教えなければならないのか

(1)「地理総合」の設置とGISの必要性

　新設される高等学校の「地理総合」は、「地図やGISなどを用いることで、汎用的で実践的な地理的技能を習得する」ことを科目の特徴の一つとし、内容も「地図と地理情報システム(GIS)の活用」が設定されている。育成すべき資質・能力(評価)においても「GISなどを用いて地理に関する情報を効果的に収集する・読み取る・まとめる」ことをあげている(文部科学省、2016)。

　現行の学習指導要領(文部科学省、2010)をみると、地理情報の収集・分析、地理情報を地図から読み取ったり、地図化するときにGISが利用でき、GISを用いることによって情報や情報手段を適切に活用できる資質や能力を培うとともに地理的認識を深め、地理的技能を高められると示されているが、これまでGISの学校での利用はそれほど進まなかった。

　GISが浸透するには、学習指導案やカリキュラムでの位置づけ、学習目標・内容・方法・評価との関連性が示され、その事例を蓄積・共有していくことが必要となる。また地図や地理情報の取り扱いに関する技能に限定せず、思考や判断、社会参加といった態度形成とあわせて考えていく必要がある。

　地図に関する取り扱いで「地図を有効に活用して事象を説明したり、自分の解釈を加えて論述したり、討論するなどの活動を充実させること」と示されているが、防災学習で、自治体が作成しているハザードマップを利用したり、調査活動を行って防災マップをつくっている学習を思い起こしてみても、地図を広く位置づける実践はかなりある。

　「なぜGISを学校で教えなければならないのか」は多くの教員が持つ疑問で

第4節 GISと地理的な見方・考え方

ある。GISの機能は分かるが、自分の教育活動において利用する必要性が感じられないと思う教員は少なくない。近年スマートフォンが普及し、地図は目的地やルートの確認でよく利用されているが、様々な地理情報が入ってくるにもかかわらず利用は限定的である。自治体は様々な地理情報を地図に載せてインターネットで配信しているが、住民には十分に利用されていない。その理由の一つとして操作環境・能力の問題があげられるが、どう活用できるかのイメージが持てないこともある。近年、学校では地図について小学校からしっかり学ぶことができにくくなっている。地図や図表の作成を体験していないと授業で地図等を活用できない。しかし地図や図表の作成において、パソコンを利用すればきれいに仕上がるため、手作業で描くのが苦手な生徒にとっては作図や地図等を利用した学習への意欲が高められる。また、社会科の中核となる、地域の問題を発見し解決方法を考えていく力や社会に関わる態度を育てるための手段として、GISを位置づけることもできる。

（2）地理的な見方・考え方

　地理で重視されている「地理的な見方・考え方」を学習指導要領で確認しておきたい。地理的な見方は「諸事象を位置や空間的な広がりとのかかわりでとらえ、地理的事象として見いだすこと」、「地理的事象の空間的な規則性と傾向性を距離や空間的な配置に留意してとらえること」、地理的な考え方は「なぜそこでみられるのか、そのように分布しているのか、移り変わったのか」の背景や要因を「地域の環境条件や他地域との結び付きなどと人間の営みとのかかわりに着目して追究しとらえること」と示され、授業のストーリーの中で、これらをうまく位置づけることが必要となる。GISを用いれば地図上の位置や分布を正確に示せるし、複数の地図を重ね合わせて変化を読み取ることもでき、空間的規則性と傾向性は統計的手法を用いて図表等で表せる（秋本、2003）。またアクティブラーニングを多く取り入れることが求められ、今後グループワークや調査活動などが増加すると考えられるが、「考える時間」や「振り返る時間」を多く取りたい。これまでの地理の授業は、作業や調査を授業で行うと、考察や振り返りに十分な時間が取れないことが多々あった。GISを利用して作業時間の短縮を図ることができれば、その点が改善される。GISを利用すれば「これまでの授業でできなかった何ができるようになるか」の発想をもつ

105

第2章　地理的な見方・考え方を目指す中等社会科・地理歴史科の実践理論

ことが必要である。

2　「主題図学習」における GIS の利用

（1）地理資料の利用

　地理資料は、興味や関心を喚起する、目標を明確にする、探究・追究する、問題解決の方法について考える、まとめるなど、様々な利用場面があり、指導方法や学習展開によっても取り扱われ方が異なる。なかでも地図は、既存の地図から位置や分布、自然的・社会的事象の空間的関係を読み取らせるとともに、統計数値や文字情報を地図に表して関係性を読みとらせ、地理的事象として浮かび上がらせる役割を担ってきた。地図は国土地理院発行の地形図のような一般図と主題図に分けられるが、様々な情報から社会的事象を空間的広がりの中で認識させ、問題発見・解決のためのツールとして、学習の目的にあった地図を選択するとともに、分かりやすく地図化し、何をどのように表現しているかを学ばせる上では主題図が最適で、主題図そのものの学習と主題図を利用する学習を含めた「主題図学習」が必要である（國原、2014）。

（2）主題図学習

　主題学習はよく知られているが、「主題図学習」は筆者の造語である。この学習では、地図から事実を読み取る読図能力と目的に合わせた地図を作成する作図能力を培う。読図や作図を通して地図の持つ機能や限界を理解する。地形図や「地図帳」など情報量の多い地図の読み取りや要素間の関連付けが得意でない生徒の指導においては、情報を削除し簡略化した主題図を利用させ、理解できれば情報量を増やしていく方法がよい。「一般図→主題図→一般図」の過程は、OHP（オーバーヘッドプロジェクター）や GIS を利用する際も同様な方法がとられている。GIS を利用すれば、もとになる主題図と関連情報をリンクさせて地図を作成したり、グループで分担して収集したデータを集約して1つの地図にまとめたりすることもできる。また、階級や図形の色や模様を変えながら、適宜修正を加え最適な地図を作成できる。佐藤（2014）も GIS の効果的な利用として地図の情報を分離して表示させることをあげている。

　かつての地図学習では、図法や地形図の読図が重視され、紙地図の利用法を学習させていたが、携帯端末等で電子地図が身近な存在となり、今後は、紙地

図と電子地図の利用の相違点と留意点を理解させることに一層目が向けられるであろう。「主題図学習」は地図教育、問題解決学習や探究学習を通して思考力や判断力を養う基盤となる。

（3）GIS とその利用

　思考力と判断力を養うのは、主として学習過程の「分析・解釈」の段階である（井田、2006　國原、2013）。伊藤・井田・中村（1998）は、GIS を様々な地理情報を各自の興味・関心に応じて選択・加工・解釈することを支援できる点を評価している。これまでの実践で、秋本（1996）と伊藤（2004）は、地形や気候の分野で成果を上げ、オーバーレイ法（主題図を重ね合わせ総合的にみる手法）が有効であると述べている。オーバーレイ以外に GIS で行える分析として、バッファ（面や線から特定の距離の範囲を示す）、ボロノイ（隣り合う母点間を結ぶ直線に垂直二等分線を引き、各母点の最近隣領域を分割する）分析（秋本、2003）などがあるが、学校ではほとんどオーバーレイ分析のみで、統計的手法を取り扱うことは少ない。一方、佐藤（2015a）は地形図の読図で利用できるウェブ地図教材を作成し、任意の地点の景観写真や情報を表示させ、地表の様子をイメージしやすくした。このほか、GoogleMap と Google Earth の API を用いて、地図投影法、地図の歪みを理解させる教材も紹介して

表 1　中等教育における GIS の活用事例

	教科科目	テーマ	GIS ソフトウェア	活用場面
1	社会	地域福祉	ゼンリン電子地図帳、電子国土、今昔マップ、Google Earth	地図の表示
2	社会	まちづくり	GIS Note、モバイル GIS、地図太郎	レイヤ表示、点・線・面・ラベル表示、写真・説明文添付・表示
3	社会	地域経済	地図太郎	レイヤ表示、点・線・面・ラベル表示、写真・説明文添付・表示
4	社会	安全安心	ArcGIS、モバイル GIS	レイヤ表示、点・線・面・ラベル表示、写真・説明文添付・表示
5	社会	防災	地図太郎、Google Earth	標高データ取り込み、レイヤ表示、点・線・画・ラベル表示、写真・説明文添付・表示、他の GIS ソフトウェアでの表示
6	地理A	地域経済	MANDARA、Google Earth	主題図作成、データ表示
7	地理B	地域経済	MANDARA	主題図作成
8	地理B	人口動向	MANDARA、地図太郎、Google Earth	主題図作成
9	地理B	食文化	MANDARA、県 WebGIS	主題図作成
10	地理B	安全安心	地図太郎、ArcView	レイヤ表示、点・線・面・ラベル表示、写真・説明文添付・表示

国土交通省国土政策局（2012）をもとに筆者作成

第2章　地理的な見方・考え方を目指す中等社会科・地理歴史科の実践理論

表2　必要な GIS スキル（表中の○は学校数）

	小学校	中学校	高等学校
点・線・面・ラベルの追加	○○	○○○○	○○
写真・説明文の添付・表示	○○	○○○○	○○
WebGIS の操作	○		
レイヤの表示	○	○○○○	○○
背景地図の表示と印刷		○	

	小学校	中学校	高等学校
標高データの読み込み		○	
他のソフトでの表示 (Google Earth 上)		○	○
MANDARA による主題図作成			○○○○
WebGIS を用いた主題図の作成			○
アドレスマッチング			○

国土交通省国土政策局（2012）をもとに筆者作成

いる（佐藤、2015b）。

　GIS を利用した先進的な授業事例をみると、高等学校では MANDARA が主題図作成や情報の地図化のために多く利用されている。いずれも複数のソフトウェアが利用され、テーマも多岐にわたっている（表1・2）。

（4）パソコンが使えないと GIS は教えられないのか？

　GIS に対して教師は身構えている。Google Earth や GoogleMap、GIS ソフトウェアを用いるため、教師が高い操作技能をもち、情報機器を利用しやすい環境が整備されていなければ教えられないという意識を強く持っている。近年では、GPS 機能を持つスマートフォンやデジタルカメラを使って野外調査した地理情報を電子地図に取り込み、地図や画像を貼り付けてまとめる実践もみられる。

　紙地図と電子地図を使って、描写される情報や方法が異なることを学ぶのも GIS の学習として位置づけられる（南埜、2003）。GIS を利用した学習と GIS そのものの学習があるが、学校教育においては、GIS を利用した学習が重視されているが、その教育的意味において共通理解が得られていない。佐藤（2014）は、地理教育における GIS の意義を、情報リテラシー、地理情報の分析と考察手法の習得、意思決定の能力育成（國原、2012）の側面から述べている。また、南埜（2003）や小橋（2005）は、GIS 教育で必ずしもコンピュータや GIS ソフトを用いなければならないことはないと述べている。

　地理情報や地図を用いて考察し、学習課題を追究して問題解決能力を高めていくことが GIS 利用の根底にある。学習内容と方法の構造を単純化して、「学

習過程のどの場面で地理情報や地図を利用し何を考えさせるか」を決める必要がある。学習指導案や単元計画を作成する際、学習課題や目標、方法が幹や枝となり、地図や地理情報は葉にあたる位置づけとなっている。矢野（2001）は、地図を通して現実社会を説明・解釈する方法を教育する、地図には本質的には存在しているが、見えないものをリアルにして見せる効果があると述べている。リアルに見せるために GIS を利用するが、教師が提示してみせるのか、生徒がパソコンを操作して見出すのか、アナログ的な方法で見せるのか、見せ方は様々な方法があってよい。

3　GIS を地理で活用するためのポイント

（1）利用目的と利用方法

　GIS の利用は、教師による教材提示用かそれとも生徒使用か、問題解決学習での使用かそれとも知識獲得のための学習としての使用かにより整理できる。

　教育 GIS フォーラムの先進的事例 11 を見るとフィールドワークと関連付け、学習者が GIS を用いているものは 6 事例あり、多くは、複数の GIS ソフトを用い、中学校と高等学校では収集したデータを分析・考察・発表させている。これらの事例においても操作よりも分析や考察、振り返りを重視している。教師は、生徒のデータの関連付けの指導や基本操作など技術的な支援が求

表3　2017 年版学習指導要領の評価の観点（高等学校「地理総合」）

知識・技能	思考力・判断力・表現力等	学びに向かう力・人間性等
①地球規模の自然システムや社会・経済システムに関する理解 ②調査や地図や統計などの諸資料から、地理に関する情報を、地理情報システムなどを用いて効果的に収集する・読み取る・まとめる技能	①地理に関わる諸事象の意味や意義、特色や相互の関連について、地域等の枠組みの中で概念等を活用して多面的・多角的に考察したり、地球に見られる課題を把握し、その解決に向けて構想したりする力 ②考察・構想したことを適切な資料・内容や表現方法を選び効果的に説明したり、それらを基に議論したりする力	①地球規模の自然システムや社会・経済システムについて主体的に調べ分かろうとして課題を意欲的に追究する態度 ②よりよい社会の実現を視野に、地球的課題を意欲的に追究しようとする態度 ③多面的・多角的な考察や深い理解を通して涵養される日本国民としての自覚、我が国土に対する愛情、他国や他国の文化を尊重することの大切さについての自覚等

文部科学省（2016）をもとに筆者作成

第2章　地理的な見方・考え方を目指す中等社会科・地理歴史科の実践理論

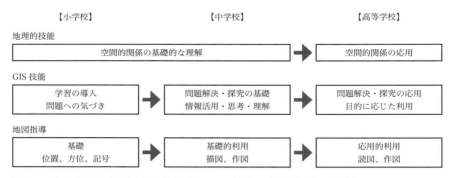

図1　学校種別に見た地理的技能・GIS技能・地図指導の関係

國原（2013）をもとに筆者作成

められる場面もあるが、学習の進め方や着眼点など、「地理的な見方・考え方」に関わる指導も求められる。GISを単にパソコンのソフトウェアの操作としてみるのではなく、学習者の地理への関心を高め、地理情報を適切に読み取り・利用し、学習問題を解決していくための方法を身につけさせるための手段として位置づける。学習目標や内容・方法・評価（表3にもとづく）を一体的にとらえ、GISをどの場面でどう利用するかを検証しながら、その成果と課題を共有しあうことが必要である（三次、2004）。

　英国のナショナル・カリキュラムとアメリカのナショナル・スタンダードと、これまでのわが国の地理・地図教育をふまえ、学校種別に地理的技能・GIS技能・地図指導の重点内容をまとめたのが、図1である。義務教育課程では地図に関する基礎・基本技能を身に付け、高等学校では目的に応じた地図活用ができることを想定し、GISにおいては、中学校では問題解決・探究の基礎的理解と情報活用・思考・理解のサイクルを繰り返しながら習得していく。高等学校では中学校で習得した学習技能をふまえ自ら問題探究・解決に向けて学習を進め、アクティブラーニングと「深い学び」が進められることを想定している。

（2）内容か方法か？

　地理学専門教員の多くが、「伝統的地理学 vs. 計量地理学」「紙地図 vs.GIS」と位置づけているが、筆者は補完的にとらえたい。地図を通して現実社会を説

第4節　GISと地理的な見方・考え方

明・解釈する方法を理解させ、見えにくいことを整理してみせ、可視化する上で、GISが有効である。しかし、現在は技術的側面に偏向している。「地域の理解、問題の発見、問題解決に向けた探究」にGISの有効性がある。

　地理教育では内容重視と方法重視の立場がある。近年の潮流は、方法・技能重視である。しかし、内容を伝えないと地理の面白さは伝えられないという主張も首肯できる。内容重視の立場に立てば、方法や技能は、内容理解を促す手段である。しかし教師の考え方に沿って、生徒の深い理解や探究心が得られるかは別問題である。技能の習得には時間と労力を要する。効率的に知識定着をはかることを重視し、技能育成はそれほど重要でないとの見方もある。また、自らの経験がないと尻込みする教員も見られるが、重要なのは、「地理は意外と役に立つ、おもしろい」と思わせることで、地理の授業の根幹に関わる「所変われば品変わる」を楽しめることである。

　なぜ地図と地理情報の活用技能を育成することが、内容理解とともに必要なのか。現在、生起する問題の多くは、地域と関係が深い。地域に存在する問題を見つけ、その地域の特色や歴史から問題の要因を探り、問題解決案を考え、改善策を提案していこうとする態度や意欲、能力を養うことは、生徒が将来どのような道を歩むとしても必須となると考えるからである。そのスキルをGISを通してはかりたい。

（3）地域的特色と地域的変化―「空間的スケールと時間的スケール」

　中等教育においては、地理であれば、地域的特色と地域的変化にこだわってみたい。地理は空間的、歴史は時間的に区分して見るという考え方でなく、一体的に捉える。地理であれば、位置情報をふまえて過去に生きた人々のくらしを総合的にみていくことが大切である。また、地域的特色は固定的なものでなく時間的経過とともに変化していく。GISを利用して時間的経過をたどりながら地域の特色を把握させることができる。例えば、インターネットで公開されているハザードマップは、空間的スケールを変えることができ、自然災害に関連する要素を選択して地図化し、経年別にたどることができる。

　ハザードマップを用いた学習では、被害予想地域の前提条件について、過去の災害と土地利用の変化を調べるとともに、よりマクロなスケールでみた場合と比較したり、空間スケールと時間スケールを組み合わせて図2のよう

111

に自然的要因と社会的要因を関連づけて理解させたりすることができる（國原、2015）。あわせて、危険予想地域の画定方法と境界の意味を理解させることも必要である。

（4）GIS 利用をめぐる課題

　指導者のスキルに依存する問題、教科書内容に沿った GIS 教材の開発や年間計画への位置づけ、知識や概念の定着を補強する手段としての利用法の研究が不十分であることなどが指摘されている。「GIS で教える」立場に立てば、学習の方法として GIS をどう利用するかの見方が強まり、GIS を学習の過程でどう位置づけるかに関心が向く。そこでは、学習者の問題を発見・追究・解決するために GIS をどう利用するかに重点がおかれる。地理教育では、それに加えて「GIS を教える」、地理情報をどのように扱うかを学ぶ地理情報科学としての側面にどうアプローチするかが課題である。

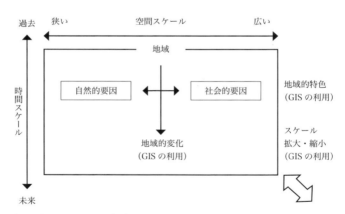

図2　時空間的スケールを考慮した GIS の利用　　　　　　　　　　筆者作成

〈参考文献〉

秋本弘章（1996）：GIS（地理情報システム）と高校地理教育．新地理、44-3、pp.24-32．
秋本弘章（2003）：中等地理教育における GIS の意義．GIS －理論と応用、11-1、pp.109-115．
井田仁康（2005）：『社会科・地理歴史科地理はどこまで学習すべきか』、中等社会科教育、24、pp.1-10．

伊藤悟・井田仁康・中村康子（1998）：学校教育における GIS 利用－アメリカ合衆国の動向とわが国の可能性－．GIS-理論と応用、6-2、pp.65-70．

伊藤智章（2004）：高等学校における GIS を用いた「地形図の読み方」の学習．新地理、52-2、pp.34-43．

教育 GIS フォーラム https://sites.google.com/site/egisforum/home/jugyou-jirei（2017 年 9 月 28 日確認）

國原幸一朗（2013）：意思決定までの学習過程からみた地理教育における GIS の役割－全米地理教育スタンダードとナショナル・カリキュラム地理を手がかりに－．中等社会科教育研究、31、pp.101-112．

國原幸一朗（2014）：GIS を利用した主題図学習－高等学校地理の「国家の結び付き」を捉えるための航空交通の学習を通して－．筑波大学人間総合科学研究科学校教育学専攻研究紀要、7、pp.41-60．

國原幸一朗（2015）：地域的特色と変化を捉えるための GIS の役割－高等学校の自然災害学習を通して－．新地理、63-1、pp.19-38．

国土交通省国土政策局（2012）：初等中等教育における GIS の活用事例 http://www.mlit.go.jp/kokudoseisaku/gis/gis/kyoiku/04_jirei_all.pdf（2017 年 9 月 28 日確認）

小橋拓司（2005）：小中高等学校教員の GIS に対する認知と教育 GIS の課題．地理科学、60-2、pp.90-103．

佐藤崇徳（2014）：地理教育における GIS の意義と活用のあり方．新地理、62-1、pp.1-16．

佐藤崇徳（2015a）：ウェブ地図 API を用いた地図教材ウェブサイトの開発．地図、53-1、pp.17-26．

佐藤崇徳（2015b）：コンピュータを利用した地図投影法学習教材の作成および公開．地学雑誌、124-1、pp.137-146．

文部科学省（2010）：『高等学校学習指導要領解説　地理歴史編』教育出版、pp.91-96．

文部科学省（2016）：「平成 28 年 7 月 13 日教育課程部会　社会・地理歴史・公民ワーキンググループ資料」．

南埜猛（2003）：わが国の学校教育における GIS 活用の現状と課題．地理科学、58-4、pp.268-281．

三次友紀子（2004）：英国の地理的技能と ICT の活用．地理科学、59-3、pp.176-183．

矢野桂司（2001）：GIS と地理教育－サイバースペースの水先案内人．人文地理、53-5、pp.456-462．

第2章　地理的な見方・考え方を目指す中等社会科・地理歴史科の実践理論

第5節
地理的な見方・考え方と市民性育成
―探究プロセスを重視した高等学校「地理総合」の授業実践へ向けて―

泉　貴久（筑波大学大学院／専修大学松戸高等学校）

キーワード：地理的な見方・考え方、市民性育成、探究プロセス、「地理総合」

1　地理教育の意義と問題点

　社会科教育の目標は、社会認識を通じて市民的資質を育成することにある。そして、その一端を担う地理教育もまた同様の目標を有している。これに関連して、地理教育国際憲章[1]では、「現代と未来に生きる有為でかつ活動的な市民を育成するために、現代世界が直面する主要な問題の解決へ向けて全ての世代の人々がそれらの問題に関心を持つこと」（中山 1993：106）を地理教育の目的としている。また、同憲章を ESD（持続可能な開発のための教育）の観点から再構成したルツェルン宣言[2]では、「「人間―地球」エコシステムの概念に基礎を置いた」（大西 2008：34）地理教育のあり方を提唱している。これらのことから、地理教育の本質は、現代的諸課題の解決と持続可能な社会の形成へ向けて主体的に参加・行動する市民の育成にあることが理解できよう。

　なお、同憲章では、地理学について、「場所の特質並びに人類の分布、地表面上に生じ、展開する諸現象の分布について説明・解釈する科学」（中山 1993：106）と定義づけている。また、その特徴について、「①特定の場所と位置とを軸に人間と自然環境との関係の研究が中心的課題であること、②自然科学から人文科学にまたがる方法論を統合的に採用していること、③人類と環境との相互関係とその未来への対応について関心を持つこと」（中山 1993：106）としている。そして、地理教育の内容構成にあたっては、上述の地理学の定義や特徴をもとに設定された 5 つの中心概念（①位置と分布、②場所、③人間と自然環境との相互依存関係、④空間的相互依存作用、⑤地域）をもとになされるべきとしている。さらに、方法論については、「地図をはじめとする各種資料の活用とそれへの分析・考察を通じて課題発見に至る研究プロセスを

第5節　地理的な見方・考え方と市民性育成

重視」（中山 1993：108）しており、それを踏まえた地理教育独自の学習プロセスの構築がなされるべきとしている[3]。

以上述べた地理学の定義・特徴を踏まえ、地理教育の意義について解釈すると、「①人間や自然環境を含めたあらゆる地理的諸事象を場所の特質や地域的差異を踏まえながら空間的に分析・考察すること、②諸事象の分析・考察の過程を通じて分布のパターンを読み取り、そこから地理的概念や地理的諸課題を発見すること、③諸課題の解決を通じて人間と自然環境とのより良い関係を構築するための手がかりを得ること、④人間と自然環境との関係を踏まえ、持続可能な社会

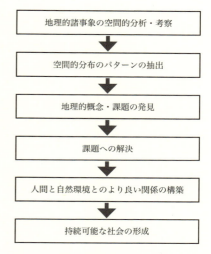

図1　持続可能な社会の形成へ向けた探究プロセス
　　　　　泉（2014a）をもとに作成

を形成するための担い手としての能力を身につけること」（泉 2014a：46）ととらえることができる。まさしく、図1に示すように、諸事象や地域への理解を前提に、思考力・判断力を駆使しながら、課題発見、課題解決、そして持続可能な社会の形成へ向けた探究プロセスをたどることで、市民性を養うことに地理教育の存在意義があるといえる。

だが、実際は、入試問題の多くが知識の有無を問うことに重点が置かれ、授業実践の多くが事実認識のレベルに終始している現状にある。また、「認識的側面を重視し、市民的資質を育成するという側面が弱く、社会参加に関する資質の育成が十分に考慮されない」（永田 2013：16）という問題点も存在する。

以上の点を踏まえ、本稿では、地理教育の目標を市民性育成と定め、次期学習指導要領（以下、指導要領）において一層重視されるようになる地理的な見方・考え方と市民性育成との関係について言及していきたい。その際、地理的な見方・考え方についての指導要領の見解を踏まえつつ、それが市民性育成に向けた学習プロセスにどのように位置づけられるのかを明らかにした上で、2022年度より実施予定の高等学校（以下高校）指導要領の必修科目「地理総

第2章　地理的な見方・考え方を目指す中等社会科・地理歴史科の実践理論

合」年間学習プランと探究プロセスを踏まえた授業実践プランを提案したい。

2　学習指導要領が規定する資質・能力と見方・考え方

　指導要領[4] では、これからの時代に求められる 21 世紀型の学力を資質・能力と規定し、それを「知識及び技能（何を知っているか、何ができるか）」「思考力・判断力・表現力等（知っていること・できることをどう使うか）」「学びに向かう力・人間性等（どのように社会・世界と関わり、よりよい人生を送るか）」の３つの柱で示している。このことは、「①現行指導要領で強調されている習得・活用・探究の学習プロセスが明確な形で示されたこと、②価値や態度の形成を含めた多面的な能力の育成が試みられていること、③「社会の現状を理解するための学び」から、「社会と自分との接点を見出し、社会のあり方や自身の生き方について考えていくための学び」への転換が促されていること」（泉 2016：32）を意味している。そして、こうした資質・能力の育成を促すためにアクティブ・ラーニングの実践が推奨されている。

　アクティブ・ラーニングとは、「課題の発見・解決に向けた主体的・協働的な学び」（中野 2017：8）のことで、指導要領ではそれを以下に示す３つの視点からとらえることで「学びの過程」のモデル化を試みようとしている。

①習得・活用・探究という学習プロセスの中で、問題発見・解決を念頭に置いた「深い学び」の過程が実現できているかどうか。

②他者との協働や外界との相互作用を通じて、自らの考えを広げ深める、「対話的な学び」の過程が実現できているかどうか。

③子供たちが見通しをもって粘り強く取り組み、自らの学習活動を振り返って次につなげる、「主体的な学び」の過程が実現できているかどうか。

　アクティブ・ラーニングが叫ばれる背景には、「①グローバル化に伴う社会環境の急激な変化とそれに対応するための諸能力の育成の重視、② 18 歳選挙権が実現し、社会の形成者としての自覚と資質の涵養と、それに伴う社会参画能力の育成の必要性、③入試準備主義に起因する教師主導型の授業形態が、学習者の主体性を阻み、結果的に知識の習得に特化してしまったことへの反省」（泉 2016：32）という点を挙げることができる。

　なお、指導要領では、上述した３つの資質・能力を育成するための「諸事象

第5節　地理的な見方・考え方と市民性育成

を捉える視点や思考の枠組み」として各教科において「見方・考え方」が重視されている。社会系教科の一端を担う小・中学校社会科、高校地理歴史科、同公民科においても、小・中・高の一貫性という観点から「社会的な見方・考え方」の育成が重視されている。事実、小・中学校社会科の目標には「社会的な見方・考え方を働かせ、課題を追究したり解決したりする活動」が明記されており、また、そうした活動を通じて知識及び技能、思考力・判断力・表現力等を身につけることが求められている。「社会的な見方・考え方」について、指導要領では、「社会的事象等の意味や意義、特色や相互の関連等を考察したり、社会にみられる課題を把握してその解決に向けて構想したりする際の視点や方法」と定義しており、「課題把握→課題追究→課題解決」のプロセスによって構成される学習活動の軸となるよう位置づけがなされている。

3　学習指導要領が提起する地理教育のあり方

（1）地理的な見方・考え方と市民性育成との関係

　地理教育においては、2項で述べた「社会的な見方・考え方」を、「社会的事象の地理的な見方・考え方」として位置づけるとともに、「社会的事象を、位置や空間的な広がりに着目して捉え、地域の環境条件や地域間の結び付きなどの地域という枠組みの中で、人間の営みと関連付けること」と定義づけている。また、「地理に関わる諸事象を地域等の枠組みの中で多面的・多角的に考察する力」と「持続可能な社会の構築のためにそこで生起する課題の解決に向けて、複数の立場や意見を踏まえて構想する力」の2つの能力を地理的見方・考え方をベースに育成すべきとしている。

　要するに、指導要領における地理教育は、1項で取り上げた地理学の中心概念を踏まえながら、地理的諸事象を多面的・多角的に考察することで地理的課題を把握するとともに、課題への解決策を構想するにあたって、様々な見解を考慮に入れつつ、持続可能性という観点に立脚しながらより良い策を判断・決定していくことが学習者に求められているのである。そして、そのことが、学習者と社会との接点を切り結ぶことにつながり、学習者自らが、持続可能な社会を形成していくための主体として当事者意識を持って参加・行動していくためのきっかけともなっていくのである。ゆえに、課題の把握・追究・解決のた

117

めの枠組みである地理的な見方・考え方は市民性育成ともおおいに関わってくることがここから理解できよう。

（2）市民性育成へと至る2段階からなる探究プロセス

市民性育成を目指した授業を実践するにあたって、「何を学ぶか」という視点もさることながら、「いかに学ぶか」という視点が重要になってくる。すなわち、取り上げた学習内容に基づいて教師がいかなる問いを設定するのか、そして、そのための生徒たちの学習活動をどのように組織化するのかという視点である。その際、重視されるのが2項で取り上げたアクティブ・ラーニング、すなわち、主体的かつ対話的で、深い学びを伴った探究プロセスである。

地理教育において市民性育成を考えた場合、3項（1）で述べた地理的な見方・考え方をベースにした「考察力」と「構想力」の2段階からなる探究型の学習プロセスの設定が必要となる。

前者は、地理学の概念を駆使しながら、地理的諸事象の多面的・多角的な考察を通じてその規則性・法則性を追究し、そこから地理的概念や地理的課題を見出す力と合致する。これは「位置や空間的な広がりに着目して捉える地理的な見方から課題を把握」（永田ほか 2017：101）することと同義であり、社会科教育の文脈でいうならば、社会認識に相当するもので、基本的には、以下のプロセスをたどっていく[5]。

①地図から分布の特徴を読み取る。

②分布の特徴から地理的事象の空間的規則性・法則性をとらえる。

③空間的規則性・法則性から地理的概念を見出す。

④空間的規則性・法則性から地理的諸課題を発見する。

後者は、様々な観点を考慮に入れながら課題解決策を構想し、持続可能な社会の形成へと至る、いわば政策提言、社会参加を指向する能力と合致する。これは「地域の環境条件や地域間の結び付きなどの地域という枠組の中で、人間の営みと関連付ける地理的な考え方から課題を追究し、様々な視点を踏まえて解決に向けた判断を行う」（永田ほか 2017：101）ことと同義であり、社会科教育の文脈でいうならば、市民的資質に相当するもので、基本的には、以下のプロセスをたどっていく[6]。

⑤地理的諸課題の現状を多面的・多角的にとらえる。

⑥諸課題をもたらす背景・要因を様々な角度から追究する。
⑦複数の選択肢の中から望ましい解決策を吟味する。
⑧複数の選択肢の中から望ましい解決策を選択する。
⑨持続可能な社会の実現に向けてのプランを具体的に描く。
⑩描いたプランを実現させるために直接的・間接的に社会に働きかける。

　さて、１項でも述べたように、わが国の地理教育はこれまで、地理的諸事象の分析を通じて概念や諸課題を認識する段階にとどまっていた。だが、本稿で述べた地理教育の目的や本質を鑑みるならば、それでは不十分といえる。これに関連して、環境・開発、災害・防災、民族・宗教、資源・エネルギー、人口・食料といった現代的諸課題がローカルからグローバルにかけての幅広いスケールにおいて深刻化する今日、それらを学習対象とする地理教育の諸課題への対応と社会貢献が教育界全体から求められているといえる。次期高校指導要領で「地理総合」が必修化された理由もそこにあると考えてよい。

　ゆえに、今後は図２に示すように、地域認識から社会形成を視野に入れた多面的な能力の育成を重視した地理教育のあり方が求められて然るべきである。それとともに、学習者の市民性育成に向けての探究型の学習プロセスを踏まえた上で、いかなる内容を設定し、いかなる方法を採り入れて授業を展開していくべきなのかを考えていく必要があるだろう。

図２　地理教育で育成すべき能力

第2章　地理的な見方・考え方を目指す中等社会科・地理歴史科の実践理論

4　探究プロセスを踏まえた「地理総合」学習プラン

（1）市民性育成を視野に入れた「地理総合」年間学習プラン

　高校地理の必修科目「地理総合」は、「持続可能な社会づくりに必須となる地球規模の諸課題や、地域課題を解決する力を育む」ことをねらいに、表1に示す、地理的な見方・考え方を軸とする諸課題への探究プロセスを重視した学習内容が想定されている。そのことを踏まえ、ここでは市民性育成という観点から「地理総合」年間学習プラン（表2）を提案したい。

　このプランでは、市民性育成を視野に5つの学習目標を掲げ、「地図・GISの活用」「生活・文化の多様性」「地球的諸課題と解決策」「防災と日常圏の課題」について多方面からの考察を目指した4つの学習領域を設定した。また、各学習領域には必修・選択の複数のテーマを設定した。各領域の詳細については、泉（2016）にて言及しており、ここでは省略する。

表1　「地理総合」の項目構成案と各項目で重視する思考力・判断力・表現力等

項目構成案	重視する思考力・判断力・表現力等
（1）地図と地理情報システムの活用	・地図上に表わされた事象と実際の出来事を関連付けて考察する力。 ・考察したことを、目的に応じて地図等にまとめ、効果的に説明する力。
（2）国際理解と国際協力 ア．生活・文化の多様性と国際理解	・自然環境等に対応した世界の多様な生活・文化の意味や意識を理解し、自他の文化を尊重しつつ考察する力。 ・考察したことを、資料を踏まえて説明する力。
イ．地球的な諸課題と国際協力	・地球規模で見られる諸課題（環境、資源・エネルギー、人口、食料、住居・都市、民族・領土等）について多面的・多角的に考察する力。 ・考察したことを、根拠を明確にして議論する力。
（3）防災と持続可能な社会の構築 ア．自然環境と災害対応	・国内各地の自然環境とそこで現れる災害の傾向性を関連付けて課題を把握し、多面的・多角的に考察する力。 ・考察したことを、資料にまとめて説明する力。
イ．生活圏の調査と持続可能な社会づくり	・生活圏にみられる課題について、その背景や要因等の分析に基づき、様々な解決策を吟味し、構想する力。 ・構想したことを、実現可能性を指標に議論する力。

中央教育審議会（2016）をもとに作成

120

第5節　地理的な見方・考え方と市民性育成

表2　市民性育成を目指した「地理総合」年間学習プラン

学習目標	①統計資料などの地理情報を収集するとともに、その結果を紙媒体やコンピューター上で地図化し、それを分析・解釈する能力を身につけることで地理の持つ社会的有用性に気づく。 ②世界諸地域の生活・文化の特徴について多面的に考察することで地域的多様性に気づくとともに、多文化共生の態度を身につける。 ③グローバル化の現状とその問題点について地球的ないしは地域的視野から把握することで地球的諸課題を発見するとともに、その解決策に向けて国際協力の観点から模索する。 ④日本列島諸地域の自然環境の特性とそこで発生しやすい自然災害との関係について理解を深めるとともに、防災・減災へ向けた対応策について地域性を踏まえて考察する。 ⑤持続可能な社会実現のために生活圏における諸課題へ目を向け、その発生の背景・要因を追究し、解決策について地域性を踏まえ、かつ自分たちの生活との関わりから提言する。

学習領域	学習テーマ	時間数
1．現代世界を理解するための地図と GIS の活用	①様々な種類の地図とその果たす役割 ② GIS の仕組みとその果たす役割 ③主題図の作成と読み取り ④スケールの大小で諸事象をとらえることの意味 ⑤地理の社会的有用性を考える	総時間数 10 時間 全テーマが必修
2．世界諸地域の生活・文化の多様性	①文化の意味と本質について考える ②文化形成の基盤としての自然環境 ③民族、言語、宗教からみた世界の文化の多様性 ④東アジアの生活・文化 ⑤東南アジアの生活・文化 ⑥南アジアの生活・文化 ⑦西アジア・北アフリカの生活文化 ⑧サハラ以南アフリカの生活・文化 ⑨ヨーロッパの生活・文化 ⑩北アメリカの生活・文化 ⑪南アメリカの生活・文化 ⑫オセアニアの生活・文化	総時間数 20 時間 ①～③は必修 ④～⑫のうち 3 テーマを選択
3．深刻化する地球的諸課題とその解決策	①地図で見る現代的諸課題の現状 ②球体としての地球 ③狭くなる地球社会─交通・通信・情報・貿易─ ④活発化する人々の国際移動 ⑤世界と私たちの生活との結びつき ⑥地球環境問題とその解決策 ⑦資源・エネルギー問題とその解決策 ⑧人口問題とその解決策 ⑨食料問題とその解決策 ⑩都市・居住問題とその解決策 ⑪民族・宗教問題とその解決策 ⑫領土問題とその解決策 ⑬諸課題解決へ向けての様々な国際協力の形 ⑭望ましい地球社会の創造へ向けて	総時間数 20 時間 ①～⑤、⑬・⑭は必修 ⑥～⑫のうち 3 テーマを選択
4．持続可能な社会の形成をめざして	①日本列島諸地域の自然環境の特徴 ②日本列島諸地域の自然災害とその対応策 ③地域調査を通じて学校周辺地域について学ぶ ④学校周辺地域が抱える諸課題とその解決策 ⑤持続可能なまちづくりをプランする ⑥一年間の地理での学びをふりかえって	総時間数 20 時間 全テーマが必修

(1)　学習テーマに相応しい事例地域については、授業担当者の裁量によって設定されるものとする。
(2)　総時間数（全70時間）は2単位分を想定して設定したものであるため、あくまでも目安にすぎない。

121

第2章　地理的な見方・考え方を目指す中等社会科・地理歴史科の実践理論

（2）探究プロセスを踏まえた授業実践プランの提案

　ここでは、千葉県松戸市を事例に、地形図の読図とフィールドワークの従来型の学習と、社会形成、社会参画を目的とした問課題解決型・政策提言型の学習とを組み合わせた高校における身近な地域調査学習の授業実践プランを表3に示した。この実践プランは、表2の「学習領域4」の学習テーマ③〜⑤に相当するもので、3項で示した探究プロセス①〜⑩を踏まえながら、学校周辺地域における野外調査と地形図作業で培った地域認識を基盤に、地域問題の解決、地域政策への提言を通じて市民性育成を目指すものである[7]。今後は授業実践をプランに沿って実施し、その成果を検証していきたい。

表3　千葉県松戸市を事例にした身近な地域調査学習のプラン
学習テーマ：「足もとから考える地域の課題—松戸市への政策提言—」（全15時間）

単元目標	①松戸市の概観について景観観察や地形図などの資料分析を通じて、地理的・歴史的観点から理解を深める（知識及び技能）。②松戸市が抱える諸課題について理解を深めるとともに、その解決策について多面的な視点から考察する（思考・判断・表現等）。③持続可能な地域社会の実現へ向けて何ができるのかを考える（学びに向かう力・人間性等）。		

学習内容	配当時間	学習活動	探究プロセス
松戸市の地理的・歴史的特性	2時間	・新旧地形図や統計資料を活用した作業課題を通じて、明治期から現代に至る松戸市の地域の変遷について考察し、理解を深める。	①②
学校周辺地域のフィールドワーク	3時間	・都市計画図をもとに学校周辺地域を中心に野外観察を行い、地域の特性を自然環境・社会環境の両面から理解する。 ・野外観察の成果を踏まえて、地域の抱える課題について発見する。	①②③④
学校周辺地域における諸課題を考える	3時間	・クラスを複数のグループに分け、グループごとに学校周辺地域の特性について良い点・悪い点に分け、地域が抱える社会的諸課題の背景・要因について野外観察の結果をもとに調査を行う。 ・調査結果を踏まえて、学校周辺地域を中心とした松戸市の抱えている社会的諸課題をグループごとに抽出する。 ・課題のもたらす背景・要因、周囲への影響を考え、解決策を吟味し、提案する。	⑤⑥⑦⑧
持続可能な地域づくりを模索する	6時間	・各グループが提案した課題の解決策を踏まえ、持続可能な地域とは何かを考え、理想的な地域像とそれを象徴するコンセプトをグループごとに提案する。 ・各グループが提案したコンセプトに基づき、持続可能な地域づくりの実現へ向けての戦略プランを立案する。 ・各グループが立案した戦略プランをクラス全体に発表し、共有する。 ・各グループの戦略プランについて、行政の担当者よりコメントを頂き、地域のあり方について考える。	⑨⑩
地域政策への提言	1時間	・レポートの作成を通じて、生徒各自が地域づくりにどのように関わっていくのかを具体的にまとめる。	⑩

〈注〉

1 1992年に国際地理学連合地理教育委員会によって制定。「地理学の教育への貢献」「地理教育の内容・方法」「地理教育振興のための方策」などについて記したガイドラインである。
2 2007年制定。「生態系の相互作用を理解するための自然システム、場所の意味を考え合わせるための経済システム、世界を理解する助けになる地理学独自のカギとなる空間概念」（大西2008：35）を、「人間－地球」エコシステムに関わる重要な能力ととらえている。
3 地理教育独自の学習プロセスについて、次のように規定している。①学習課題や論点の明確化→②情報の収集と構造化→③データの処理→④データの解釈→⑤データの評価→⑥一般化→⑦判定→⑧意思決定→⑨問題解決→⑩グループでの協同活動→⑪明確な態度による首尾一貫した行動。
4 指導要領全般及び「地理総合」に関連する事項については、2016年12月21日付の中央教育審議会答申を参考にした。
5 泉（2009：201）が示す、現代的諸課題追究へ向けての「地図から分布の特徴を読み取り、そこから空間的規則性や地理的概念を見出し、問題を発見するための学びのプロセス」を参考にした。
6 泉（2009：202）が示す、「より良い地域社会形成に向けての市民としての主体的な社会参加」へ向けて、「客観的な知識を基盤に物事を多面的に思考し、判断し、決定していく」6段階の学習プロセスを参考にした。
7 泉（2014b）では、地形図学習とフィールドワークに焦点を絞り、実践を先行的に行ったが、探究プロセスを必ずしも考慮に入れた訳ではなかった。

〈参考文献〉

泉貴久（2016）市民性育成を視野に入れた「地理総合」学習プランの提案、地理教育、45、pp.32-38.

泉貴久（2014a）：新しい高校地理教育への提言、地理、59-2、pp.41-49.

泉貴久（2014b）：地理教育における社会参加学習の課題―学校周辺地域を対象とした授業実践を手掛かりに―、中等社会科教育研究、32、pp.81-99.

泉貴久（2009）：地球市民育成と地理教育、中村和男・高橋伸夫・谷内達・犬井正編『地理教育講座第Ⅰ巻　地理教育の目的と役割』、古今書院、pp.191-211.

大西宏治（2008）：持続可能な開発のための地理教育に関するルツェルン宣言（全訳）、新地理、55-3・4、pp.33-38.

中央教育審議会（2016）：『幼稚園、小学校、中学校、高等学校及び特別支援学校の学習指導要領等の改善及び必要な方策等について（答申）』243p.

永田成文・金玹辰・泉貴久・福井朋美・藤澤誉文（2017）：エネルギーをテーマとした地理ESD授業、地理、62-9、pp.100-105.

永田成文（2013）『市民性を育成する地理授業の開発―「社会的論争問題学習」を視点として―』、風間書房、340p.

中野民夫（2017）：『学び合う場のつくり方―本当の学びへのファシリテーション―』、岩波書店、198p.

中山修一（1993）：地理教育国際憲章（全訳）、地理科学、48、pp.104-119.

第2章　地理的な見方・考え方を目指す中等社会科・地理歴史科の実践理論

第6節
地理的な見方・考え方を育成する地理の実践
―主題図を作成する授業―

小林岳人（千葉県立千葉高等学校）

キーワード：主題図、一般図、地図作業学習、GIS、地形図

1　はじめに

　次期学習指導要領では「見方・考え方」の育成が重視される。「見方・考え方」は地理では「地理的な見方・考え方」となる。「地理的」となるので見方・考え方は空間が対象となる。この考え方のためには空間の事象を扱うツールが必要である。そのツールは地図である（小林2011）。

　地図には一般図（general purpose map）と主題図（thematic map）に分けて捉える考え方がある。ロビンソン他（1984）は一般図は空間的位置関係を表示することを目的とした地図（reference map）とし、主題図はある事象の構造的特徴を表現した地図で、それは一種の図解的な「地理学論文」であると述べている。一般図の代表的なものは地形図であり、主題図は人口分布図や土地利用図などである。地理教育的視点を合わせると、一般図は空間情報の収納や位置の把握（空間参照）の際に利用され、主題図は空間事象の相互関係の理解、空間的パターンの発見などに利用される（小林2009）。特に後者は地理学習において重要である（秋本2003）。これらは地理的な見方・考え方との整合性が高く、言いかえれば地理的な見方・考え方である空間的な分布の偏りや複数事象の関連性について主題図から引きだすことができるということである。

　ここでは、特に主題図に注目して、地理的な見方・考え方を育成するためのアイディアを示す[1]。

2 主体的・能動的で深い学びが得られる主題図作成学習

　教科書や地図帳には多くの主題図が掲載されている。完成された主題図を適切に読み取ることで、地理的な見方・考え方を引きだすことができる。このような主題図を作成（作図）することによって、より一層、深い地理的な見方・考え方がなされる。地理学習では伝統的に地図の作業学習（マップワーク）が行われている。これは地理学習における実験実習といえ、主体的で能動的な学習（アクティブラーニング）である。主題図についての地図作業学習を分類すると表1のように考えられる。紙上とPC上での作業学習に分け、主題図そのものの作図作業を行う学習と一般図の主題図化に分けられる。この分類に従って、その学習方法を説明してみよう。

　「アナログ（紙上）での主題図作成の作業学習」は、いわゆる白地図作業として知られている形態である。市販されている白地図学習帳などでは、地図の持つ空間情報の効率的な格納機能に着目した一般図的な作図作業（山地山脈や資源産地を記入したりするような作業）が多く、主題図を描く作図作業はそれほど多くはない。そのため、この学習に際しては、教員によるオリジナルの教材が必要となることもある（小林2007）。図1は鉄道駅とバス停からのそれぞれ半径1000m、250mの円とDID（人口集中地区）の範囲を示したものを教員がワークシートとして作成し、これを学習者が作業（着色）を行ったものである。円は徒歩で公共交通機関の利用可能な範囲を想定しており、これに人口集中地区（DID）の範囲を示すことで、学習者は、公共交通機関に恵まれた地域、恵まれない地域を読み取る。

　「アナログでの一般図の主題図化による作業学習」の代表的なものは地形図

表1　主題図作成学習の分類

主題図一般図 デジタル アナログの別	主題図専用	一般図の主題図化
アナログ（紙）	白地図作業	地形図作業
デジタル（PC）	ArcGIS MANDARA	ArcGISOnline GoogleMap

図1　鉄道駅・バス停からのバッファ図
　　　（千葉県北西部）の作成
　　　　　　　　　　　　（生徒による作成）

作業である。地形図そのものに作図作業を施して、主題図化して事象の空間構造を示す。図2は、学習者が地形図中の等高線（計曲線）をなぞり地形の様子を強調したものである。ここから、学習者はスキー場に適した地形であることや、スキーリフトの配置の様子を読み取る。

　デスクトップ型アプリケーションソフトウエア形式のGISソフトウエア（ArcGISやMANDARAなど）を利用した主題図作成などは「デジタル（PC上）での主題図作成の作業学習」に分類される。学習者はいろいろなWebサイト（国土数値情報、基盤地図情報、e-Statなど）から空間情報データをダウンロードしたり、アドレスマッチングサービスを利用して空間データを作成するなどしてこれをもとにGISソフトウエアで主題図の作成を行う[2]。図3はArcGISを利用したもので、人口分布（世帯分布）と内科病院の分布との関係を示したものである。学習者は地域における病院について、適正な状況を念頭にしながら、過剰や不足などについて読み取り、課題や解決策を探る。

　インターネットに接続していれば、Web上での地図サイトにおけるGIS機能（ArcGISOnlineやGoogleMap）が利用可能である。これは「デジタルでの一般図の主題図化による作業学習」として分類される。この機能を利用して事象を書きこみ、主題図化を行う。図4はGoogleMapのマイマップ機能を利用して、梨園の分布を表現したものである。梨園立地や形態について読み取る。インターネットにつながっていることから、複数で地図を共有することが可能であり、1つの地図に対して複数人で協同での作図作業が可能となる。

第6節　地理的な見方・考え方を育成する地理の実践

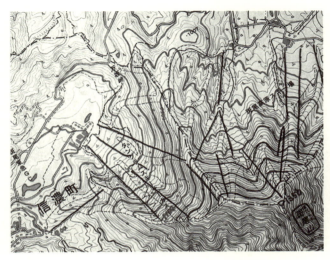

図2
斑尾山周辺のスキー場
（長野県飯山市周辺）
の地形図作業
（生徒による作成）

（国土地理院1：25000
地形図「飯山」）

図3
GISによる内科
病院分布と世帯
数分布（千葉県
市川市）作成
（生徒による作成）

（国土数値情報および
e-Stat国勢調査より
作成）

127

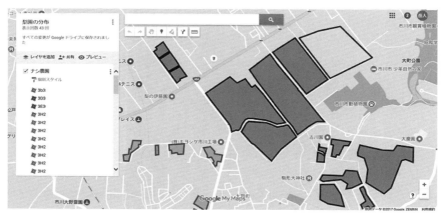

図4　GoogleMap のマイマップ機能による梨園分布（市川市大町周辺）作成
(生徒による作成)

3　地理的な見方・考え方の育成における主題図作成学習の実践

　主題図作成学習を組み込んだ授業の実践について示してみよう。実践は筆者の勤務校である千葉県立千葉高等学校の第1学年（全8クラス324名）地理A（2単位）にて行った。表2のように3回の時期にそれぞれ5～6時間をあてた。最初に行ったのは、「アナログでの主題図作成の作業学習」にあたるもので、主題図作成の基礎的な方法についての学習である。内容的に千葉県という地域の学習となるようにもしているが、後の地形図やGISの学習の基礎になるようにも意識している。次に行ったのは、「アナログでの一般図の主題図化による作業学習」に該当するものである。好きな地形図を1枚購入して、その地形図上に各自自由に作業を行い、読み取れることを1分間で発表するという学習である。前述の方法論を実際に利活用することを念頭においている。

　そして、最後に行ったのは、「デジタルでの主題図作成の作業学習」に分類される。GISソフトウエア ArcGIS を使って[3]、GISデータをダウンロードするなどして自由に主題図を作成して、それについて読み取れることを1分間で発表する。主題図作成学習の諸方法を組み合わせて地理的技能を養い、発表によって地理的な見方・考え方を引きだすという学習である。

第6節　地理的な見方・考え方を育成する地理の実践

表2　主題図作成学習の実践例（筆者による県立千葉高等学校での実践）

		第2学期前半 アナログ（紙地図） 主題図専用	第2学期後半 アナログ（紙地図） 一般図の主題図化	第3学期 デジタル（PC利用） 主題図専用
1 時 限 目	テーマ 内容 形式 場所	ドットマップ 千葉県人口分布図の作成 説明と地図作業 普通教室	地形図 作成元、購入方法など 説明 普通教室	GIS ソフトウエア ArcGIS 操作方法など 説明 PC室
2 時 限 目	テーマ 内容 形式 場所	コロプレスマップ 千葉県人口密度図 説明と個別作業 普通教室	地形図 基準メッシュ、縮尺図式など 説明と個別作業 普通教室	GIS ソフトウエア データダウンロード方法など 説明と個別作業 PC室
3 時 限 目	テーマ 内容 形式 場所	等高線 地形構成要素と等高線 説明と地図作業 普通教室	地形図作業 個別作業 普通教室	ArcGIS 作業 個別作業 PC室
4 時 限 目	テーマ 内容 形式 場所	等値線 千葉県北西部放射線量分布図 説明と地図作業 普通教室	地形図作業 個別作業 普通教室	ArcGIS 作業 個別作業 PC室
5 時 限 目	テーマ 内容 形式 場所	バッファ図 千葉県北西部バス停バッファ図 説明と地図作業 普通教室	生徒発表 一人1分間発表 発表会 普通教室	生徒発表 一人1分間発表 発表会 普通教室
6 時 限 目	テーマ 内容 形式 場所	ボロノイ図 千葉県北西部小学校学区図 説明と地図作業 普通教室	生徒発表予備 前回発表できなかった生徒など 発表会 普通教室	生徒発表予備 前回発表できなかった生徒など 発表会 普通教室

4　地理的な見方・考え方の育成における主題図作成学習の評価と効果の検証

（1）主題図作成学習の評価

　こうした主題図作成の作業を通じて学習者は諸事象についての空間構造に気づいていく。これは地理的な見方・考え方そのものであり、学習者の発表は地理的な見方・考え方が現れる一つの場面としてとらえることができる。図2を作成した学習者は次のような発表を行った。

　「（地形図名…飯山）斑尾山周辺はスキー場として土地が利用されています。斑尾山周辺について等高線のうち50mごとの計曲線をなぞりました。山頂のほうが急で麓が緩やかということが等高線の間隔からよくわかります。これで、スキー場適地であることが示されます。また、そこには何本ものスキーリフトが敷設されています。山頂まで直通するリフトはありません。」

129

第2章　地理的な見方・考え方を目指す中等社会科・地理歴史科の実践理論

また、図3を作成した学習者は次のような発表を行った。

> 「市川市の内科病院分布と世帯数の関係を示す地図です。e-Statの国勢調査データから小地域ごとの世帯数、国土数値情報から鉄道、市川市のホームページから病院データを得て、アドレスマッチングサービスを通じて変換し、地図化しました。赤点が病院、黒の小さい点が世帯数です。鉄道沿線は世帯数も病院も多い。特に駅周辺は顕著です。そうでないところは世帯数も少なく病院も少ない。内科は街の診療所と呼ばれるので、このようなパターンとなるのは想定されます。しかし、こうしたところの中に例えば市川塩浜駅周辺もありますが、ここは倉庫や工場が集まっているところです。こうしたところでは働く人も多く、このような方が利用しやすいように病院があると便利です。また、万が一、事故などが起きることもあり得るので、救急なことを想定すると、病院があったほうが望ましいと考えます。」

発表の内容は、数値化して評価すると利用しやすい。例えば、村越（2014）は地理的な見方・考え方に基づいた空間的思考をレベル1－分布の存在、レベル2－分布への気づき・偏り・均等、レベル3－複数のパターン関係～関係の追究、レベル4－理由への言及～原因追究・因果、レベル5－地理的問いの生成～地域構造など、レベル6－関連した記述～将来の展望など、と分類した。

このレベルに示された数値を地理的な見方・考え方の尺度として、それぞれの発表をこのレベルに評価することで、発表を数値化することが可能である。前者は地形とスキー場の関係について述べられていることからレベル3に該当する。後者は世帯数と内科病院との関係について述べ、鉄道との関係に触れるなど一般化に言及したのち、希薄な地域についての展望を行っていることからレベル6に該当する。

（2）主題図作成学習の効果の検証

GISソフトウエアを使った主題図作成とその発表の学習について分析してみよう。ArcGISを使った地図の作成自体は地理的技能にあたる。この実習にて作成した地図については、データ取得方法（国土数値情報、基盤地図情報、e-Statなど）、地図構成要素（ポイント、ライン、ポリゴン）、データ表現方法

第6節　地理的な見方・考え方を育成する地理の実践

表３　主題図作成学習における地図の得点と発表の空間的思考得点との関係

地図得点＼空間的思考レベル	0	1	2	3	4	5	6	総計	平均思考レベル	割合
12					1		3	4	5.50	1.2%
11			1	3	4		3	11	4.82	3.4%
10			6	4	8	4	5	27	3.93	8.3%
9			2	4	6	9	3	24	4.29	7.4%
8			14	8	10	6	1	39	3.28	12.0%
7			16	8	10	11	2	47	3.47	14.5%
6		2	19	14	11	3	1	50	2.94	15.4%
5		1	23	15	2			41	2.44	12.7%
4		4	21	2				27	1.93	8.3%
3		1	13	5				19	2.21	5.9%
2	2	2	4	2				10	1.60	3.1%
1		5	1					6	1.17	1.9%
0	13	1	5					19	0.58	5.9%
総計	15	16	124	63	51	37	18	324		
平均地図得点	0.27	2.81	5.35	6.24	7.94	8.32	9.67			
割合	4.6%	4.9%	38.3%	19.4%	15.7%	11.4%	5.6%			

（ドット、階級区分、図形表現など）、分析方法（レイヤリング、動画地図、テーブル結合など）などそれぞれの観点１つにつき１点として、その合計点で評価した。

　例えば図３は 10 の観点がなされていたので 10 点である。発表については、前述の村越（2014）による空間的思考の尺度を用いてそのレベルを得点として評価した。前者が地理的技能（GIS 技能）、後者が地理的な見方・考え方をそれぞれ数値化したものと考えることができる。表３は、その結果のクロス集計表である。この地図（主題図）得点と発表得点との間の相関係数（R）は 0.638 となり、また、集計表について χ^2 検定を行ったところ１％水準で有意となった。

　このように地図作成得点と発表得点の間には強い正の相関関係がみられることから主題図作成学習は地理的な見方・考え方を引きだす効果があると示された。

　一方、同じ学習者に対して、図２に関しての地形図作業についても同様の発表の場を設定した。発表については同様に村越（2014）による空間的思考の尺度を用いてそのレベルを得点として評価した。表４は両者の発表の得点人数分布である。GIS 発表の平均得点は 2.93、標準偏差は 1.46、地形図発表の平

131

第2章　地理的な見方・考え方を目指す中等社会科・地理歴史科の実践理論

表4　作成した主題図における発表時の得点人数分布

空間的思考レベル	0	1	2	3	4	5	6	合計	平均得点	標準偏差
GIS 発表	15	16	124	63	51	37	18	324	2.93	1.46
地形図発表	3	5	53	180	62	19	2	324	3.10	0.88

均得点は 3.10、標準偏差は 0.88 である。t 検定を行ったところ平均得点の違いは 5 % 水準で有意となった。地形図での発表の方が一定水準で多くの学習者から地理的な見方・考え方が引きだされると考えることができる。GIS での発表は平均得点としては地形図での発表を下回るものの、学習者間の差が著しくなり、特に、得点上位者数は地形図での発表を大きく上回った。このことは、一部の上位者に対しては、より深い空間的な思考が引きだされたといえよう。このように各種の主題図作成の作業学習にはそれぞれ特徴があり、学習者の状況（進学・就職など）、学習環境（PC 室環境など）、学習内容（学習単元など）、学習時間（単位数など）に応じて適切な方法を取ることで、この機能を効果的に利用することができる。

5　おわりに

　空間構造を表現する主題図は、地理的な見方・考え方を育成するために効果的である。各種空間情報データが整備されるなど、主題図作成学習において GIS 利用は注目すべきである。GIS 上での各種空間情報データは重ね合わせ（レイヤ分析）がたやすくできる。これによって、空間事象の相互関係や空間パターンが明確に表現され、地理的な見方・考え方は一層促進される[4]。従来、同様のことを紙上で行うのであればトレーシングペーパーなどの透明シートを重ねるなどの多大な工夫が必要であった。ただ、GIS を使った学習はコンピュータの技能に左右されやすいため、紙上での主題図作成学習も不可欠である。良いとされている作業的学習ではあるが、しばしば、ペーパーテストによる試験と無関係と思われ、定期考査・大学入試との関連で、このような地図（作業）学習は見送られてしまう。主題図作成学習によって深く読み取られた地理的な見方・考え方をじっくり評価されるような考査問題を工夫することも、こうした学習をより活かすには必要である。

第6節　地理的な見方・考え方を育成する地理の実践

〈注〉

1　一般図と主題図は完全に分けられるものではない。ロビンソン他（1984）は例えば土壌の違いを表現した地図であって、その目的が個々の場所における土壌を表示することだけに限られているならば、一般図に分類したほうが適切であるとしている。

2　このような web サイトからのデータダウンロードによる主題図作成方法は橋本（2011）に詳しく述べられている。

3　ESRI ジャパン社の小中高教育における GIS 利用支援プログラムによる。

4　GIS の地理教育への意義という観点から資料の収集→集計・整理→計算・加工・分析→地図化表現→解釈・考察という GIS ソフトウエアを使った一連の作業は、地理的な見方・考え方を導き出し地理学習全体に好影響を与えるという考え方が、秋本（1996）および井田（2000）によって述べられている。

〈参考文献〉

秋本弘章（1996）：GIS（地理情報システム）と高校地理教育、新地理、44-3、pp.24-31.

秋本弘章（2003）：地図学習、村山祐司編『21 世紀の地理—新しい地理教育』、朝倉書店、pp.122-130.

井田仁康（2000）：意思決定を担う地理教育の学習構造、新地理、47-3、pp.45-53.

小林岳人（2011）：新学習指導要領と地図、地理の広場（全国地理教育研究会誌）、125、pp.83-93.

小林岳人（2009）：地理教育の視点から見た一般図及び主題図の用語の定義に関する考察、日本国際地図学会平成 21（2009）年定期大会発表要旨、pp.64-65.

小林岳人（2007）：地図作業学習と GIS 〜 GIS ソフトウエアを活用した教材及び評価問題の作成〜、教育 GIS フォーラム研究紀要、4、pp.27-35.

橋本雄一編（2011）：『GIS と地理空間情報— ArcGIS10 とダウンロードデータの活用—』、古今書院、154p.

村越真（2014）：基礎的な空間的思考能力と中等教育向けの教材、「空間的思考の能力開発（2014 年 3 月 29 日）」配布資料.

ロビンソン，A.H.・モリソン，J.L.・R.D. セール，R.D. 永井信夫（翻訳）（1984）：『地図学の基礎』、413p、帝国書院. Robinson, Arthur H. and Sale, Randall D. and Morrison, Joel L. 1978. *Elements of Cartography*. John Wiley & Sons; 4th Edition 458p.

133

第3章

歴史的な見方・考え方を目指す
中等社会科・地理歴史科の実践理論

第3章　歴史的な見方・考え方を目指す中等社会科・地理歴史科の実践理論

第1節
学習指導要領における歴史的な見方・考え方

國分麻里（筑波大学）

キーワード：学習指導要領、歴史学習のプロセス、問いと史資料、歴史的に考える

1　歴史的な見方・考え方を探る

　歴史的な見方・考え方とは何であろうか。2017年版学習指導要領では、どの教科・科目においても見方・考え方が導入された。この背景には、「主体的・対話的で深い学び」の中の深い学びの鍵として、資質・能力が重要視されたことがある。2017年版『中学校学習指導要領解説社会編』において、見方・考え方とは「どのような視点で物事を捉え、どのような考え方で思考していくのか」と示されている。それでは、歴史ではどのようにこの見方・考え方を考えればよいのか。これについては、すでに高等学校学習指導要領の目標に入れられていた歴史的思考力と異なり、今までほとんど議論されることはなかった。

　本稿は、高等学校学習指導要領を中心に、歴史的な見方・考え方をいかに考えていくべきかを整理することを目的とする。内容面に関して、今までの歴史学習は歴史学の研究成果を主に教科書の叙述内容を通じて受け取ってきた。現在の中学校や高等学校で行われている歴史授業の中には、定期考査、高等学校および大学入試のためにこの叙述内容を生徒が暗記することが行なわれてきたことは否定できない。これに対して、問いを基に歴史学の史資料を読み込み、その答えとおもわれる解釈を生徒自ら考えたり、歴史学より学んだりして、歴史学の研究プロセスを生徒に経験させるいわゆる解釈学習がある。しかし、こうした歴史学習も歴史学の研究方法の一部を受容してきたに過ぎなかったと思う。本稿は、歴史学の研究プロセスをより歴史学習に取り入れることが歴史的な見方・考え方の育成につながるということを主張するものである。「歴史をどのように見るのか」という見方を通じて、「歴史を通じていかに考えるのか」という考え方を学習の場でさらに行うことである。こうしたことはすでに高等

136

第1節　学習指導要領における歴史的な見方・考え方

学校の学習指導要領で一部提示されていたが、教育現場への浸透は十分とは言えなかった。

2　2017年版中学校社会科学習指導要領に見る歴史的な見方・考え方

　今回の2017年版学習指導要領では、歴史的な見方・考え方は「社会的事象の歴史的な見方・考え方」として、以下のように記されている。「社会的事象を、時期、推移などに着目して捉え、類似や差異などを明確にし、事象同士を因果関係などで関連付けること」とし、考察、構想する際の「視点や方法（考え方）」として整理した（文部科学省2017：79）。具体的には、以下の4点が内容として示され、これらに着目して比較したり、関連させたりして社会事象を捉えることとされた。(1) 時期、年代など時系列に関わる視点、(2) 展開、変化、継続など諸事象の推移に関わる視点、(3) 類似、差異、特色など諸事象の比較に関わる視点、(4) 背景、原因、結果、影響など事象相互のつながりに関わる視点などである。以上のように、時系列、推移、比較、事象相互のつながりが視点とされ、この視点に着目し、比較、関連することが歴史的な見方や考え方として示されたのである。

3　高等学校学習指導要領に見る歴史的な見方・考え方

（1）学習指導要領に見る歴史的な見方や考え方

　歴史の学習指導要領においてこの歴史的な見方・考え方という言葉が登場するのは今回の学習指導要領が初めてではない。1999年版高等学校日本史Bで「歴史的な見方や考え方」の育成は明記されていた。しかし、「見方や考え方」および「歴史的思考力」が何を指すのかが不明であり、歴史的思考力との関係も明記されなかった。加えて、育成方法も示されなかった。

　1999年版を受けて、2010年版高等学校学習指導要領では日本史Aにもその内容は拡大し、内容や指導計画の作成と配慮事項で叙述された。日本史Bでは、1999年版で「歴史と資料」だけが挙げられていたのに対し、中世で「歴史の解釈」、近世で「歴史の説明」、現代で「歴史の論述」として、時代を追って歴史自体の学びが想定された。歴史授業の導入で扱う「歴史と資料」では、資料の種類と歴史叙述との関係を学ぶ。その後、中世ではその内容とともに歴

137

第3章　歴史的な見方・考え方を目指す中等社会科・地理歴史科の実践理論

表1　2010年版日本史Bの内容とその取扱い

原始・古代の日本と東アジア	歴史と資料	遺跡や遺物、文書など様々な歴史資料の特性に着目し、資料に基づいて歴史が叙述されていることなど歴史を考察する方法を理解させ、歴史への関心を高めるとともに、文化財保護の重要性に気付かせる。	内容の(1)のア、(2)のア、(3)のア、(6)のアを通じて、資料を活用して歴史を考察したりその結果を表現したりする技能を段階的に高めて行くこと。様々な資料の特性に注目させ複数の資料の活用を図って、資料に対する批判的な見方を養うとともに、因果関係を考察させたり解釈の多様性に気付かせたりする。…この科目の導入として位置付けること。
中世の日本と東アジア	歴史の解釈	歴史資料を含む諸資料を活用して、歴史的事象の推移や変化、相互の因果関係を考察するなどの活動を通して、歴史の展開における諸事象の意味や意義を解釈させる。	(2)のア及び(3)のアについては、原則として各時代の学習内容と関連させて適切な時期に実施すること。
近世の日本と世界	歴史の説明	歴史的事象には複数の歴史的解釈が成り立つことに気付かせ、それぞれの根拠や論理を踏まえて、筋道立てて考えを説明させる。	同上
現代の日本と世界	歴史の論述	社会と個人、世界の中の日本、地域社会の歴史と生活などについて、適切な主題を設定させ、資料を活用して探究し、考えを論述する活動を通して、歴史的な見方や考え方を身に付けさせる。	内容の(1)のア、(2)のア、(3)のア、(6)のアを通じて、資料を活用して歴史を考察したりその結果を表現したりする技能を段階的に高めて行くこと。様々な資料の特性に注目させ複数の資料の活用を図って、資料に対する批判的な見方を養うとともに、因果関係を考察させたり解釈の多様性に気付かせたりすること。内容の(6)のウについては、この科目のまとめとして位置付けること。

（2010年版学習指導要領の内容を筆者が整理。下線は筆者。）

史的事象の推移・変化・相互の因果関係（「歴史の解釈」）、近世の「歴史の説明」では複数の歴史解釈とその根拠と論理を学ぶ。まとめとなる現代では、資料を活用しての探究と論述を行ない、導入とともに史資料を読む技能、史料批判、因果関係、解釈の多様性に気づかせる。また、「歴史の論述」と同様の内容が「指導計画の作成と指導上の配慮事項」にも書かれている（文部科学省2010：79）。表1はその内容を整理したものである。

　また、「歴史を考察し表現する学習と導入・まとめの重視について」の箇所では、歴史を考察し表現する方法として課題解決的な学習を取り入れるようにしている。その例として、導入で生徒に歴史を自覚させる学習課題として次の内容が挙げられている（文部科学省2010：80）。

138

第1節　学習指導要領における歴史的な見方・考え方

①どういうことか（事象の意味・内容）
②いつから・どのようにしてそうなったのか（事象の起点・推移の過程）
③何・だれがそうしたのか（事象の主体）
④なぜそうなったのか（事象の背景・事象間の因果関係）
⑤本当にそうだったのか・何によって分かるのか（事象の信憑性・論拠）
⑥他の地域や時代とどういう違いがあるのか（事象の特殊性・普遍性）

　この内容を見ると、いつ、誰が、何をしたのか、それは本当か、どうしてそう言えるのかなど、①〜③は事実認識、④〜⑥は①〜③を踏まえた歴史の捉え方を示したものであることがわかるが、そのような説明はない。

　以上が、2010年版学習指導要領の内容であるが、「歴史を学ぶ」ことがかなり意識されていることを成果として挙げることができる。解釈、根拠、探究などの概念などがそれである。しかし、歴史的な見方や考え方が何であるのか、見方や考え方の「や」が何を示すのかなどは説明されていない。加えて、課題解決の学習として取り上げられている学習課題の6つは、それぞれが単独で存在するものではなく一連のプロセスである。①→⑥の流れは歴史学における歴史事象を認識する方法であり、ある意味、歴史の見方を示しているといえる。しかし、学習課題と明示していることが、学習問題と同じように学習すべき個々のテーマとして認識されてしまった感が否めない。こうした歴史的な見方・考え方という言葉や歴史事象の見方がその重要性の割に関係者からはあまり注目されなかったのは残念なことであった。

（2）歴史的思考力との関係

　これまで中高の歴史教育の目標とされていたものは歴史的思考力であった。1956年版世界史の学習指導要領よりその言葉は目標の中に入れられていたが、その言葉の意味や説明は特に書かれておらず、この歴史的思考力という言葉に対する様々な解釈が今までなされてきた。このことに関して、次の2つの問題点を指摘できる。1つは、言葉の意味や説明がないために、解釈が多様となり、広く受け入れられなかったということである。戸井田（2004）は、歴史的思考力の意味に対する最低限必要な共通理解が図られていないのではないかと疑問を呈し、学習指導要領や解説で概念規定する必要性を述べている（戸

井田 2004：14）。また、鳥山（2012）は、歴史的思考力の定義は明確でないとしたうえで、「情報を分析し発信する能力」「社会の動きを歴史的に理解する能力」の2つをその要素としている（鳥山 2012：149）。しかし、論者によりその定義や内容は多様であり、それゆえに広がりを持てなかった。

2つ目は、歴史的思考力と歴史的な見方や考え方は、1999年の日本史Bの学習指導要領以来、それぞれ目標、内容で言及されていたが、その関係性が明確でなかった点である。例えば永松（2017）は、地理の資質・能力育成が「地理的な見方や考え方」で表現されているように、歴史では「歴史的思考力」の育成がそれに該当することを学習指導要領の文脈から述べている（永松 2017：3）。歴史的思考力とともに歴史的な見方・考え方という言葉が学習指導要領にはあっても、それに関する定義や内容の説明がないためにこうした資質・能力を歴史学習で育成するのには難しいものがあった。

4 歴史的な見方・考え方と歴史学習

（1）歴史学習のプロセス

見方・考え方を一連の流れと考えた場合、歴史を学ぶプロセスが重要であろう。筆者はその内容と流れを以下の図1のように考えている。

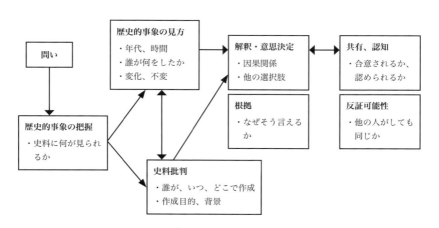

図1　歴史学習のプロセス

第1節　学習指導要領における歴史的な見方・考え方

　問いが生じると、まず歴史的事象の把握として、史資料のそこに何が見られるかという現状の把握を行う。次に2つのプロセスを同時に行なう。1つ目は、歴史的事象に対して、いつどこで誰が何をしたのか、変化・不変だったのかなどの見方を用いることである。2つ目は史料批判である。いつどこで誰がどのような目的でこの史料を作成したのか、その背景をできるだけ探る。従来の史資料を読む活動に批判的に読むことを付け加えるのである。ここまでが歴史的事象の見方群といえよう。この後の解釈・意思決定以降の活動はこの見方群を踏まえての考え方群となる。解釈・意思決定では、因果関係とともに、当時の歴史的な状況下で他の選択肢の可能性がなかったかを考えることである。同時に、なぜそのように言えるのかという根拠を示すことになる。そうしてつくられた解釈や意思決定は他人の目にさらされるとともに、他の人が同様の行為をたどっても同じ結果が生じるか、すなわち実証的で論理的、独創性が認定されるのである。こうして、問いに対する解釈や意思が用意され、歴史学の研究プロセスを学ぶのである。

（2）問いと史資料

　このプロセスで重要なのは、問いと史資料のセットが歴史事象に対する探究を生み出すということである。問いから史資料を読み、解釈・意思決定など歴史学習のプロセスを経ることで、思考力や判断力などの資質・能力が生徒に育まれる。

　先日、加藤公明（2007）の「人はなぜ犬を飼うのか―加曾利の犬と鎌倉の犬」実践と類似した、大学生対象の歴史授業を見学した。韓国の泗川（サチョン）という地域にある勒島（ヌクト）という島では1779年の発掘調査の結果、人骨の近くで大量の犬の骨が出土した。犬の骨が頭から背骨まで犬の形状を保っており、人間と一緒に埋葬されたとされる。この勒島は紀元前2世紀〜紀元後2世紀まで、中国の楽浪、弥生時代の原の辻遺跡（壱岐）を結ぶハブ港としての役割を果たしていた。この授業での問いは、「人間と一緒に埋葬された犬の役割はなんであったのか」である。それを解明する資料として、①当時のハブ港としての役割、②島で出土した住居跡や人々の食生活、③人骨と犬の骨の出土位置関係、④出土した犬の性別と大きさに関するものが教師の手により用意された。授業では、ペット説、番犬説、家畜説、墓守説が解釈・意思決定の結果として出され、共

141

有・認知の過程としての質疑応答があり、最終的な意思決定がなされた。時間の都合で史資料は教師が用意したため史料批判は行われなかったものの、概ね、前掲のプロセスを踏んだ歴史学習が行われ、感想文でも授業を好意的に捉えたものがほとんどであった[1]。

　この中で、問いと史資料の関係について一つ考えさせられることがあった。与えられた資料だけでは犬と人間の生前の関係は断定できないとして、人間とともに埋められたという事実だけに着目し犬の役割を解釈する学生がみられたことである。墓守説がそれであり、他からは根拠が薄いと批判されながらも一定の支持を持ち続けた。本授業者の意図は、資料①②で生前の犬と人間の関係、資料③④で発掘での事実関係を示し、犬と人間の関係を生前と死後も含めて総合的に考えるというものであった。だが、①②でそれを推し量るのは難しいとして、③④の事実だけで墓守説に傾いたのである。問いに直ちに答える史資料がなくても現存する情報からできる限り推測をし、根拠を述べ、他の視線にさらされる中で、生前も含めた犬の役割について自分なりの解釈を出すべきではないか。この件を通じて、改めて、問いを史資料に基づいて考える困難さを認めざるを得なかった。

5　歴史的に考える

　2017 年版中学校学習指導要領で示された歴史的な見方・考え方は、内容的には高等学校の目標であった今までの歴史的思考力とあまり変わりないのではないかとも思う。それでも、何を教えて、何を教えないかという内容重視で考えられていた従来の学習指導要領の歴史学習に、学ぶべき資質・能力を明文化したことには賛意を示したい。

　韓国の歴史教育研究者である金漢宗も、学校で歴史を学ぶ若い世代に向けて書いた本の中で、歴史家が歴史を研究することと同じように歴史学習は「歴史的に考えること」であると述べる（金漢宗 2017）。このことは日本でもすでに言及されていることで目新しいことではない。しかし、ここでは歴史的な見方・考え方とも言える「歴史的に考える」ことを通じて、今の世界や日本社会を見る目を生徒に身につけさせることを強調したいのである。

第1節　学習指導要領における歴史的な見方・考え方

〈注〉

1　授業者は韓国大邱の高等学校歴史教師である朴在英氏であった。社会科・地理歴史科教育法の授業を用いて、2017年11月22日と27日の2日間にわたって75分ずつ授業が行われた。

〈参考文献〉

加藤公明（2007）：『考える日本史授業3－平和と民主社会の担い手を育てる歴史教育』、地歴社。

金漢宗（2017）：『10대에게 권하는 역사』（10代に学んでほしい歴史）、글담출판。

戸井田克己（2004）：学習指導要領の変遷と歴史的思考力育成の課題、教育論叢、16（1）、pp.1-15.

鳥山孟郎・松本通孝編（2012）：『歴史的思考力を伸ばす授業づくり』、青木書店。

永松靖典編（2017）：『歴史的思考力育てる－歴史学習のアクティブ・ラーニング』、山川出版社。

文部科学省（2010）：『高等学校学習指導要領解説地理歴史編』。

文部科学省（2017）：『中学校学習指導要領解説社会編』。

第3章　歴史的な見方・考え方を目指す中等社会科・地理歴史科の実践理論

第2節
社会科成立期の中学校社会科日本史学習指導における「歴史的な物の見方・考え方」の育成

篠﨑正典（信州大学）

キーワード：中学校社会科日本史、問題解決学習、歴史的な物の見方・考え方

1　中学校社会科日本史と「歴史的な物の見方・考え方」

　2017（平成29）年3月31日、新中学校学習指導要領が告示された。今回の改訂で強調されたのが、「主体的・対話的で深い学び」の実現に向けた授業改善である。これにより、各教科で「見方・考え方」を働かせた問題解決的な学習を行うことになり社会科では、「地理的な見方・考え方」「歴史的な見方・考え方」「現代社会の見方・考え方」を総称する「社会的な見方・考え方」が導入された。このうち、歴史学習で扱うのが「歴史的な見方・考え方」である。

　「歴史的な見方・考え方」は、中央教育審議会答申（2016）を踏まえ、「社会的事象を、時期、推移などに着目して捉え、類似や差異などを明確にしたり、事象同士を因果関係などで関連付けたりする」ための視点や方法と定義される（文部科学省2017：79）。この「歴史的な見方・考え方」を働かせて問題解決的な学習を行うことで、教科書を教えることを優先し、生徒の思考力や生きて働く知識・技能の習得に支障を来たしてきた従来の歴史学習を、「公民としての資質・能力の基礎」を育成する歴史学習へと変革することが期待されている。しかし、「歴史的な見方・考え方」は、「地理的な見方・考え方」と異なり、今回の改訂で新たに使用されるため、「公民としての資質・能力の基礎」の育成に寄与するか否かについては疑問の声もある（原田2017：6）。

　そこで注目するのが、社会科成立期に、「歴史的な物の見方・考え方」の育成を目指して取り組まれた社会科日本史の学習指導である。社会科日本史（1949年までは社会科国史）は、1947〜1950年の時期に、中学校第2・3学年に設置された科目である。社会科日本史の設置は、社会科教育と歴史教育

144

第2節　社会科成立期の中学校社会科日本史学習指導における「歴史的な物の見方・考え方」の育成

との異質性を社会科成立当初の時点で象徴する出来事[1]として、社会科教育史研究において注目されてきた。一方で、社会科日本史の実践は、小学校から高等学校第1学年に設置された一般社会科と歩調を合わせた問題解決学習による歴史学習であった。これまでの社会科教育史研究では取り上げられていないが、文部省から1949年度実験学校に指定された長野県師範学校男子部附属中学校（以下、長野男子附中）では、「歴史的な物の見方・考え方」の育成を目指して、社会科日本史の学習指導に取組んでいる[2]。したがって、長野男子附中を事例に、社会科日本史における、「歴史的な物の見方・考え方」の育成について考察することは、歴史学習における「歴史的な見方・考え方」のあり方を考える上で意義があると考えられる[3]。

以上を踏まえ、本節では、長野男子附中の社会科日本史学習指導の分析を通して、「歴史的な物の見方・考え方」の育成方法とその意義を明らかにする。

2　社会科日本史の性格

社会科日本史は、1947年度から新制中学校の第2学年に年間35時間、第3学年に年間70時間設置されたが、学習指導要領は発行されず、制度的にも未整備のまま開始した。そのため、社会科日本史の詳細は、1952年10月発行の『中学校 高等学校学習指導要領 社会科編II 一般社会科（試案）』（以下、『26年要領』）で、指導計画、単元展開例、参考目標と内容が示されたことで明確になった[4]。

『26年要領』から、社会科日本史の性格をまとめると、次の2点に集約される。第一は、社会科日本史は、「社会科の一般目標をできるだけ達成するように心がけ」（文部省 1952：117）て行われたことである。社会科日本史は、一般社会科と別個に指導計画を立てることも許可されたが、そこに積極的な理由はなかった。そのため、社会科日本史を単独で指導する際には、次の特殊目標をつかんで行うことが求められた（文部省 1952：117-118）。

「1. 日本の社会は概括的にみて、原始社会・古代社会・封建社会を経て近代社会へと発展し、それぞれの社会は本質的に相違することを理解すること。2. それぞれの社会における人々の生活、生活上の問題解決のしかたを理解することを通じて今日のわれわれの問題解決に資すること。3. そ

145

第3章　歴史的な見方・考え方を目指す中等社会科・地理歴史科の実践理論

れぞれの社会における政治・経済・文化生活は互に密接な関係をもっていることを理解し、これを総合して考える能力を育てること。４．日本の社会の発展を常に世界史のもとにはあくする能力を養うこと。５．生徒の身近な生活環境の中に存する歴史の姿を通じて、日本社会発展の姿を理解すること。６．文化遺産を正しく評価し、これを尊重し、積極的に親しもうとする態度・趣味を養うこと。７．社会の進歩に貢献した先人の業績などを通じて、積極的に社会の発展に協力したり、他人から尊敬されるような人格を築きあげる態度・習慣を養うこと。８．郷土および国に対して深い愛情と尊敬をもつとともに、世界各国の人々と友好的に交際する態度・能力を養うこと。」

　第二は、社会科日本史は、「日本の社会の発展」（文部省 1952：152）を理解するために、「原始社会」「古代社会」「封建社会」「近代社会」の４つの時代と現代社会とを対比する学習を重視したことである。この意図は、表１に示す参考目標と内容に表れている。表１によれば、「封建社会」について学ぶ場合、

表１　社会科日本史の参考目標と内容　―「封建社会」―

目標	理解	1．封建社会の特質と現在の社会とには、本質的な相違があること。 2．封建社会は古代社会の発展により生じた社会であること。 3．封建社会のしくみの中で、今日の社会生活の中に残存するものがあること。 4．封建社会は日本ばかりに存在したものではないこと。しかもそれぞれ共通点と相違点のあること。 5．封建社会は近代社会の生まれる前提であったこと。	
	態度・技能	6．外来文化摂取に対する正しい態度を養うこと。 7．封建制の悪い点を除去しようとする態度・技能を養うこと。 8．封建社会の文化・芸能を理解・鑑賞する態度を養うこと。	
内容	発生	A．武士のおこり	発生の社会的事象、貴族との抗争。
		B．武家政治への転回	幕府成立の事情、貴族政治と武家政治との相違、貴族の武士に対する挑戦と敗北、武家政治の整備。
	特質	A．土地と主従関係	主従関係の由来、今日の雇傭関係との相違。
		B．身分制	意義、身分による生活の相違。
		C．封建社会の農民	農民の生産、政治との関連、近代日本社会における残存。
		D．家内工業	意義、存在の社会的事情。
		E．武家政治	現代政治との相違。
		F．武家文化と町人文化	それらと現代文化との相違。現代文化の中における存在。
	発展	A．荘園制から大名領国制へ	大名領成立の事情。
		B．外来文化の輸入	ヨーロッパ人渡来の世界史的意義、渡来文化の内容、受容事情。
		C．都市の発達	原因、都市の種類と位置（現代との関連）。
		D．徳川政権の確立	制覇の事情と理由、幕府政治体制と現代政治体制との相違。
	崩壊	A．貨幣経済の発展	商工業発展の原因。
		B．町人勢力の成長	成長の原因、町人と武士との関係。
		C．農村の分解	自給自足経済崩壊の原因。諸侯の対策と農民生活。
		D．幕府の衰退	幕府政治弱体化の原因、諸改革の意識。

（文部省（1952）：『中学校 高等学校学習指導要領 社会科編Ⅱ 一般社会科（試案）』
154、155、157-159頁より一部改編して筆者作成）

目標は、封建社会と現代社会との相違と繋がり（1、3）、封建社会の性格・世界史的位置・歴史的役割（2、4、5）への「理解」、封建社会から学ぶべき点・問題点の解決（6、7）、文化・芸能の理解と鑑賞（8）の「態度・技能」の育成を目指している。つまり、その時代の特色のみに留まらない社会の発展を見越した理解と態度の育成を念頭においている。内容は、「発生」「特質」「発展」「崩壊」の点から封建社会を捉えるよう構成されている。また、「特質」（A、E、F）と「発展」（C、D）では、現代との相違や繋がりを学ぶことに配慮している。

では、こうした性格を持つ社会科日本史の学習指導は如何に行われたのだろうか。次に、「歴史的な物の見方・考え方」の育成を目指して取り組んだ長野男子附中の実践を取り上げ、学習指導の特徴を明らかにしたい。

3　社会科日本史学習指導における「歴史的な物の見方・考え方」の育成

（1）ねらいとしての「歴史的な物の見方・考え方」の育成

長野男子附中は、社会科日本史の役割を「歴史的な物の見方・考え方」の育成とし、次のように述べる（信州大学教育学部附属長野小中学校編1951：139）。

「歴史的な物の見方、考え方を通して、生徒が人間と社会の現実に存在する問題の所在を認識し、将来望ましい社会人として行動し得る素地を育てることは大切であり、歴史的な物の見方、考え方を養うことに強い焦点をおいたのが日本史の学習である。」

すなわち、長野男子附中は、社会的課題の認識とその解決に関われる社会人としての素地を備えた生徒を育てる上で必要なものが「歴史的な物の見方・考え方」であり、それを養うのが社会科日本史の目的であるとしている。

そこで、長野男子附中は、社会科日本史の目標を、「①各社会の本質をつかむこと」「②世界史的に把握すること」「③人間尊重の態度を養うこと」「④郷土及び国に対して愛情をもつと共に人類愛の精神を高めること」の4つとする。このうち、特に、「歴史的な物の見方・考え方」と関連が深いのが①②である。①では、「各社会の人々の生活様式、生活上の問題からその社会の政治・経済・文化の状態を身近な生活環境や経験に出発点を求め、現在の生活と関係づけて理解」させること、「各社会は本質的に相違しながら連続的に発展してきたこと」「各社会における政治・経済・文化は互に関係しあっている」ことへの理

第3章　歴史的な見方・考え方を目指す中等社会科・地理歴史科の実践理論

解を重視する。②では、各社会は「常に他の国や異質的文化との接触交際によって発展」してきたことへの理解と、「現在の社会の問題を世界史的地平の立場で解決して行く能力を高め」ることを重視している。

　以上を踏まえると、「歴史的な物の見方・考え方」を育成することは、社会の課題を解決するために過去を見るための所謂「歴史的思考力」（信州大学教育学部附属長野小中学校編 1951：139）を育成することと重なることである。そして、その際に必要となるのが、現在の生活、世界史との関連の中で過去の社会の人々の生活・政治・経済・文化を捉えることである。

（2）「歴史的な物の見方・考え方」を育成するための単元構成

　こうした社会科日本史の目標を具体化するために長野男子附中が構想した単元の一覧が表2である。

　長野男子附中は、日本の社会を「原始社会」「古代社会」「封建社会」「近代社会」の4つの時代に区分し、それぞれを現代社会と対比して理解することで日本社会の発展をつかもうとする。その際、一般社会科で取上げている社会機能を深めた「政治」「経済」「文化」「交際」の4観点からそれぞれの社会の本質や姿を基底する。その上で、各社会における歴史的事象の中から学習効果の

表2　社会科日本史単元一覧

学年	月	単元名	問題・学習内容
2	4	原始社会	A　人類がはじめて地球上にあらわれたのは何時頃か。 B　最初に日本に住みついた人類はどのようであったか。 C　原始社会の生活はどのようにいとなまれていたか。 D　原始社会はどのように変化していったか。
	8	古代社会	A　農業が行われるようになって生活はどのように進んだか。 B　小国が統合されて一つの国家ができてからの生活はどのように発展したか。 C　制度や法律により、古代社会はどのようにととのえられ発展したか。 D　大陸との交通によって古代社会の変化はどのように進んだか。 E　貴族によって古代社会の文化は如何に。（原文ママ） F　古代社会はどのように展開していったか。
3	4	封建社会（前期封建社会、後期封建社会）	A　「封建的」とか「封建制」とはどんなことか。 B　武士はどのようにしておこってきたか。 C　武士たちを統一する政権はどのように成立したか。また新しい文化はどのようにして生まれたか。 D　武士の立場はどのように向上したか。また民衆の力はどのように高まっていったか。
	12	近代社会の成立と発展	A　近代とか近代とかいうことはどんな意味をもっているか。 B　明治維新によって、社会生活はどのように変革したか。 C　立憲国家の形はどのようにととのえられていったか。 D　大資本による生産はどのように進んだか。 E　日本の動きは、世界とどのように密接な関係をもつようになったか。 F　国民の自由はどのようにおさえられたか。 G　戦争は国民にどんな不幸をもたらすか。 H　日本の民主化はどのように進んでいるか。

（信州大学教育学部附属長野中学校（1952）：『昭和二十七年度　教育課程』59-85 頁より筆者作成）

148

あると考えられるものを取り上げ、「発生」「成立」「発展」「崩壊」「特質」を組み合わせることで、表2は構想されている。

（3）「歴史的な物の見方・考え方」を育成するための学習指導過程

では、学習指導過程にはどのような特徴があるか。表3が、表2の「封建社会」に含まれる単元「前期封建社会はどのような社会か」の展開である。「(1) 連絡」「(2) 時間配当」「(3) 指導上の留意点」「(4) 学習過程」の4つからなる単元展開の中で、学習指導過程に当るのが「(4)」である。

学習指導過程は、「計画」（「問題の所在」「題目の決定」「問題の選定」「目標の選定」「学習活動の選定」「学習活動の樹立」）「解決」（「A 前期封建社会成立の調査研究」「B 前期封建社会の成立の発表」「C 前期封建社会の発展、崩壊の調査研究」）「完結」（「学習のまとめ」）から構成され、学習は次の通り進む。

まず、「計画」で、年表、歴史地図、本を読み、前期封建社会で何を学習したらよいか話し合った内容と、予備調査の内容をもとに、学習問題「前期封建社会はどのような社会か」を定める。次に、学習問題を解決するための6つの問題（①武家政治はどのようにして成立したか。②鎌倉幕府の政治はどのように推移して行ったのか。③鎌倉時代の大陸との関係はどのようであったか。④鎌倉時代の社会と政治と経済はどのようであったか。⑤鎌倉時代の文化はどんなにして作られてき、どんな特色があるか、古代社会のそれと比べてみる。⑥建武の新政はどのようにして推し進められたか。その前後の過程も明らかにする。）を話合いで決める。その上で、目標、学習活動、学習の順序、時間、資料分担等を決める。続く、「解決」では、「A」で、問題①〜⑤を調査し、その成果報告を「B」で行い、前期封建社会の成立と必然性について討議で明らかにする。その上で、「C」で問題⑥について考察する。最後に「完結」で、①図表の整理と展示、②前期封建社会の特質についての話合いを行った上で、③「前期封建社会の人々の生活」という題で論文を書き、発表する。同時に、④目標の達成状況、⑤次の社会への連絡、⑥学習過程への反省を行い、学習を終える。

以上のように、単元では、前期封建社会を現在との関わりから追究するための課題を設定し、「成立」「発展」「崩壊」の点から考察している。その上で、クラス全体での話し合いを通して前期封建社会の特質を整理し、各自が論文を書くことで、「歴史的な物の見方・考え方」を育成しようとしているのである。

第3章　歴史的な見方・考え方を目指す中等社会科・地理歴史科の実践理論

表3 単元「前期封建社会はどのような社会か」の展開

(1) 連絡　　　○前単元「古代社会」次の単元「後期封建社会」
　　　　　　　○社会科「政治」「文化遺産」との連絡を持つ
(2) 時間配当　問題把握・計画樹立（3時間）、解決（15時間）、完結（4時間）
(3) 指導上の留意点　○解決の段階は調査研究発表討議等が含まれるが調査研究は確実にさせ討議は自由にさせる。
　　　　　　　○討議は一つの問題がすむごとに行い、自分の意見を正しく確立させる。
　　　　　　　○分担学習ではあるが狭い領域に問題を縮めずグループ内でも十分討議できるようにする。
　　　　　　　○研究グループの発表は全員へ史料を提供する型で行い、結論は全体で討議できめるようにすること。
　　　　　　　○問題把握については生徒の自主的思考を重んじ充分自己自身の問題として把握するようにする。
　　　　　　　○発表は実物、絵、写真等を多く利用して視覚に訴えてする。
　　　　　　　○発表内容は一応プリントする。
(4) 学習過程

	過程	学習活動	評価	備考
計画	問題の所在	○年表、歴史地図、本を見たり読んだりしてどういうことを古代社会の次に学習していったらよいか自由に話し合う。 ○予備調査の結果を皆で話し合って学習問題をきめる。		45分
	題目の決定 問題の選定	○「前期封建社会はどのような社会か」という題目をきめる。 ○題目の内容となるような問題をあげて話し合いできめる。	21	
	目標の設定	○目標をどうたてるか話し合ってきめる。	21	
	学習活動の選定 学習活動の樹立	○目標とにらみあわせ、問題毎に学習活動を話し合ってきめる。 ○学習の順序、時間、資料分担など話し合ってきめる。		90分
解決	A　前期封建社会成立の調査研究	①武家政治はどのようにして成立したか。 ○平氏の勢力　○源氏の再興と平氏の滅亡　○鎌倉幕府の成立とその組織 ○鎌倉幕府の政治の特色	20	120分
		②鎌倉幕府の政治はどのように推移して行ったのか。 ○源氏の断絶と北条氏　○承久の乱　○執権政治と貞永式目	20	
		③鎌倉時代の大陸との関係はどのようであったか。 ○元代アジアの状態　○元との交渉　○鎌倉幕府の衰退	20	
		④鎌倉時代の社会と政治と経済はどのようであったか。 ○土地に対する二重支配　○農民の生活と農業　○鉱業　○商工業の発達 ○貨幣経済の発達	20	
		⑤鎌倉時代の文化はどんなにして作られてきき、どんな特色があるか、古代社会のそれと比べてみる。 ○新興仏教　○文学　○美術工芸	20	
	B　前期封建社会の成立の発表	○調査研究したものを発表し、理解しそこから前期封建社会の成立と必然性を討議によって明らかにする。	1,2,3,4,5, 6,7,17,18,21	180分
	C　前期封建社会の発展、崩壊の調査研究	⑥建武の新政はどのようにして推し進められたか。その前後の過程も明らかにする。 ○朝廷と幕府　○鎌倉幕府の滅亡　○建武の中興　○吉野と京都	20	120分
完結	学習のまとめ	①図表を整理して教室に展覧する。 ②前期封建社会の特質を話し合ってきめる。 ③前期封建社会の人々の生活という題で論文をかき発表する。 ④目標が達せられたかどうか話し合う。 ⑤次の社会への連絡を考えておく。 ⑥学習過程について反省してみる。	19、21 19、14、15	180分

（信州大学教育学部附属長野小中学校編（1951）:『昭和二十六年度 学習指導の手引』148、149頁より筆者作成）

　ここから次の2点が確認できる。それは、知識、技能、態度の確実な定着を目指していること、生徒の自主性を重視していること、の2点である。前者については、前期封建社会を、武家政治の成立、鎌倉幕府の政治の推移、大陸との関係、社会、政治、経済、文化の点から分析した上で、「完結」で、「前期封建社会の特質を話し合ってきめる」という活動を行っていることである。同時に、それぞれの学習活動には、評価を位置づけている。この背景には、表4に

150

第2節　社会科成立期の中学校社会科日本史学習指導における「歴史的な物の見方・考え方」の育成

示す目標と評価の観点の設定がある。なお、表4から分かるように、目標は、「理解」「技能・態度」にあたる計9つがあるが、これらを『26年要領』の目標（表1）と比較すると、「理解」の「3」「4」「5」以外は一致している。3つが異なる理由は、「封建社会」を「前期封建社会」「後期封建社会」の2つに分けて単元を構成した長野男子附中の独自性である。後者については、「問題把握」における「生徒の自主的志向を重んじ充分自己自身の問題として把握する」（留意点）という点と「予備調査の結果を皆で話し合って学習問題をきめる」に見られる。これらの背景には、表5に示す生徒の実態調査と資料研究の重視がある。生徒の実態調査は、（イ）生徒がその社会生活において解決を求めている問題の調査、（ロ）生徒の心身の発達段階の調査、（ハ）生徒のもつ歴

表4　単元「前期封建社会はどのような社会か」の目標と評価

	目標	評価の観点（方法）	
理解	1　前期封建社会と現在の社会とには本質的に相違のあること。 2　封建社会は古代社会の発展により生じた社会であること。 3　前期封建社会は後期封建社会に続いて行くこと。 4　前期封建社会の文化の特色が古代社会のそれと違うこと。 5　前期封建社会の時代の我が国と外国の関係。 6　封建社会の仕組みの中で今日の社会生活に残っているものがあること。	1．武士出現の過程（完成法） 2．鎌倉幕府の政治組織（再生法） 3．鎌倉幕府の政治の推移（真偽法） 4．鎌倉文化の特色（再生法） 5．鎌倉時代の大陸との交渉（選択法） 6．鎌倉時代の経済と社会（完成法） 7．承久の乱の原因、結果とその意味（再生法） 8．建武の中興とその意味（再生法）	9．室町幕府の成立過程（完成法） 10．室町末期の世相（真偽法） 11．室町文化の特色（再生法） 12．室町時代の社会と経済（完成法） 13．前期封建社会の末期のヨーロッパとの交渉（選択法） 14．前期封建社会の特質（完成法） 15．封建社会と現代社会との相違（選択法）
技能・態度	7　外来文化を取入れる場合の正しい態度を養うこと。 8　封建制の悪い点を除去しようとする態度、技能を養うこと。 9　前期封建社会の文化、芸能を理解鑑賞する態度を養う。	16．封建制の悪い点を除去しようとする態度（観察） 17．外来文化を取入れる場合の正しい行き方（論文） 18．前期封建社会の文化、芸能を鑑賞する力（観察）	19．歴史発展の必然性を考察する力（論文） 20．資料の有効な利用（観察） 21．討議発展の能力（観察）

（信州大学教育学部附属長野小中学校編（1951）：『昭和二十六年度 学習指導の手引』146-148頁より筆者作成）

表5　生徒の実態調査と資料研究

(1)　生徒の実態（調査問題）	
経験	○武士の生活に関するものをよんだり、みたり、きいたりしたことがありますか。あったらその材料（本の名とか、絵とか、きいた人とか……）をあげなさい。 ○武士の使用したもの（よろい、かぶと、やり、刀……）の実物をみたことがありますか。どこでみましたか。 ○鎌倉時代や室町時代の人物や事件を書物や絵画でみたことがありますか。人物名や事件の名をあげて下さい。
能力	○封建制度、封建制、封建的な考え方などの場合、封建とはどんなことをいっているのでしょう。 ○学校や家庭や社会の生活で封建的と思われることがあったらいくつもあげてください。 ○次の人物は何でゆうめいですか。 　源頼朝、法然、北条時宗、世阿弥、西行、足利義満、運慶、藤原定家、親鸞、道元、後醍醐天皇、日蓮、雪舟、フランシスコザビエル、宗祇 ○次の事件や事柄の意味をかきなさい。 　荘園、幕府、元（蒙古）、下克上、地頭、一揆、能、茶の湯、金閣寺、禅、寺子屋、南蛮人
関心	○武士が中心であった社会のことで調べてみたいことをいくつもあげなさい。（今の社会の中の問題と関連づけて）
(2)　生徒の持っている資料の調査（略）	
(3)　教師の資料の調べ（略）	

（信州大学教育学部附属長野小中学校編（1951）：『昭和二十六年度 学習指導の手引』147頁より筆者作成）

史的経験領域の調査（歴史意識の調査）からなる。資料研究は、「生徒の持っている資料の調査」「教師の資料のしらべ」の２つである。すなわち、対象の単元の学習指導を、生徒の「経験」「能力」「関心」と、歴史学研究を踏まえた資料研究の成果を踏まえて構想しているのである。

4 社会科日本史における「歴史的な物の見方・考え方」育成の意義

　以上の考察を踏まえ、社会科日本史学習指導における「歴史的な物の見方・考え方」育成の意義として、次の２点をあげて本節の結びとしたい。１つ目は、「歴史的な物の見方・考え方」が、理解、技能・態度の確実な育成を行う上での鍵となっていることである。先述のように、長野男子附中の社会科日本史の目的は、「歴史的な物の見方・考え方」を通して、生徒が人間と社会の現実に存在する問題の所在を認識し、将来望ましい社会人として行動し得る素地を育てることであった。すなわち、社会的課題の認識とそれを解決する資質の育成を目指す上で「歴史的な物の見方・考え方」が重要な役割を果たしたのである。そのため、目標と評価を明確に位置づけた学習指導、「計画」「解決」「完結」からなる学習過程、という２つの工夫が見られた。前者では、「各社会の本質をつかむこと」「世界史的に把握すること」「人間尊重の態度を養うこと」「郷土及び国に対して愛情をもつと共に人類愛の精神を高めること」という教科目標を受け、単元には「理解」「技能・態度」からなる目標と評価を位置づけていた。後者では、問題を設定し、それを調査研究と発表を踏まえて解決を目指すとともに、最後に論文を作成して理解を深める構成がされていた。

　２つ目は、「歴史的な物の見方・考え方」が、歴史学の成果と生徒の実態に立脚して学習指導を構想する鍵となっていることである。社会科日本史の学習では、「現実に立脚して、社会の課題の一層深い認識と解決の方向を知る」（信州大学教育学部附属長野小中学校編 1951：139）ことを重視した。その際、生活の中の歴史と学問としての歴史とを「生徒の思考の発達段階に従って考慮」すること、生徒の生活の中の問題を深く捉える際に「学問の体系の歴史の研究の方向に抽象化され、純化される」ことへの注意が払われた（信州大学教育学部附属長野小中学校編 1951：140）。ゆえに、生活と学問とを最初から二元的に区別し、両者を無差別に融合することなく、学問の成果を踏まえた資料研究

と生徒の実態調査から学習指導を構想することで、両者の統合を図ったのである。なお、資料研究は、日本の社会を「原始社会」「古代社会」「封建社会」「近代社会」と区分し、それぞれを「発生」「特質」「発展」「崩壊」で捉えること、生徒の実態調査は、問題解決における「問題把握」を生徒の自主的な思考と予備調査の内容を踏まえて行われた。

　以上のように、社会科日本史の学習指導では「歴史的な物の見方・考え方」を中核に置くことで、歴史学と生徒の実態との調和を図りながら、社会的課題を認識し、その解決のために行動できる社会人の素地を備えた生徒の育成を目指したのである。「歴史的な見方・考え方」を働かせた問題解決的な学習を行う際、こうした成立期社会科の成果から学ぶべきであろう。

〈注〉

1　梅野正信（2004）、加藤章（2013）等で触れられている。
2　長野男子附属中は、1948年度以降毎年に渡って『学習指導の手引き』を発行している。その中で社会科日本史の学習指導を説明し、毎年更新している。
3　大木（2016）は、「アクティブ・ラーニングの推進が喧伝される現在の教育にも通じる」点があることを指摘している（大木2016：91）。
4　社会科日本史の内容は、「中学校日本史の指導計画について」「中学校日本史の単元（C）案の展開例」「付録 参考目標および参考内容」の3つからなる。（文部省（1952））

〈参考文献〉

梅野正信（2004）:『社会科歴史教科書成立史―占領期を中心に―』、日本図書センター。
大木匡尚（2016）:1950年代前半期における中学校『社会科日本史』の学習指導論と授業構想、総合歴史教育、50、pp.73-94.
加藤章（2013）:『戦後歴史教育史論』、東京書籍。
信州大学教育学部附属長野小中学校編（1951）:『昭和二十六年度 学習指導の手引』。
信州大学教育学部附属長野中学校（1952）:『昭和二十七年度 教育課程』。
中央教育審議会（2016）:幼稚園、小学校、中学校、高等学校及び特別支援学校の学習指導要領等の改善（答申）
原田智仁（2017）:「これからの歴史学習」に求められるものとは―見方・考え方の視点から―、社会科教育、699、pp.4-7.
文部科学省（2017）:『中学校学習指導要領解説社会編』。
文部省（1952）:『中学校 高等学校学習指導要領 社会科編Ⅱ 一般社会科（試案）』。

第3節
小・中学校のつながりを捉えた
歴史的な見方・考え方の育成

熊田禎介（宇都宮大学）

キーワード：歴史意識研究、歴史意識の発達、接続・発展、「視点や方法（考え方）」

1 歴史的な見方・考え方を探る

2017（平成29）年3月に告示された新学習指導要領では、「社会的な見方・考え方」について、次のような解説がなされている。

> 「社会的な見方・考え方」は、小学校社会科、中学校社会科において、社会的事象の意味や意義、特色や相互の関連を考察したり、社会に見られる課題を把握して、その解決に向けて構想したりする際の「視点や方法（考え方）」であると考えられる。そして、「社会的な見方・考え方を働かせ」るとは、そうした「視点や方法（考え方）」を用いて課題を追究したり解決したりする学び方を表すとともに、これを用いることにより児童生徒の「社会的な見方・考え方」が鍛えられていくことを併せて表現している。

そして、「社会的事象の見方・考え方」（小学校）については、「位置や空間的な広がり、時期や時間の経過、事象や人々の相互関係などに着目して（視点）、社会的事象を捉え、比較・分類したり総合したり、地域の人々や国民の生活と関連付けたりすること（方法）と考えられ、これらは、中学校社会科の各分野の学習に発展するものである」ともされており（文部科学省2017：19）、小学校社会科から中学校社会科（さらには、高等学校地理歴史科、公民科）を通して、「社会的な見方・考え方」をどのように捉え発展させていくのかは、今後、重要な実践上の課題になると考えられる。そこで、本節では、小・中学校のつながりを捉えた「社会的な見方・考え方」、なかでも歴史的な見方・考え方とその育成の問題について考えてみることにしたい。

第3節　小・中学校のつながりを捉えた歴史的な見方・考え方の育成

2　小学校から中学校への「社会的な見方・考え方」の接続・発展

（1）新学習指導要領における「社会的な見方・考え方」

　新学習指導要領では、小学校社会科の「社会的事象の見方・考え方」、また中学校社会科の「社会的事象の地理的な見方・考え方」（地理的分野）・「社会的事象の歴史的な見方・考え方」（歴史的分野）・「現代社会の見方・考え方」（公民的分野）のように、校種の段階や分野・科目の特色を踏まえた「見方・考え方」がそれぞれ整理され、それらを総称したものが「社会的な見方・考え方」として位置づけられている（中央教育審議会 2016：133）。『小学校学習指導要領解説社会編』では、それぞれの見方・考え方の関係を図1のように示している。

　ここからは、小学校社会科から中学校社会科のつながりのなかで、長いスパンにおいて「社会的な見方・考え方」が成長していくと捉えられていることがわかる（澤井・加藤 2017：160）。それでは、小・中学校において「社会的な見方・考え方」、なかでも歴史的な見方・考え方をどのように接続・発展させていくことができるのであろうか。

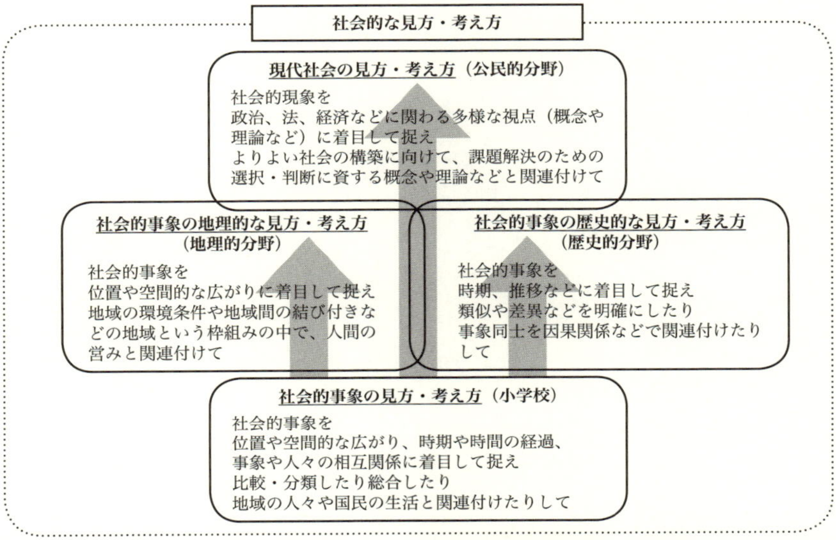

図1　「社会的な見方・考え方」　（『小学校学習指導要領解説 社会編』p.20、より抜粋）

第3章　歴史的な見方・考え方を目指す中等社会科・地理歴史科の実践理論

（２）社会的事象の見方・考え方から社会的事象の歴史的な見方・考え方へ

　この点に関して参考となるのが、中教審答申の別添資料に示された「『社会的な見方・考え方』を働かせたイメージの例」である。そこには思考力、判断力の育成に関わって、小学校・中学校社会科における「考えられる視点例」、「視点を生かした、考察や構想に向かう『問い』の例」、「考察、構想した結果、獲得する知識の例」が示されている[1]。小学校社会科では「時期や時間の経過の視点」以外にも歴史的な視点に関わることも考えられるが、ここでは主に歴史的な見方・考え方に関わる部分のみを抜粋すると、表１・２の通りになる。

　これを見ると、小学校社会科と中学校社会科に共通した歴史的視点として

表１　「社会的事象の見方・考え方」（小学校「時期や時間の経過の視点」）における視点・「問い」・知識の例

視点例	「問い」の例	知識の例
○時期や時間の経過の視点		
時代、起源、由来、背景、変化、発展、継承、維持、向上、計画、持続可能性など	いつどんな理由で始まったのだろう	祭りは地域の豊作や人々のまとまりへの願いから始まった
	どのように変わってきたのだろう	農作業は機械化により生産効率を向上させてきた
	なぜ変わらずに続いているのだろう	伝統芸能は技や道具が継承されるとともに、多くの人々に受け入れられて今に至っている

（中央教育審議会「幼稚園、小学校、中学校、高等学校及び特別支援学校の学習指導要領等の改善及び必要な方策等について（答申）」別添資料3-5（2016年）、より筆者作成）

表２　「社会的事象の歴史的な見方・考え方」（中学校）における視点・「問い」・知識の例

視点例	「問い」の例	知識の例
○時系列に関わる視点		
時期、年代など	いつ（どこで、誰によって）おこったか	9世紀の初め、唐に渡った最澄と空海は、帰国後に仏教の新しい宗派を伝えた
○諸事象の推移に関わる視点		
展開、変化、継続など	前の時代とどのように変わったか	15世紀後期の動乱を経て室町幕府の統一的支配は弱まり、各地の大名による領国の支配や、民衆による自治的な結合が進んでいった
○諸事象の比較に関わる視点		
類似、差異、特色など	どのような時代だったか	近世は、江戸幕府の安定した全国支配体制が形成され、産業・通商や町人文化が隆盛をみた時代であった
○事象相互のつながりに関わる視点		
背景、原因、結果、影響など	なぜおこった（何のために行われた）か	自由民権運動は、士族や商工業者、有力農民など幅広い人々が参加し、一部の勢力が多数を占めた政府に対し、国民の参政権確立を求めた運動であった
	どのような影響を及ぼしたか	アジアの富への関心やイスラム諸国との接触（対立と文化交流）を背景としたヨーロッパ人の海外進出は、勢力拡大を図る戦国大名との関係のもと、戦国時代の推移に影響を与えた

（中央教育審議会「幼稚園、小学校、中学校、高等学校及び特別支援学校の学習指導要領等の改善及び必要な方策等について（答申）」別添資料3-5（2016年）、より筆者作成）

第3節　小・中学校のつながりを捉えた歴史的な見方・考え方の育成

「変化」が挙げられており、両者の比較からは、学校段階に応じてより広い視野から、分析的に事象を捉えさせようとしていることがわかる（澤井・加藤2017：46）。一方で、たとえば、中学校社会科における「時系列」や「比較」、「つながり」といった視点については、小学校社会科との関連において、どのように接続・発展させていくのかは、重要な問題となるであろう。このような歴史的な見方・考え方に関わる「視点」について考えた時に想起されるのが、1950年代の歴史意識研究における成果である。そこで、次節以降では1950年代における歴史意識研究を参照軸に、この問題について見ていくことにしたい。

3　1950年代における歴史意識研究と「歴史的な見方・考え方」

（1）齋藤博による歴史意識研究に見る「歴史的な見方・考え方」の位置

　1950年代における歴史意識研究は、歴史意識の発達に関する調査研究を中心に盛んに進められた。その代表的研究が、小・中学校を対象とした齋藤博による歴史意識の発達研究である[2]。いわゆる逆コースの歴史教育が盛んに唱えられていた時代的状況のなかで、齋藤は「よりよい社会形成への課題解決に、生きて働く力となる歴史的な見方、考え方を養うところに重点がある」歴史教育において、その中核となる「歴史的考え方」とはどのようなものか、その構造と発達を明らかにすること、そして子どもたちが昔をどの位の時間的距離として把握しているか（「時代的距離感」）をあわせて明らかにすることが大切として、この大規模かつ長期的な調査研究を行っている（齋藤1953：25）。

　このような問題意識から実施された調査研究では、小学校から中学校の子どもの歴史意識（＝「歴史的考え方」）の構造と発達が、①今昔の相異がわかること、②変遷（発達）がわかること、③歴史的因果関係がとらえられること、④時代構造がわかること、⑤歴史の発展がわかることの五層から提示されるとともに、⑥時代的距離感についても明らかにされている（齋藤1953：26-27）。改めて、その調査結果の概要を確認してみると、次ページリストのようになる。

157

第3章　歴史的な見方・考え方を目指す中等社会科・地理歴史科の実践理論

①今昔の相異がわかる能力は、3年生（8-9才児）から4年生（9-10才児）にかけて急激に発達する。

②変遷（発達）がわかることも、3年生から4年生にかけて急激に発達する。

③因果関係を直接的な因由で把握できはじめるのは4年生からであり、また間接的な因由で把握できはじめるのは中学1年生（12-13才児）で、中学3年生（14-15才児）にはほぼ可能である。

④時代構造が理解できはじめるのは、中学1年生後半から中学2年生（13-14才児）にかけてである。

⑤歴史的発展がわかるのは、おそらく青年中期（16-18才）でないと不可能であろう。

⑥1・2年生（6・7・8才児）の考える昔の距離は極めて近い過去で、その極限は祖父母の誕生の頃と見られ、昔を抽象的な時代的距離感で把握できるのは5年生（10-11才児）からである。

（下線筆者）

　これらは、小学校1年生から中学校3年生までの各学年段階における歴史意識の発達傾向を定式化したもので、当時における調査研究の成果ではあるが、先述した小学校の「時期や時間の経過の視点」から中学校の「時系列」・「推移」「比較」・「つながり」の視点をどのように関連づけ・発展させていくのかを考える上で、歴史意識の発達研究からの示唆を与えてくれるものであろう。

（2）歴史意識の発達研究における成果と課題

　このように、齋藤による研究では、子どもたちの歴史意識の発達を層構造として把握している点に一つの特徴があるが、この層構造の要素（先に見た①～⑤）に影響を与えたのは、和歌森太郎による歴史意識の発達に関する仮説であった。和歌森は、柳田国男による民俗学研究の成果と方法を継承するなかで、柳田の「史心」（歴史意識）の概念を子どもの歴史意識の発達研究へと適用したとされる（木全1985：168）。その上で、和歌森は子どもの歴史意識の成長の目安として、①始原を問う意識、②今昔の相違の意識、③変遷意識、④因果関係、⑤時代関連の意識、の五つの要素を挙げている（和歌森1953：58-87）。

　以上のような齋藤や和歌森による歴史意識の捉え方について、木全清博は歴史意識の類型的分類とその系列化に特徴と成果を認めている。一方で、諸要素

158

第3節　小・中学校のつながりを捉えた歴史的な見方・考え方の育成

として摘出された歴史的時間の観念というべきものと、因果や変化、発展といった歴史的思考とが並列化・定型化されており、前者と後者の間にある大きな落差や移行（発展）への条件が示されていないとその課題を指摘している（木全 1985：169）。この点は、「視点や方法（考え方）」としての歴史的な見方・考え方のあり方を考える際にも非常に重要な視座になると思われる。

4　小学校からのつながりを捉えた歴史的な見方・考え方とその育成

（1）高島喜雄による「歴史的な見方・考え方」の実践研究

　それでは、当時における歴史意識研究が、どのような「歴史的な見方・考え方」に関する実践研究へと展開していったのであろうか。ここでは、齋藤をはじめとした歴史意識研究を基にして、「歴史的な見方・考え方」に関する実践研究を進めた一人として、奈良女子大学附属小学校の高島喜雄を取り上げたい。

　高島は、「歴史教育とは、記述された日本の系統的な歴史を教え学ばせることが先なのか、問題解決にあたって歴史的な学習態度を作っていくことが先なのか」を問い直しつつ、「歴史教育は、系統ある歴史の知識を学び取らせることにその第一目標があるのではなくて、いわば、一般に歴史意識を高め、それによって、社会の歴史創造の力をつくりだすところに、その主要な目標がある」とし、歴史意識を「ものごとを歴史的に発展的にとらえる態度（心構えといった意味）」と捉えている。そして、その態度の内容を

①ものごとすべてのものが、それぞれ由来をもっておるということ、いいかえると、すべての事象が歴史的に変遷してきたものであるということ、そう考える心構え。
②第一の心構えを基礎にして、すべての事象の歴史的な流れの中に、自分もまた歴史的な存在であることを自覚し、将来に向かって新しい歴史を形成していこうと考え、行動する身構え。

の二つがあるとし、第一の心構えは過去に向いており、第二の身構えは未来に向かって働こうとしているとでもいい得るもの、すなわち歴史への参加を自覚する態度であるとしている[3]（高島 1952b：45-46）。

　このように、高島は当時の歴史教育が系統主義的傾向を強める中で、現代的

159

課題に対する「問題意識の育成こそ社会科の中において最もよくおこなわれるのであ」り、その意味で「小学校においては、社会科からきりはなされた歴史教育というものはないのであって、社会科の中核に歴史的な見方をすえる立場をと」っている。その上で、社会科の学習において「問題にぶつかった時、ゆきづまった時、どこにその原因があるかを探してみるとか、すべてのものに過去があることを、現在と対立的に分離して認識させるとか、そういった態度が歴史認識の土台に培われるものとなろう」とするのである（高島 1952b：47）。

（2）歴史意識の発達研究を基盤にした「歴史的な見方・考え方」の育成

こうして高島による実践研究は、一貫して小学校社会科において初歩的な歴史の見方・考え方を育てることに目的がおかれ、その問題意識も「『歴史的な見方・考え方ができる』という能力は、どのように分析されるものか。その分析ができたとして、それが子どもの発達段階にそって、どのように指導さるべきものか」という点に焦点化されていく。そして、高島自身もこの問題の複雑性・困難性を認識しつつも、「しかし、子どもたちが四年生のころになるといろいろな物や事象について、その由来を知ろうとしたり、原因を究めようとしたりする態度が、非常にはっきりとあらわれてくる。あのような志向の中に、この歴史的な見方・考え方の萌芽がひそんでいることが看取できると思う。そこでどのような経験をさせるべきか。歴史的な見方・考え方の基礎となる経験はどのようなものか。ここが問題である。私は今これをつかもうとしている」とするのである（高島 1952a：41）。その後の高島による実践研究の方向性は、①子どもたちの歴史意識の発達に関する調査研究[4]と、②子どもたちに必要な歴史的理解の根幹となる「歴史の根本的理解事項」の選択へと向かい、前者を横糸（シークエンス）にもちながら、後者を縦糸（スコープ）にすることで導出された「歴史的理解の学年的段階」（「内容面」）と「歴史的考察力の基本に必要な観念や技能」（「形式面」）の作成において、一つの到達点を見せている[5]。

（3）「歴史的な考え方の発達」の捉えと育成の可能性

このような高島による「歴史的な見方・考え方」の実践研究において、その継続的・発展的な実践成果が、表3に示した「歴史的な考え方の発達」であったと考えられる。質問紙や面接法等を用いた本調査研究においても、高島はまず「子どもたちがいつ、どの程度の、歴史的な考え方ができるか、という点を

第3節　小・中学校のつながりを捉えた歴史的な見方・考え方の育成

表3　「歴史的な考え方の発達」

	歴史的な時間に対する意識	「むかし」と「今」との対比意識	変遷（発達）に対する意識	歴史的因果関係についての意識	歴史的な批判意識と問題意識
一年	○近い過去の時期を自分自身の経験に即してとらえるようになる。○「むかし」を父母や祖父母の生まれたころと考える。	○「むかし」については自然と過去の別世界をさすと考えはじめる。○祖父母の昔と、大昔と、童話の世界の昔とは区別していない。（父母の話から、父母や祖父母が生まれたのが戦争のころと考えるような。昔の中に遠近感がない）			
二年	○きょ年とか来年とかいう時間的距離感を意識しはじめる。○祖父母の生誕以前の昔を意識しはじめるがその昔の方が時間的にはみじかく感じる。	○「今」という意識がはっきりしてくる。同時に人によって過去がちがうこともわかってくる。			
三年	◎自分の生まれた時の年月日を知り、何年前かわかるようになる。○昭和、大正、明治とさかのぼって言えるが、時間的な長さは分からぬ。○明治より昔のあることを知りはじめるが明治以後の方が長いと考えている（明治の前を大昔と考えるものもある）。	○父母の話などを通して、自分の生誕以前の家庭生活（戦時生活の苦しさ）と、今の生活とのちがいを知り、昔は不自由であったと考える。◎衣食住の生活様式や乗物などについて、昔と今とのちがいを意識しはじめる。	○自分の家や、身近な町の外観的変化に気づくようになる。◎もののはじまりを知りたいという傾向があらわれる（物の始原について意識しはじめるのであろう）。	○変遷について極めて直接的な理由を考えることができるようになる。○自分たちの生活への影響という点には敏感である。	○神話や昔話に疑問を抱き始める。○「いつ」ということをたずねはじめるが、それは何をたずねる場合が多い。
四年	○原始時代の話に興味を抱くか抽象的時間距離として今と連続した時代として考えることはできない。○数百年前とか二百年前とかを想像することができるようになるが、時代的距離感は不明瞭のままである。○明治の初年を約90年前と言えるようになる。（学習による　以下同じ）	○父母や祖父母の話によって昔の生活を想像している。一不便だったと考えているものが多い。○江戸時代の風俗、武士の生活などを現在と比較して知りはじめる。（学習による、以下同じ）	○身近な環境については町の建物や娯楽機関の増加などに関心がむく。○生活のはじまりに対する意識が強くなり発達とか、変遷ということを形や状態の上においてとらえるようになる。	○身近な町の外観的変化に対して、その因由としての人間に力を意識しはじめる。○発達事実の直接的な因由を考えることができるようになる。	○昔話や伝説を否定しはじめる。
五年	◎明治以前の昔を非常に長く感じるようになる。○昔を抽象的時間距離として把握できるようになり、原始時代からの連続として考えられる。○歴史的知識の程度によって、時代的距離感に差が生じている。	◎武士の世の中について、衣食住のちがいばかりでなく、政治、社会、文化などの相異を知り、それを社会生活上の面で比較できはじめる。○明治時代の、今との相異については、明瞭に意識しにくい。○武士の世の中では前期、後期の区別がはっきりしていない。	○身近な環境については、近代的な建物の増加などに心がむく。◎物事の発達事実を、社会生活上の意味で考えるようになる。（指導による）	○身近な町の変化に対し、その因由として人々の念願を考えはじめる。○社会事象の変遷についての因由をやや間接的なものまで考えることができるようになる。（指導による）○身近な町の変化に対しては、かなり適切な直接的因由や、他の分野との間接的因果関係をもち考えている。	○伝説を否定するが、物語には疑問を抱かない。○「いつ」といった問題意識がはっきりしはじめる。
六年	◎年表などを手がかりとして、ほぼ正確に歴史的時間をとらえようとする態度があらわれる。○自分の将来というようなことから、未来への発展を考えるようになる。	◎武士の世の中での人々の考えの、今との相異、貴族の世の中での身分の差の、今との相異、そのような点に関心が強くなる。	○社会事象全般についてもそれぞれに変遷事実を理解することができる。○人々の考えや、人権といった点についても移り変わりのあったことがわかる（しかし、時代相については理解困難）。	○理解でき得る程度の歴史的知識については直接的な因果関係をとらえることができる。	○伝説には一つの解釈をもつが物語の真実に対してはまだ疑いをもたない。○「いつ、どこ、何、なぜ」などの歴史的な発問法については相当高まる。

（高島喜雄「小学校における歴史的学習（二）」『学習研究』第99号、1955年．p.63、より引用・一部修正．下線筆者。）

つきとめ」た上で、「子どもたちに、いつどのような歴史的な考え方をさせる
か、いいかえると、いつどの程度に、歴史的意識をもたせる必要があるか」を
問題にすべきであるとする。そして、表3のように、縦軸に子どもたちの「そ
れぞれの意識の開けていく姿を描こうとし」、横軸には「その学年の程度なり、
可能性なりを示そうとした」のである（高島 1955：58-60）。ここからは、高
島が、先述した齋藤や和歌森による歴史意識の発達研究を基盤にして子どもた
ちの「歴史的な考え方」を発達の軸において丹念に捉えようとするとともに、
さらにそれを育成する可能性を見出そうとしている姿が看取できる。

　特に注目したいのは、4年生の「歴史的時間に対する意識」・「『むかし』と『今』」
との対比意識」における下線部の「（学習による、以下同じ）」との記述であり、こ
れは、当時の子どもたちの「学習」によって「明治の初年を約90年前と言える
ようになる」といった「歴史的な考え方」が育ってきた事実を示していると考え
られる。一方、5年生の「変遷（発達）に対する意識」・「歴史的因果関係につい
ての意識」における下線部の「（指導による）」の記述からは、「物事の発達事実
を、社会生活上の意味で考えるようになる」等のより高度な「歴史的考え方」に
ついては、教師の「指導」による育成とその可能性があることを示していると
推察される。このように、高島による「歴史的な見方・考え方」の実践研究は、
歴史意識の発達研究を一歩進め、子どもたちの「歴史的な考え方」の発達の方
向性と育成の可能性を明らかにすることで、当時の小学校社会科における歴史
的学習の役割と存在意義を示したものとして捉えることができるのである。

5　おわりに

　小・中学校のつながりを捉えた歴史的な見方・考え方とその育成に関して
は、以上のような小学校からの発達の視点とともに、中学校（高等学校）にお
いて成長・発展させる（べき）見方・考え方の議論も必要であろう。本稿で取
り上げた高島による実践研究は、その接点を射程に入れた「能力」の発達研究
として捉えられるが、「視点や方法（考え方）」としての歴史的な見方・考え方
にも示唆を与えてくれるのではないだろうか。これまでの歴史意識研究の成果
と課題にも学びながら、各学校・学年段階のつながりを意識した実践とそのあ
り方を考究していくことが求められている。

第3節　小・中学校のつながりを捉えた歴史的な見方・考え方の育成

〈注〉

1　中央教育審議会（2016）の別添資料 3-5 を参照されたい。

2　なお、中等教育段階を対象にした代表的研究成果として、日本社会科教育研究会（1971）
　がある。戦後の歴史意識研究の展開については、宇都宮（2016）等に詳しい。

3　高島によれば、第一の心構えについては、「まず身のまわりの物が誰のものであり、ど
　こでどうして作られたかを知ろうとするようなところからはじまり、どんな物にも由来が
　あることを知り、社会のすべての事象に過去のあることを知り、社会がその構造の上にお
　いて時代的変遷があることとかを理解したり、すべての事象に原因結果の法則を見出した
　りする態度」がこの内容に属するとし、「これは、子どもの成長に従ってどのように発展
　するかを、分析的にとらえることもできよう」としている。

4　具体的な調査方法としては、「過去のようすというようなことに着眼しやすいような、
　以前何かのはいっていたと思われる『空びん』」について、子どもたちに「さまざまな見
　方から質問を発せさせ、問題をつくらせ、書きあげさせてみた（二十七年十月）。そして、
　子どもたちの書いてくれたさまざまの問題から、それがそれぞれどのような見方、どのよ
　うな考え方（着眼の角度）から発せられているかを考究して、これを分析しまとめ」る方
　法が採られ、調査結果の分析枠組には、先述した和歌森による五つの要素が援用されてい
　る（高島 1953b：24-25）。

5　詳細については、高島（1953a）を参照されたい。

〈参考文献〉

宇都宮明子（2016）：歴史意識の教育目的概念化に向けての考察－新しい歴史意識研究の構
　築をめざして－、佐賀大学教育学部研究論文集、Vol.1 no.1、pp.41-53.

木全清博（1985）：『社会認識の発達と歴史教育』、岩崎書店、303p.

齋藤博（1953）：歴史的意識の発達、信濃教育会教育研究所紀要、第 19 集、pp.23-59.

澤井陽介・加藤寿朗編著（2017）：『見方・考え方［社会科編］「見方・考え方」を働かせる
　真の授業の姿とは？』、東洋館出版社、171p.

高島喜雄（1955）：小学校における歴史的学習（二）、学習研究、第 99 号、pp.58-63.

高島喜雄（1953a）：歴史的理解の学年的段階、学習研究、第 69 号、pp.7-17.

高島喜雄（1953b）：歴史的な見方・考え方、学習研究、第 68 号、pp.24-27.

高島喜雄（1952a）：歴史的な見方・考え方、学習研究、第 66 号、pp.38-41.

高島喜雄（1952b）：歴史学習について、学習研究、第 63 号、pp.44-47.

中央教育審議会（2016）：幼稚園、小学校、中学校、高等学校及び特別支援学校の学習指導
　要領等の改善及び必要な方策等について（答申）

日本社会科教育研究会（1971）：『歴史意識の研究』、第一学習社、503p.

文部科学省（2017）：『小学校学習指導要領解説 社会編』

和歌森太郎（1953）：歴史意識の発達、東京教育大学大塚史学会編『歴史教育講座 第一巻 歴
　史教育の理論』、誠文堂新光社、pp.58-87.

第3章　歴史的な見方・考え方を目指す中等社会科・地理歴史科の実践理論

第4節
グローバル化する社会の課題を追究する歴史
教育の創造 ―「社会的事象の歴史的な見方・考え方」を育むために―

佐藤　公（明治学院大学）

キーワード：グローバル化、国際的資質、世界史、歴史総合、学習課題、学習過程

1　「グローバル化」する社会と向き合う社会科教育

（1）「新しい」課題としての「グローバル化」への対応

　本節は、グローバル化する社会に生きる学習者の「資質・能力」育成に向けて歴史教育がどのように貢献できるのか、2017（平成29）年3月告示の新学習指導要領に示された「社会的事象の歴史的な見方・考え方」論に基づき検討するものである。

　社会の変容は、社会的営為としての教育の機能を通じ、我々一人ひとりに求められる社会の担い手としてのあり方にも変容を迫る。今次改訂の方針を裏付けている現状理解とは、学習主体である子供の視点に立ち、加速度的に変化し、予測も困難な「厳しい挑戦の時代」に備える必要の高まりである。新学習指導要領では、現代社会を特徴づける動向として「グローバル化」とその諸相が語られ、「社会に開かれた教育課程」の理念のもと、「カリキュラム・マネジメント」を通じた教育課程全体、さらには学校を中核に社会全体で対応しなければならない教育的課題であることも示された（文部科学省2017a：2）。

　社会が変わり、教育が変わる以上、「グローバル化」する社会を直接的な考察対象とする社会科教育も変わらざるをえない。その変革の方向を示す概念の一つが「見方・考え方」論である。新学習指導要領には、不確実な将来を切り開くための「資質・能力」と、その育成のあり方を示す役割が求められている。すべての教科・領域等での学びを通じて育むべき「資質・能力」は、「知識・技能」「思考力・判断力・表現力等」「学びに向かう力、人間性等」の三つの柱を有するものとして整理され、学習指導要領へ構造的に位置づけられた。この「資質・能力」獲得に向かって作用する、社会科の特質を踏まえた「深い

第4節　グローバル化する社会の課題を追究する歴史教育の創造

学び」へのプロセスであり、プロセスに基づく授業改善の視点と思考のあり方が、いわゆる「社会的な見方・考え方」[1] である。

（2）社会科教育は「グローバル化」をどのように捉えてきたのか

「グローバル化」する社会を捉えること自体、社会科教育においては、これまでも重要な学習内容であり、学習を通じて獲得する「公民的資質」を構成する重要な要素でありつづけてきた。「グローバル化」という概念もまた、地球規模でのヒト・モノ・コトの相互作用と語義どおり解しても、国家や地域とは異なるスケール設定で歴史的事象の因果関係を描くという点において、これまでの社会科教育が担ってきた学習内容に大きな相違を生じさせるものではない。「グローバル化」に対応する「資質・能力」を必要とした社会的背景の下、学校教育及び学習指導要領に変化がもたらされたとしても、ヒトとモノの移動が加速し、その結果として社会が変容し続けてきたという事実と、その事実の形成過程を捉えるという歴史教育の意図してきたところもまた変わらない。

「グローバル化」をめぐる歴史教育のあり方を振り返るとき、一つの画期として指摘しうるのは、高等学校社会科再編の結果として「地理歴史科」「公民科」が成立し、「世界史必修」となった 1989（平成元）年の学習指導要領の登場である。再編の理由は、情報化や国際化の進展といった社会の急速な変化を考慮し、従来の「公民的資質」に加えて、いわゆる「国際的資質（＝国際社会に主体的に生きる民主的、平和的な国家・社会の一員として必要な自覚と資質）」の育成をはかるためとされた（表1）。

同時に、社会科の枠組みが継続した中学校の目標との接続を捉えてみると、社会科としての接続と一体性の観点から「国際社会」という文言が追加されている（表2）。小学校の目標の文言も同様に改定され、社会科における究極目標とされてきた「公民的資質」に加え、いわゆる「国際的資質」もまた育成することが明示されたことにより、社会科再編に伴う社会諸教科の有する目標の一貫性は保証され、「心配された断絶は原理的には防がれた」（原田 1994：321）のである。

さらに、今次改訂では、高等学校地理歴史科における必修科目が「世界史」から「歴史総合」「地理総合」へと変更された。新たに設置される「歴史総合」は、主に 18 世紀以降の世界と日本を関連づけて学ぶ、従来の「世界史A」と

165

第3章　歴史的な見方・考え方を目指す中等社会科・地理歴史科の実践理論

表1　高等学校社会科（1978 年版）及び地理歴史科・公民科（1989 年版）の目標

1978 年版 社会科	広い視野に立って、社会と人間についての理解と認識を深め、民主的、平和的な国家・社会の有為な形成者として必要な<u>公民的資質</u>を養う。
1989 年版 地理歴史科	我が国及び世界の形成の歴史的過程と生活・文化の地域的特色についての理解と認識を深め、国際社会に主体的に生きる民主的、平和的な国家・社会の一員として必要な自覚と資質を養う。
1989 年版 公民科	広い視野に立って、現代の社会について理解を深めさせるとともに、人間としての在り方生き方についての自覚を育て、民主的、平和的な国家・社会の有為な形成者として<u>必要な公民としての資質</u>を養う。

（「高等学校学習指導要領」（1978 年版及び 1989 年版）より作成、強調は筆者）

表2　中学校社会科（1977 年版及び 1989 年版）の目標

1977 年版 社会科	広い視野に立って、我が国の国土と歴史に対する理解を深め、公民としての基礎的教養を培い、民主的、平和的な国家・社会の形成者として必要な<u>公民的資質の基礎</u>を養う。
1989 年版 社会科	広い視野に立って、我が国の国土と歴史に対する理解を深め、公民としての基礎的教養を培い、<u>国際社会に生きる</u>民主的、平和的な国家・社会の形成者として必要な<u>公民的資質の基礎</u>を養う。

（「中学校学習指導要領」（1977 年版及び 1989 年版）より作成、強調は筆者）

「日本史A」を統合したような内容構成となった。その設置趣旨には、学習者すなわち自国史の視点から世界の歴史を捉えるこれまでの学びからの転向を図り、学習者の視点そのものが自国と自国を取り巻く諸外国及び世界との相互関係の下で構築されたものであるという認識の必要が示されている[2]。

　以上のように、今次改訂は、これまでも社会科、特に直接的には地理歴史科成立とそれに伴う「世界史」必修を通じて担うとしてきた国際化への対応という役割を引き継ぎつつ、新たな時代の課題として加速する「グローバル化」への対応を実現するものであった。

　新学習指導要領下の社会科の目標は、これまでの国際社会の変容とその方向性を指し示す表現として「グローバル化」を用い、以下のように提示された。

> 「社会的な見方・考え方を働かせ、課題を追究したり解決したりする活動を通して、<u>グローバル化</u>する国際社会に主体的に生きる平和で民主的な国家及び社会の形成者に必要な公民としての資質・能力の基礎を次のとおり育成することを目指す。」（一部強調、下線は筆者）

　目標には、「見方・考え方」の文言も新たに追加されている。「見方・考え方」それ自体には、歴史教育を通じた「資質・能力」の育成をはかる方策として授業実践の場に取り入れ、実践を振り返り、改善するためのツールとなることが求められている。つまり、「見方・考え方」論に基づく社会科とその授業実践改善の方向性は、歴史教育の学習内容そのものに大きな見直しを迫るもの

第4節　グローバル化する社会の課題を追究する歴史教育の創造

というよりも、これからの時代に必要とされる「資質・能力」の育成という観点から授業実践のあり方を捉え直し、学習の成果が身についているのかどうか、身についていないとしたらどのように子どもの学びを改善していくのかといった、学習内容及び授業方法の見直しに役立てられることにある。

2 「社会的事象」を歴史的に捉える「見方・考え方」

(1) 社会科「見方・考え方」論における歴史学習

　新学習指導要領に示された「見方・考え方」は、一般的な文脈においても使用される「見方」「考え方」という語が「・」によって結ばれ、教育課程全体を貫き用いられ、特定の定義を持つ用語として取り扱われるようになった。学校が地域や家庭との連携、教員養成のあり方も含む大きな教育改革の中にあって、社会科の特性を反映した「社会的な見方・考え方」が、「グローバル化」を含む将来的な社会のあり方を展望し、課題を捉え活用しうるものなのか。歴史学習に関する「見方・考え方」のあり方について、初等教育と中等教育との接続及び系統性を視野に入れ整理する（図1）。

　「社会的な見方・考え方」（図中②）は、学校段階及び分野、科目等に応じてさらに詳細な説明が加えられており、相互に接続、発展するイメージが用いられている。歴史学習に関連する「見方・考え方」は、直接的には、中等教育を通じて活用が想定されている「社会的事象の歴史的な見方・考え方」（図中⑤）となるが、「見方・考え方」の接続、発展の観点に立てば、初等教育における「社会的事象の見方・考え方」（図中③）を基盤として設定されたものである。

　この、歴史教育に関連する二

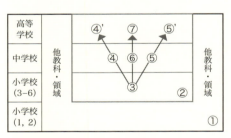

① 各教科等の「見方・考え方」
② 「社会的な見方・考え方」
③ 「社会的事象の見方・考え方」
④ 「社会的事象の地理的な見方・考え方」
⑤ 「社会的事象の歴史的な見方・考え方」
⑥ 「現代社会の見方・考え方」
⑦ 「人間と社会の在り方についての見方・考え方」

図1　「社会的な見方・考え方」のイメージとその接続（筆者作成）

第3章　歴史的な見方・考え方を目指す中等社会科・地理歴史科の実践理論

つの「見方・考え方」の説明を抜き出すと、以下のようになる。各学校段階での目標に基づき歴史学習を構想する際に、「見方・考え方」論が提起する課題もまた学校段階によって異なる様相を呈する。

③「社会的事象の見方・考え方」：位置や空間的な広がり、時期や時間の経過、事象や人々の相互関係に着目して、社会的事象を捉え、比較・分類したり総合したり、地域の人々や国民の生活と関連付けたりすること。
⑤「社会的事象の歴史的な見方・考え方」：社会的事象を時期、推移などに着目して捉え、類似や差異などを明確にしたり事象同士を因果関係などで関連付けること。
（文部科学省 2017b：7）

　まず、小学校社会科における「見方・考え方」の位置づけを改めて捉えると、社会諸教科全体を貫く系統性を考慮した場合、かなり大きな役割を担っていることが分かる。上位の学年、学校段階との接続を見通すと、それまでの学習や生活の経験の蓄積が分化し、中学校では三分野固有の目標とその「見方・考え方」の萌芽すべてを獲得する機会として位置づけられている。一方、社会科に先立って学ばれる生活科や、幼児教育との接続まで考慮に入れると、個々の子どもの気づきや生活経験を活かした学習との接続や発展が求められている。さらに、学習内容に目を向けると、市区町村、都道府県といった広がりへと拡張しつつ、一体となって学習者の眼前に存在する社会的事象の中に「いつから／いつまで」「始まり／終わり」といった時間的変遷の要素を見出すような学習が求められている。これは、学習者自身の生活経験の中に見いだされた歴史的な事象に関する学びを「位置や空間的な広がり」「時期や時間の経過」「事象や人々の相互関係」といった、中学校社会科における三分野の特性を踏まえた「見方・考え方」の芽を育む要素と関連付けながら、「時期や時間の経過」を捉えるとする歴史学習の特徴を明確にする役割に基づくものである。

　次に、中等教育においては、中学校及び高等学校という学校段階とその接続を通じた「社会的事象の歴史的な見方・考え方」の発展を想定しなければならない。中学校では、地理・歴史・公民の三分野への分化に対応して、それぞれの特性を示す「見方・考え方」が設定されている。「いつから／いつまで」「始まり／終わり」としていた時間的展望に区切りをもたらすだけでなく、「原因／結果」という因果関係を一事象や複数の事象間にも見出し、説明できることが求められるようになる。一方、高等学校では、「歴史総合」を通じて獲得した、現代社会の来歴を考察する直接的な土台となる近現代史の理解を基盤に、歴史

第4節　グローバル化する社会の課題を追究する歴史教育の創造

的な諸事象の因果関係を追究する場面として「世界史探究」「日本史探究」という科目の特徴を活かしていくことが必要である。そして、このような一連の歴史的事象に関する「見方・考え方」を用いて、単に学習内容としてそのような社会認識を必要とするだけではなく、自ら主体的に関わり、創造主体として関わる必要性の自覚に基づいた、歴史的事象の探究が行われなければならない。歴史学習の積み重ねを通じて、自らの現実社会と将来展望に基づく「資質・能力」の育成に貢献することが、この段階で可能になるのである。

（2）「社会的事象の歴史的な見方・考え方」による学習課題の創造

　歴史教育が、学校教育に対する社会的要請や現代的な課題への対応しうる実践としてどのようにして構築されるのか。「見方・考え方」には、学習課題を授業実践レベルで具体化される「問い」として創造するだけでなく、「問い」に向かって活動を組織し、解決する方向を示す機能が求められる。この学習課題の「創造」と「解決過程」との関連がどのように構想されるか、論じてみたい。

　図2では、学習課題の創造が、「社会的事象の見方・考え方」に示された3つの要素が合成される場において行われることを示している。縦軸に、歴史学習を通じて獲得される「社会的な見方・考え方」である「時期や時間の経過の視点（X軸）」を位置づけた。歴史学習の成果は、この軸を生活経験から見出し、それを社会の来歴と重ね合わせて拡張し、いずれは自身の社会的な課題と向き合う際の時間的な展望を示す「ものさし」として活用されるものである。さらに、社会的事象を構成する要素としての「位置や空間的な広がりの視点（Y軸）」「事象や人々の相互関係の視点（Z軸）」に向けられた興味や関心に基づいて、学習者は自らの生活経験や身近な社会の中に見いだされる社会的な課題とそれに関わる事象を選択する。

　図中①では、「いつから／いつまで」という時間に関する条件設定を基本として、空間的な視点や相互関係的な視点を伴いつつ、社会的事象に関する学習課題が合成され、その課題にもとづき学習活動が展開することで、学習者が「資質・能力」を獲得することに資するという学習モデルを示している。図中②では、①の学習モデルをもとに「時期や時間の経過の視点（X軸）」を拡張しつつ、対応して「位置や空間的な広がりの視点（Y軸）」「事象や人々の相互関係の視点（Z軸）」も広がることで、学習者が、より多角的に社会的事象に

第3章　歴史的な見方・考え方を目指す中等社会科・地理歴史科の実践理論

迫ることを可能にしている学習モデルを示している。

　ここまでは、学習者自身の生活経験から離れ、学習者を取り巻く社会全般へと認識が広がった段階である。この段階を、現実的な課題の把握とその解決へとつなげていくためには、「社会的事象の見方・考え方」が含む三つの視点が一体となって作用することで育まれる、社会的事象における学習課題を見出す力が必要となる。現実社会の中に学習課題を見出し、学習課題の解決に向け学習活動を組織するための視点と考え方こそ社会科「見方・考え方」論の目指すところであり、時間軸から出発して、社会的事象の中に見出し

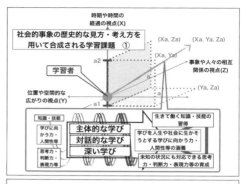

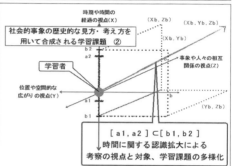

図2 「社会的事象の歴史的な見方・考え方」を用いて合成される学習課題　　（筆者作成）

うる学習課題を空間軸、相互関係軸とともに「合成」できた時、「社会的事象の歴史的な見方・考え方」が学習活動において作用したといえるのである。

（3）「社会的事象の歴史的な見方・考え方」による学習過程の段階と社会認識

　学習課題の解決過程については、「見方・考え方」に基づいて見出したその発展も視野に入れると、五つの段階に整理できる。この段階とは、「①学習課題を把握し解決しようとする」「②課題追究の過程で予想と仮説の検討を通して考察、判断を行う」「③課題解決と獲得した成果の振り返りの考察、まとめ」「④「見方・考え方」の活用に基づいた学習問題の多角的展開と社会認識の拡張」（図3）そして「⑤学習内容の深まりに合わせて「問い」を構想し解決する力の育成」である（図4）。

　図中①・②は、学習者の生活経験との直接的な接続を基盤に、学習課題の発

第4節　グローバル化する社会の課題を追究する歴史教育の創造

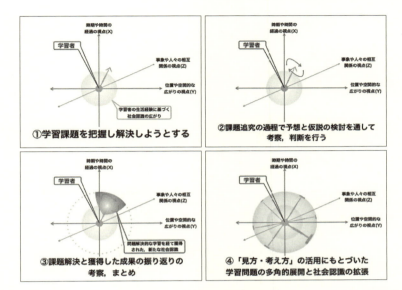

図3　「見方・考え方」に方向付けられた学習課題の解決過程（その1）（筆者作成）

見と学習過程における多角的な考察を通じて、生活圏よりも拡張された社会的事象に関する認識の獲得の様子を想定している。その際、一つの事象に対する考察や資料が多角的になることにより、学習課題及び学習過程の方向が拡張し、結果として学習者の経験領域全体に広がるという見通しを確保することにつながる。この段階での歴史的な「見方・考え方」とは、学習者を中心として「いつから／いつまで」という時間や時代の区切りに基づく時間的な広がりに関わる認識に基づくものである。

　図中③・④は、中等教育以降も見据えた、必ずしも学習者の直接的な生活経験や社会経験によらない段階である。三つの「社会的な見方・考え方」の要素の特性にあわせて一層理解を深め、自身の将来的な展望と直結するような社会的課題と向き合う段階を想定している。この段階では、社会の来歴を示した通史学習により、「時期や時間の経過の視点（X軸）」の広がりを獲得し、同時に「始まり／終わり」という歴史的事象の一回性とその繰り返しにより生成された時間の範囲を見通す軸を作る。

　図中⑤は、学習者の現実社会において直接対峙する社会的課題と向き合う段

171

第3章　歴史的な見方・考え方を目指す中等社会科・地理歴史科の実践理論

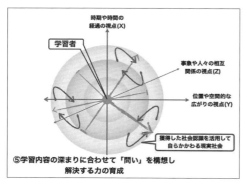

図4 「見方・考え方」に方向付けられた学習課題の解決過程（その2）（筆者作成）

階である。学習者が獲得した「見方・考え方」を活用し、自らの社会生活において解決が迫られる学習課題を創造し、学習者なりの解決策の模索、実行場面を想定している。この段階では、これまでに獲得した「社会的な見方・考え方」を活用し、現代社会の問題に向き合う学習課題の解決に向け、学習内容を時間軸に沿った因果関係として考察しつつ、時間軸そのものをより精緻化する作業としての探究が行われる。

　以上のような、「社会的事象を歴史的に捉える見方・考え方」を用いた学習課題の創造と解決に迫る学習過程の繰り返しにより、「グローバル化」する現実社会を捉え、関わるために必要な「資質・能力」獲得が可能になるといえる。

3　「社会的事象の歴史的な見方・考え方」を軸とした歴史学習の構築

　「グローバル化」と称される急速な社会変容の中、社会の来歴より時間的展望を見出しにくい現状において、歴史学習がどのように「資質・能力」の育成に貢献しうるのか。一つの方策が、「社会的な見方・考え方」を活かした学習であるとされている。しかしこの学習は、社会科に何か新しい学習内容をもたらすものではなく、自らの手で未来を切り拓くことが求められる学習者の「資質・能力」を、自らの学習課題と課題解決の過程の構想及び実践を通じて高めるものである。そのために学習者は、社会的な課題そのものを自ら見出し、学習課題として構成し直さなければならない。学習課題を明確にするためには、捉えるべき社会の時間的な来歴と展望を、社会変容を捉える軸とする視点が一層大切になる。そして、学習課題とその解決をめぐる一連の学習過程そのものが、社会認識を新たにし、また新たな学習課題を見出すことにつながる。

　この学習課題とその解決、さらには新たな課題生成といった、一連の学びの往還を実現し、社会認識を広め、深めることをどうやって実現するのか。各学

第4節　グローバル化する社会の課題を追究する歴史教育の創造

校段階で発揮される学習者の育ちや学びの特性を踏まえつつ、各教科等の特性を活かして必要とされる「資質・能力」の育成を教育課程全体ではかることの困難さは、「見方・考え方」それ自体の体系によって見通しを得ることでしか解消されない。「見方・考え方」論が提起した問題であり、新しい時代の教育が向き合い、教育実践を通じて解決しなければならない課題である。

　同時に、このような課題は、特定の学校段階や各学校単位の教育活動だけでは解決しない。現実社会に目を向け、学習者自らの課題意識を涵養し引き出すためには、学校という場だけの学びではなく、社会との接点が必要となる。各教科・領域を貫く要素が「見方・考え方」という視点と考え方である以上、学習内容とその選択配列を含む学習計画の側面では、「カリキュラム・マネジメント」という概念とその発想とともに実現していかなければならない、学校教育全体で取り組むべき課題に位置づくものでもあるといえよう。

〈注〉

1　「社会的見方・考え方」は、校種の段階や分野・科目の特質を踏まえた社会諸教科に関連する「見方・考え方」の総称として説明されている（中央教育審議会 2016：133）。

2　「共通必履修科目については、世界史必修を見直し、世界とその中における我が国を広く相互的な視野から捉えて、現代的な諸課題の形成に関わる近現代の歴史を考察する「歴史総合」…を設定すること。」（中央教育審議会 2016：108-109）

〈参考文献〉

中央教育審議会（2016）：幼稚園、小学校、中学校、高等学校及び特別支援学校の学習指導要領等の改善及び必要な方策等について（答申）（http://www.mext.go.jp/b_menu/shingi/chukyo/chukyo0/toushin/__icsFiles/afieldfile/2017/01/10/1380902_0.pdf）

原田智仁（1994）：地理歴史科と社会科とのちがいは何か、社会認識教育学会編『社会科教育学ハンドブック』、明治図書、pp.317-326.

文部科学省（2017a）：『中学校学習指導要領』（http://www.mext.go.jp/component/a_menu/education/micro_detail/__icsFiles/afieldfile/2017/06/21/1384661_5.pdf）

文部科学省（2017b）：『中学校学習指導要領解説　社会編』（http://www.mext.go.jp/component/a_menu/education/micro_detail/__icsFiles/afieldfile/2017/12/04/1387018_3.pdf）

173

第3章　歴史的な見方・考え方を目指す中等社会科・地理歴史科の実践理論

第5節
オーラルヒストリーが育む
歴史的な見方・考え方

藤井大亮（東海大学）

キーワード：オーラルヒストリー、現在思考と歴史的思考、歴史的パースペクティヴの取得、歴史的エンパシー

1　歴史的な見方・考え方を探る

　市民社会を担っていく中学生や高校生が、なぜ歴史を学ぶ必要があるのか。歴史的な見方・考え方の育成という観点から、大きく次の2つの立場を考えることができるだろう。

　1つ目は、現在のことをより良く考えるために過去を参照する、という立場である。過去から連綿と続く流れがあり、その延長に現在はある。現在と過去の「連続性」や「つながり」に着目し、今日の社会に生起している事象のルーツを、過去の社会のなかに探ろうというのである。例えば、初期社会科における問題解決学習としての歴史学習は、現在の問題を解決するために過去を参照するという立場をとっているので、この類型として位置づけられる。

　2つ目は、過去を学ぶこと自体に意味を見いだす立場である。過去の社会のあり方と現在の社会のあり方はさまざまな点で異なっている。例えば、古代の社会では、その担い手として奴隷が当たり前のように存在していた。そのような社会では、民主主義が成熟した現代の産業社会と比較して、人々の人権感覚は発達していなかった。そうした社会が、現在とは異なるあり方で、過去には存在したのである。そのことを学ぶこと自体に、意味を見いだすことができる。なぜなら、過去を学ぶことを通してはじめて、現在を相対化する視座が得られるからである。いま現在の社会のあり方は必ずしも自明ではないし、絶対的なものでもないのだ。そのように考えられてはじめて、現代社会の課題を冷静に見つめなおし、より良く改善していこうという、健全な批判精神も生まれてくるのではないだろうか。こうした2つの過去への向き合い方があるとすると、歴史的な見方・考え方とは、後者のほうに通じる考え方だと思われる。

174

第5節　オーラルヒストリーが育む歴史的な見方・考え方

　歴史的に物事を見たり考えたりするというのはどういうことだろうか。本論では、歴史的な見方・考え方の具体を明らかにするために、歴史的思考力に関する議論を参照する。世界的な潮流として、歴史的思考力の育成が歴史教育の目標として掲げられている。我が国の学習指導要領においても記載され、その育成が目指されている。しかし、その具体的な内容については詳述されていないため、研究者や教育者の間で共通理解が図られているとは言いがたい。

　そこで以下では、次のような手続きで論を進める。まず、歴史的思考力について、理論的なものだけでなく実証的な研究の蓄積もなされてきた英語圏の先行研究を手がかりに、歴史的な見方・考え方の具体的内容を明らかにする。次に、歴史的な見方・考え方を育むための手法としてオーラルヒストリーに着目し、その実践例を歴史的な見方・考え方の育成という観点から分析する。そのうえで、オーラルヒストリーを用いた歴史学習を通して、どのような歴史的な見方・考え方を育むことができるか、可能性と課題を論じる。

2　英語圏における歴史的思考力研究と歴史的な見方・考え方

（1）英語圏における歴史的思考力研究

　歴史的思考力について認知心理学の立場から研究したサミュエル・ワインバーグは、歴史的思考を「過去にそこにいた人々の目をとおして見ること」であるとし、歴史の専門家たる歴史家が行う「歴史的に思考する」という行為は、普通の人々が普段用いることがないという意味で、「不自然な」行為であると指摘する（Wineburg2001：11）。では、その歴史的思考（力）というのは具体的には何を意味するのだろうか。イギリスのナショナルカリキュラムやアメリカ合衆国のスタンダードをはじめ、また各種の研究プロジェクトなどでも、さまざまな歴史的思考（力）の定義や類型が提案されている。それらを概観すると、歴史的思考力をいくつかの要素に類型化して捉える考え方が主流である。

　代表的なものを挙げると、ペーター・セーシャスを中心とするカナダの研究チームは6つの構成要素からなる歴史的思考の類型を提案している（Seixas and Morton 2012, Seixas and Peck 2004）。具体的に6つの歴史的思考を列挙してみよう。①歴史的重要性を立証すること、②一次史料を証拠として用い

ること、③継続と変化を特定すること、④原因と結果を分析すること、⑤歴史的パースペクティヴを取得すること、⑥歴史解釈における倫理的な問題を理解すること、である。

　内容について簡単に見ていくと、①は「どの出来事や人物が、人々や環境に対して最も長い期間にわたり、最も大きなインパクトを与えたのか」（Seixas and Peck 2004：111）ということを考える思考である。過去に起こった出来事のすべてを歴史として叙述することはできない。そのため、歴史として見たときに何がどれだけ重要かという選択の視点や重要度を判断する思考がでてくるのである。

　②は、何を根拠に歴史を考えるのかという史料論や認識論である。「我われは過去についてのどんな叙述を、何を根拠に、どのような点に留意して信じればよいのか」（前掲書：111）ということを考える思考である。

　③は、時系列で物事の変容を捉えていく思考である。「経年の変化を理解していくことは、歴史的思考の中核を成している」（前掲書：112）が、ある事象の継続について考える際には、その事象を捉える概念（例えば、宗教という歴史概念など）が、時代を超えて適用可能かどうかに留意する必要がある。

　④は、物事を原因と結果の関係で捉え、分析していく思考である。この思考は③とも関連し、まず原因があって、その影響でのちに結果が起こる、という思考は、時系列的な思考によって可能になる。

　⑤は、歴史的文脈の中で過去の出来事や人々について考えるということである。「過去の人々は、今とは違った状況（例えば、技術、家屋、政治制度）を生きてきたというだけでなく、異なる信念体系に基づいて世界を経験し解釈してきた」（前掲書：113）。このことをありのままに捉えることが歴史的思考である。

　⑥は、歴史を解釈する際、倫理的な側面を考慮する思考である。過去の事象に対して倫理的判断を行う際には、「過去に対して我われの基準を時代錯誤に押し付けるのではなく、我われの倫理観と過去の人々の倫理観の違いを理解するという『共感的な理解』が求められる」（前掲書：113）。過去の出来事や人物を現在の価値観で断罪してしまうのは、歴史的思考とは言えないのである。

　このように、歴史的思考には多様な内容が含まれているが、筆者がとくに

第5節　オーラルヒストリーが育む歴史的な見方・考え方

着目したいのは上記の⑤の「見方・考え方」である。パースペクティヴ（perspective）は、視点や視角、視野などとも訳されるが、historical perspectiveと言う際には、当時の状況に即して物事をみる「見方・考え方」のことを指していると考えられる。この「過去にそこにいた人々の目を通して過去を見ること」が、狭義の歴史的な見方・考え方と言えるのではないだろうか。他方で、歴史的な見方・考え方を広義に捉える場合には、その内容として、上述の6つの歴史的思考が要素として含まれてくると考えることができる。

（2）歴史的パースペクティヴの取得―現在思考と歴史的思考―

　歴史的パースペクティヴの取得は、「歴史的エンパシー　Historical Empathy」[1] とも呼ばれる。ここで言うエンパシーとは、「我われの持っているのではないパースペクティヴを通して、世界を見たり理解したりする能力である」（Seixas and Peck 2004：113）。そこで求められるのは、他者の置かれた立場へ自らを投じ、「想像する」ことである。この際に重要なのは、確かな歴史的証拠（史資料）をもとに「想像する」ということである。ローザリン・アシュビーとピーター・リーは、「歴史学習におけるエンパシーとは、成果である。それは、他者の信念、価値観、目標、そして付随する感情をうまく復元できたときに得られる成果である」（Ashby and Lee1987：63）と述べている。

　ウルリッヒ・ハートマンとマーカス・ハッセルホーンは、歴史的パースペクティヴの取得という概念について、3つの要素から理論化している（Hartmann and Hasselhorn 2008）。1つ目は「現在主義」（presentism）である。これは、現在の感覚で歴史上の人物や出来事を評価する「見方・考え方」のことを指している。現在主義を脱却できない思考では、現在中心のパースペクティヴしか取得できず、むろん歴史的パースペクティヴは取得できない。このような自己中心的な思考は、歴史的思考に対して、「現在思考」と呼ぶことができる。

　2つ目は「文脈思考」（contextualization）である。これは、歴史的文脈のなかで、すなわち当時の時代状況のなかで、その時代の出来事や人物の行為について考える思考である。こうした思考が「歴史的思考」であると考えられる。

　3つ目は「歴史エージェント思考」である。これは、歴史上の行為者（歴史エージェント）がその時代状況のなかで担っていた役割を考えていく思考であ

177

る。歴史上の人物の行為を理解しようとすると、その人物が当時の時代状況下でどのような役割を担っていたのかを考えていく必要がある。しかしながら生徒は、例えば父親など、自分がよく知っている役割から類推して考えてしまうこともある。それでは完全な「文脈思考」とは言えないが、自分視点の現在思考から脱却する契機としては、意味のある思考であるとされている。

　歴史的思考には段階があるとすると、いかにして生徒を歴史エージェント思考へ、さらには文脈思考へと導くかが課題になる。過去を生きた人々の目線で過去を見ることは簡単ではない。なぜなら、現在の自分たちから類推して、過去の人々も自分たちと同じように考えたはずだと、生徒は無自覚に思い込んでしまうからである。過去の世界も一つの異文化だとすると、今という文化的バイアスがかかった状態で、過去を見てしまうのである。本論では、この問題への打開策として、オーラルヒストリーという歴史へのアプローチを提案したい。

3　オーラルヒストリーを用いた歴史学習の実践例

　オーラルヒストリーとは、「テクノロジーの進歩によって発達した録音機器を用いて、人々にその経験を聞き、録音して、書き起こした史料を基に歴史を描いていく手法」（酒井 2008：26）である。オーラルヒストリーの学校教育における代表的な実践として、アメリカ合衆国ジョージア州のフォックスファイヤー・プロジェクト（The Foxfire project）が挙げられる。このプロジェクトは 1966 年に成立して以来、今日まで継続しており、その歴史や知名度、成果、影響力といった点で他を圧する存在である。オーラルヒストリーの第一人者である社会史の研究者ポール・トンプソンは、「中等教育におけるオーラル・ヒストリーの指導が最も普及している例を知るには、アメリカ合衆国を見なければならない。というのは、何年もの間みごとに成功したフォックスファイヤー・プロジェクトに匹敵するものはヨーロッパにはなかったからである」（トンプソン 2002：196）と述べ、このプロジェクトを高く評価している。

　このプロジェクトが名声を博したのは、単に生徒が地域社会に住む人々からオーラルヒストリーを収集するだけでなく、それをもとに雑誌「フォックスファイヤー」（The Foxfire magazine）を制作し、販売したからであった。そ

第5節　オーラルヒストリーが育む歴史的な見方・考え方

の結果、同誌を編集した一連の選集が累計 900 万部以上のベストセラーとなり、これに触発された類似の実践をあまた誕生させることとなったのである。

　プロジェクトの方法は、その後、フォックスファイヤー・アプローチ（the Foxfire Approach）と呼ばれる教育理論として体系化されていく。アメリカ合衆国では、フォックスファイヤー・アプローチを取り入れた各教科の授業実践が展開されている（藤井 2009）。社会科教育の分野でも、プロジェクト・アプローチの典型的な事例として、フォックスファイヤー・プロジェクトとフォックスファイヤー・アプローチが取りあげられている（Singer2015）。

　雑誌「フォックスファイヤー」には、個人のライフヒストリーや家族史、町の有名な建物や廃線になった鉄道の歴史など、オーラルヒストリーにもとづく多様な記事が掲載されている。そのなかで本論では、Ｆ．ルーズベルトのニューディール政策の1つで、失業青年の救済と国有林などの自然資源の保護を目的とした民間植林治水隊（The Civilian Conservation Corps：C.C.C.）についての2冊の特集号（Wigginton1982; 1983）を取りあげる。

　当時、プロジェクトを指導していた高校教師エリオット・ウィギントンは、どのような問題意識からこのテーマを選んだのであろうか。特集号の序文のなかでウィギントンは、合衆国史の教科書の記述を引用しつつ次のように論じている。「C.C.C. プログラムは私たちの郡に現在も暮らしている多数の人々の生活に対して、直接的に非常に大きな影響を与えた。そして、彼らの孫として今日そのことを記した教科書を読む生徒に対しても、間接的に影響を与えている。実際、私たちの小さな郡だけで4つの異なる C.C.C. キャンプがあったし、それらの存在は当時ここに住むほとんどすべての人の生活に影響を及ぼしたのである。にもかかわらず、ここにいる生徒はそれについて書かれた教科書をただ読むだけであり、そこでは過去の現実との関わりが切れてしまっている。そして、その実、このひとつのパラグラフからでは、C.C.C. プログラムの名称と目的でさえ、おそらく生徒は忘れてしまうのではないか」（Wigginton 1983）。

　こうして民間植林治水隊をテーマにしたオーラルヒストリーが実践されることとなる。その成果である 1982 年冬号（Vol.16, No.4）についてまずは見てみると、文献研究にもとづく C.C.C. の小史、C.C.C. の監視員のライフヒストリー、C.C.C. コースの概略、C.C.C. 経験者のライフヒストリー、C.C.C. の

179

第3章　歴史的な見方・考え方を目指す中等社会科・地理歴史科の実践理論

キャンプ F1 に所属していた人による第 2 回目の同窓会の様子といった内容に
なっている。次に、1983 年春号（Vol.17，No.1）では、世界恐慌時の社会・
経済状況、C.C.C. への入隊の様子、具体的な仕事内容、食事・食料事情、余
暇・自由時間、教育、懲罰、事故、総合的な分析といった内容が記事になって
いる。歴史教科書には載っていない多様なトピックがオーラルヒストリーを通
して掘り起こされており、世界恐慌を人々が当時どのように生き抜いたのかが
明らかにされている。実際にその時代にその場所で生活し、出来事を目撃した
人だからこそ語れる、具体性に富む内容となっている。

　例えば、世界恐慌時の社会・経済状況についての経験者の語りが記事になっ
ている。「…（前略）…当時は配給がありました。政府が人びとに食べ物を提
供していたのです。そして、人びとは本当にお腹が空いていました。ですから
彼らのうち何人かは、受け取ったパンを家に持ち帰るまで待ちきれませんでし
た。彼らはパンを手にするやいなや、それをほおばり始めたのです。もし彼ら
の手にビスケットなどの食べ物があったならば、彼らは家に持ち帰ってそれを
食べるという余裕はありませんでした。彼らは大変お腹が空いていたので、そ
の場で食べてしまうのです。自分が言いたいのは、それは何ともひどい話だと
いうことなのですが、当時は多くはそういった状況だったのです。しかし、私
は C.C.C. キャンプに来て、一日 50 セントを稼ぐようになり、そしてそれか
らは大丈夫でした。私はそういった日常を受け入れて生きることができたので
す。…（後略）…」（Wigginton 1983）。これを読むと、世界恐慌がどれだけ
人々に困難をもたらし、そのなかでも人々はなんとか生き抜いたこと、民間植
林治水隊が人々にとってどんな意味があったのかが理解できる。

　オーラルヒストリーをもとにした記事は、当事者の語り（証言）によって構
成されている。執筆した生徒は、語り手のパースペクティヴを通して世界恐慌
の現実を理解したと考えられる。この過程を少し詳しく考察してみたい。高校
生はオーラルヒストリーを通して、世界恐慌を生きた人々の当時の状況を知る
ことになる。初めて聞く話も多いだろうし、世界恐慌が実際はどうだったの
か、リアリティとインパクトを伴って理解するだろう。次に生徒は、テープ起
こしという作業を通して、何度も何度も語り手の言葉に耳を傾けることにな
る。さらに、原稿を編集して記事にしていくなかで、語りの内容を吟味すると

180

第5節　オーラルヒストリーが育む歴史的な見方・考え方

ともに、語り手の人格に想いを馳せ、どうしたら語り手が伝えたかったことを読者に伝えられるかを考えていく。こうした一連のプロセスを通して、高校生は語り手という他者に視点を合わせて、その思考に寄り添っていく。この過程で、生徒は現在思考を離れて、歴史エージェント思考と文脈思考を働かせ、歴史的パースペクティヴを取得していくのである。

　オーラルヒストリーと文献史料では、歴史的パースペクティヴの取得に際して、エンパシーの対象が異なる。長い人類の歴史を振り返ると、文書に記録を残してきたのは時の権力者や知識人である。したがって、文献史料を通してなされるエンパシーの対象は、その時代の偉人やエリートである。獲得されるのは権力者や知識人のパースペクティヴになる。これに対して、オーラルヒストリーでは民間植林治水隊のプロジェクトに見られるように、市井の人々へのエンパシーも可能になる。民衆がどのように歴史を生きたか。過去の出来事を経験し、そこで何を考えたかが共感的に理解されるのである。

　エンパシーの方法についても、文献史料から想像するのと、経験者や目撃者から対面で話を聞くのとでは、リアリティやインパクトが異なり、学習効果にも差が出てくる。実際、ドイツのチュービンゲン大学の研究チームが実施した大規模調査では、録画した映像、インタビューの書き起こし記事、教科書を使った講義と比べて、オーラルヒストリーを用いた授業の学習効果が高いことが明らかにされた（Bertram et al. 2017）。再びエリオット・ウィギントンの言葉を借りれば、「最も印象的で、説得力がある記録は、常に、その場に居合わせた者の記憶から齎されるものだからである」（Wigginton 1983）。過去にそこにいた人々に強力にエンパシーできる点がオーラルヒストリーの特質である。

4　歴史的な見方・考え方の育成－オーラルヒストリーという活路と隘路－

　過去の世界をありのままに理解することは難しい。我われは現代の感覚で過去の人物や出来事を捉えてしまいがちだからである。歴史学習の難しさは、つまるところ、過去世界という異文化を生きる他者を、現代に生きる我われがどのようにして理解できるのか、という問題にある。

　歴史的な見方・考え方を育むには、当時の時代状況に即して、すなわち、そ

181

第3章　歴史的な見方・考え方を目指す中等社会科・地理歴史科の実践理論

の時代を生きた人々の経験を通して、その時代の出来事を捉えさせる必要がある。フォックスファイヤー・プロジェクトの事例が示すように、オーラルヒストリーは、民衆視点からの歴史的パースペクティヴを取得し、歴史を考えていくために有効なアプローチである。

　その一方で、「目撃者が実際に経験した過去という事実は、それ自体があまりにも信頼できる、確固たるものであり、それゆえ個人として目撃者と対話した生徒は、彼らの証言に対して批判的なアプローチを取るために必要な距離を、適切に取るということが困難である」(Bertram et al. 2017) という指摘もある。ここに、オーラルヒストリーという歴史へのアプローチの隘路がある。つまり、語りのインパクトがあまりにも強いと、聞き手がその証言をすべて信じてしまい、それを批判的に捉え直していくことが困難な場合もあるということである。

　したがって、広義の歴史的な見方・考え方、とくに②「一次史料を証拠として用いること」に立ち返ることが重要になる。1つは、オーラルヒストリー・インタビューの記録を、歴史を考えるための一次史料として対象化し、冷静に分析してみることである。2つ目に、文献史料とインタビューの記録を突き合わせて事実を検証していくことも有効である。こうすることで歴史エージェントから離れて、距離をとることができる。オーラルヒストリーの隘路を抜け出すには、広義の歴史的な見方・考え方のなかに歴史的パースペクティヴの取得を位置づけ、総合的に歴史的な見方・考え方の育成を考えていく必要がある。

　歴史的な見方・考え方を育んでいくには、歴史の行為者にエンパシーすることを通して、彼らの行為を内在的に理解したのちに、ずっとそこにとどまって同化しているのではなく、そこから離れて距離をとり、再びその人物や出来事について客観的に考えていくことが必要である。それは一往復では完結しないかもしれない。現在と過去、自己と他者との間の往還をとおして、現在を相対化する視座を齎す歴史的な見方・考え方が育まれていくのではないだろうか。

182

〈注〉

1　歴史的エンパシーについては次の論考などがある。原田智仁（2017）：「もう一つの歴史的な見方・考え方としてのエンパシー」『社会科教育』No.699, pp.4-7, 明治図書.　原田智仁（2016）：「「主権者教育」の視点から考える歴史授業デザイン―歴史的エンパシーに着目した参加型学習を―」『社会科教育』No.686, pp.36-39, 明治図書.　原田智仁（研究代表者）「歴史的思考と理解の一体的形成を促すエンパシー（共感）の指導と評価に関する研究」科学研究費補助金基盤研究 C.

〈参考文献〉

酒井順子（2008）：『市民のオーラル・ヒストリー』、かわさき市民アカデミー出版部.

原田智仁（2017）：もう一つの歴史的な見方・考え方としてのエンパシー、社会科教育、No.699、pp.4-7.

原田智仁（2016）：「主権者教育」の視点から考える歴史授業デザイン―歴史的エンパシーに着目した参加型学習を―、社会科教育、No.686、pp.36-39.

藤井大亮（2009）：オーラル・ヒストリーを導入した米国の歴史授業実践の分析―Foxfire アプローチの視点から―、中等社会科教育研究、第28号、pp.1-15.

ポール・トンプソン、酒井順子訳（2002）：『記憶から歴史へ』、青木書店.

Ashby, R. and Lee, P. (1987)：Children's concepts of empathy and understanding in history, Portal, C. (eds.), *The history curriculum for teachers*, pp.62-88.

Bertram,C., Wagner, W. and, Trautwein, U. (2017)：Learning historical thinking with oral history interviews: A cluster randomized interviews in history lessons, *American educational research journal*, Vol 54, Issue 3, pp.444-484.

Hartmann, U. and Hasselhorn, M. (2008)：Historical perspective taking: A standardized measure for an aspect of students' historical thinking, *Learning and individual differences*, vol.18 No.2, pp.264-270.

Seixas, P., and Morton, T. (2012)：*The big six historical thinking concepts*, Nelson.

Seixas, P., and Peck, C. (2004)：Teaching historical thinking, Sears and I. Wright (Eds.), *Challenges and prospects for Canadian social studies*, pp. 109-117, Pacific educational press.

Singer A. J. (2015)：*Social studies for secondary schools: Teaching to learn, learning to teach*, 4th edition, Routledge.

Wigginton, E. and his students (1983)：*The Foxfire Magazine*, Vol.17 No.1.

Wigginton, E. and his students (1982)：*The Foxfire Magazine*, Vol.16 No.4.

Wineburg, S. (2001)：*Historical thinking and other unnatural acts: charting the future of teaching the past*, Temple university press.

第3章　歴史的な見方・考え方を目指す中等社会科・地理歴史科の実践理論

第6節
高等学校の歴史授業の現場から見る「歴史的な見方・考え方」

野口剛（帝京大学）

キーワード：生徒の日常、つながり、科学技術、類似と差異、人間性

1　電車内のなにげない光景から

　いま、朝夕の通勤電車の中で中学生や高校生がスマートフォンを真剣にみつめ、画面の上で親指を素早く滑らしている光景は、どこでも当たり前のように見られるものである。これはもう、ほとんど現代日本の日常風景となってしまったといってもよい。しかし、こうした風景が見られるようになったのは、それほど以前からのものではない。少なくとも、アメリカのアップル社がiPhoneを出すのが2007年であり、いま言うところのスマートフォンが日本で普及するのはさらに遅れる。それまでは、高機能を謳っていても携帯電話での電子メールのやりとりがせいぜいであり、その現象ですら1990年代のおわりからである。つまり、この20年ほどの間に、日本も世界もそれだけ急激に変化しており、いまやカセットテープの使い方もフロッピーディスクの存在も知らない生徒たちが学校で学んできているのである。

　そういえば、2017年1月に通信会社SoftBankが流したTVコマーシャルに新CM「宣言」篇というものがあった。ここでは女子高校生の制服姿をした広瀬すずと大原櫻子が二人ならんで校舎の前を語りながら歩いてゆく。そこで交わされる彼女たちの言葉の中に

　「どうやら世界は大きく変わりはじめている。」

　「私たちは、デジタルとかグローバルとか最初からやや普通。」

　「私たちは今までの大人の後輩じゃない。私たちはスマホと大人になっていくたぶん初めての人類だ。そう、私たちはSuper Student！」

　というものがある。もちろんこれはスマートフォンの販売を促すための商業放送ではあるが、今まったく新しい人類が出現しているかもしれないという感

第6節　高等学校の歴史授業の現場から見る「歴史的な見方・考え方」

覚は新鮮だ。そして、これが通信機器の技術的変革によってもたらされており、その意味では彼女たちもすぐに旧人類となっていくであろう。しかしここで重要なことはこうした技術変革が社会のあり方や人間の精神にどういった変化を及ぼしていくかということなのである。

2　こうした変化は歴史の授業ではどのように受けとめられているのか

　それでは、こうした現象を十代後半の生徒たちは歴史の授業の中でどういったものとして受けとめているのであろうか。もちろん、実際に教室で行われている授業においては様々な実施の形態があるのであろうが、そもそもその最も代表的な表現形態ともいえる歴史の教科書においては、こういった現代の現象はどのように叙述されているのであろうか。

　たとえば、日本史Bの教育課程をもつ高等学校において、ほぼ半分の占有率を持つ山川出版社の『詳説日本史』においては、最後の第13章「激動する世界と日本」の更に最も末尾のところで

　　「情報化の進展も著しく、個人が私的に情報機器を活用するようになった。携帯電話の台数が一般の加入電話を上まわり、インターネットの利用が進んでコンピュータが家電製品化するなど、新たな需要を生み出しつつ人びとの生活を変化させている。情報化の進展は、企業活動にも大きな影響をもたらした。国境をこえ、全地球的な規模でリアルタイムに情報を収集し交換できるようになり、企業活動のボーダレス化が進んだ。」

と簡単に記述されている（笹山ほか 2017：p.415）。何か無機的な文章という印象は否めない。ましてや、ここから現代というものの特質を考えてみたくなるような、積極的な触発性も十分に感じられない。

　では、世界史Bにおいてはどうだろうか。やはり、圧倒的な占有率を持つ山川出版社が発行した教科書の『詳説世界史　改訂版』でも、最後の第16章を「現在の世界」とし、その末尾に第4節「現代文明の諸相」をおき、そこで「科学技術の世紀」、「情報技術革命と生命科学の進展」、「環境保護と生活スタイルの変容」という小見出しをつけて叙述をしている。そこで情報技術革命に関しては

　　「1990年代にはインターネットが広く利用されはじめ、携帯電話の普及な

185

第3章　歴史的な見方・考え方を目指す中等社会科・地理歴史科の実践理論

ども加わり、情報技術（IT）革命が急速に進行し、大量の情報が国境をこ
えて瞬時にいきかう状況となった。この情報技術革命は企業の生産・流
通・宣伝などの活動にも大きな影響をおよぼし、企業活動のグローバリ
ゼーションを促進していった。」

と（木村ほか 2017：p.411）、やはり簡単に表現されているだけである。

　これらはいずれも、いま認められる事実を淡々と記してはいるが、ここには
あたかも産業革命の部分の記述にみられるような、技術革新が社会全体のあり
方を根本から変えてしまうというような、ある種の躍動性や熱気といったもの
が伝わってこないのはなぜなのか。おそらくその理由の一つには、教科書の執
筆者にとって、過去の事例の場合にはある程度その結末がわかっており、原因
と結果とが一連の完結性をもって説明することができるように思われるのに対
して、現在進んでいる AI やロボットなどをふくむ情報革命というものは、そ
れがもたらすであろう先行きというものを誰も見通すことができていないとい
う差異にあるのではないだろうか。また、そのことと同時に、実際の教室で実
施されている歴史の授業においては、教科書の最後に位置づけられた現代の文
化史的な範囲にまではほとんど到達せず、ましてや現代の科学技術などといっ
た問題はほとんど触れられないという実態が、執筆者にある種の安堵感を与え
ているのではないかとすら推量されてしまうのである。ともかく、教科書を発
行する出版社の論理としては、こうした現代の文明的な部分の叙述の充実は、
教科書販売の戦略上、それほど重要視してはいないことは確かであろう。そし
て、こうした現代の情報革命のような事柄は、地理や公民などといった教科・
科目においても、歴史と同じく、ほとんど扱われていないというのが現状であ
る。

　そして、日常的に歴史の授業がおこなわれている教室の中には、いつも一定
程度、日々の授業のあり方に不満を持つ生徒が存在している。その理由の一つ
としては、歴史の授業で扱われる知識自体が断片的でありすぎ、歴史事象の理
解方法には普遍性が存在しないからだと主張する者が少なからずいる。した
がって、そういった歴史を学んでも、日常の私生活においても社会で働く場合
でも、ほとんど応用がきかず、役にも立たないということなのだろう。確かに
多くの学問体系とよばれるものの中で、歴史の研究は最も個性記述的であるこ

186

第6節　高等学校の歴史授業の現場から見る「歴史的な見方・考え方」

とは間違いなかろう。また、それらがたとえ個性記述であったとしても、そこに何らかの知的興味を引く要素を見出すことができれば、生徒にとってはそこに学ぶ意義を感じ取れるのであろうが、不満を持つ生徒にとってそれもないとなると、授業に参加すること自体に疑問を感じるのは当然のことである。しかし、歴史の授業というものが、少なくとも学校という公的機関でおこなわれる普通教育の一部であるとするならば、生徒の身近におきている現象をこそ題材として取り上げ、そこに働いているメカニズムを考えさせることにならないといけないのではないのか。

3　中央教育審議会答申の読み方

　ところで、2016 年 12 月 21 日、中央教育審議会から文部科学大臣に対して「幼稚園、小学校、中学校、高等学校および特別支援学校の学習指導要領の改善及び必要な方策等について」という文書が答申された。この文書は、もちろん、一義的には表題にあるように幼稚園教育要領および小学校・中学校・高等学校、特別支援学校における各学習指導要領を作成するにあたっての基本方針を明示したものであり、小学校や中学校については、すでにこの答申に沿って2017 年 3 月 31 日に文部科学省から新しい学習指導要領として告示がなされた。高等学校についても、やはりこの答申に基礎をおく学習指導要領が告示されるのであるが、われわれが日々の授業を実践するにあたって、学習指導要領の意図するところをより深く知るためには、この答申の意図するところを知っておくことは、学習指導要領やそれにもとづく教科書を見る場合にも非常に参考になるものである。

　そういった立場から、今回の答申を見るならば、答申自体が「学習指導要領等の枠組みを大きく見直すこと」（中央教育審議会 2016 年 12 月 21 日答申のp.20、以下この場合には答申の頁または同答申の別添資料の箇所のみを示す。）と謳っているとおり、高等学校については「歴史総合」、「日本史探究」、「世界史探究」といった新しい科目を設置し（pp.108-109、pp.134-136）、その「資質・能力の三つの柱」においても「『知識・技能』の習得」、「『思考力・判断力・表現力等』の育成」、「『学びに向かう力・人間性等』の涵養」など、その示し方がかなり具体的な形で学習目標を明示するものとなっている（答申 pp.

28-30及び別添資料3−2）。そうした一方で、これまでおこなわれてきた「生きる力」の育成についても肯定的にとらえ、「これまでの学校教育で育まれてきたものとは異なる全く新しい力ということではない」（p.11）とも記している。こうしたことからするならば、その外見上から受ける印象とはうらはらに、その意図するところにはこれまでのものとの継続性ということにも注意がむけられなければいけないだろう（安野2017：pp.4-7）。そういったことからするならば、むしろ今回の答申の最も根底にあるものは、しばしば答申の中にも出てくる「つながり」（たとえばp.10、p.16、p.45）という言葉にこそ見いだすべきではないかと思われてくるのである。その「つながり」とは、教科・科目間の「つながり」であり、文系科目と理系科目との「つながり」であり、「教職員間、学校段階間、学校と社会との間の相互連携」（答申p.2）、学校と「家庭・地域との連携・協議」（答申p.23）との「つながり」いったものである。学習指導要領を解説する際によく使われる言葉を用いていうならば、それぞれの項目の間の「横串」と「縦串」とを強調するものとなっているといえよう。そして、今回の答申において記されている科目の見直しということも、また、知識や技能の活用こそ重視されなければならないという議論も、じつは前回の学習指導要領の改訂作業の過程においても提起されていたものばかりである。それが十年というタイムラグを経て、いまやっと実現したという評価もできるだろう。したがって、たとえば2009年告示の高等学校学習指導要領の日本史Bに示された「歴史の解釈」や「歴史の説明」、「歴史の論述」といったものが、今回の答申では、形をかえてより前面に出てきたとも言えるだろう。その意味では、今回の答申あるいはそれに沿って作成された学習指導要領というものは、そうした従来からの連続性の中において理解してこそ意味を持ちうるのであり、これまでの政策において不十分であった点を一層明瞭な形で示したものと考えられるのである。

4 「歴史的な見方・考え方」を授業化するための考え方

このように、今回の答申にみられる基調が前回からのある種の連続性の上に位置するものだとしても、もちろんそこに何らの新基軸がないというわけではない。その一つが「見方・考え方」という言葉の頻出である。もちろん、この

第6節　高等学校の歴史授業の現場から見る「歴史的な見方・考え方」

言葉自体もすでに 1951 年の「小学校学習指導要領社会科編（試案）」において使用されて以降、継続的に使われ続けてきたものであり、それ自体が決して目新しいものではなく、様々な議論もなされてきた[1]。もっとも、2009 年版の高等学校学習指導要領においては日本史 A・B、世界史 A・B などの科目についてこの言葉は用いられておらず、そのかわりに「歴史的思考力」という言葉が使われており、地理 A・B の場合に「地理的な見方や考え方」という言葉が使われているのと対照的であった。ところが、それが今回はすべて「見方・考え方」で統一されてきている。さらに、もう一つ重要な違いは「見方・考え方」は培ったり、育てたりするものではなく、「働かせながら」（答申 p.33）としているところである。答申とか学習指導要領といったものを読んでいく場合に、その新しくなった部分にはやはり注目する必要があり、それはその時の新しい課題に対する対応要請ともいえるからである。したがって、この答申における「社会的な見方・考え方」というものも、まさにそういった文脈の中で把握されていかねばならないものである。

　では、それを高等学校の歴史の授業現場からとらえなおすとすれば、一体どういったことが可能となるのであろうか。その場合に、実際の授業を担当する教員が注意しなければならないことの一つは、答申なり学習指導要領なりの表現上の問題にとらわれ過ぎて、かえってその意図するところを見損ねてしまってはいけないということである。たとえば、今回の答申においても「多面的・多角的」という表現がみられる（別添資料３－２の高等学校地理歴史科の「思考力・判断力・表現力等」および「学びに向かう力・人間性等」の解説）が、ここでこの「多面的」と「多角的」とはどういった意味の違いがあるのかという形式の議論は、現場で実際の授業を構想する場合には、あまり意味がないというよりも、有害ですらある。これは「基礎・基本」といった言葉などの場合も同様であるが、文書の意図する大局を見逃してしまうという点でたいへん好ましくない。そもそも「見方・考え方」という言葉は、答申においても「学習指導要領においては、長年、見方や考え方といった用語が用いられてきているが、その内容については必ずしも具体的に説明されてはこなかった」（答申 p.34）、また、「社会的な見方や考え方については、その全体像が不明確であり、それを養うための具体策が定着するに至っていないことや、近現代に関す

第3章　歴史的な見方・考え方を目指す中等社会科・地理歴史科の実践理論

る学習の定着状況が低い傾向にあること、課題を追究したり解決したりする活動を取り入れた授業が十分に行われていないこと等も指摘されている」（答申p.132）としている。したがって、だからこそ「今回の改訂においては、これまで述べたような観点から各教科等における「見方・考え方」とはどういったものかを改めて明らかにし、それを軸とした授業改善の取組を活性化しようとするものである」（答申 p.34）とするのであり、それを受けて「『社会的な見方・考え方』は、課題を追究したり解決したりする活動において、社会的事象等の意味や意義、特色や相互の関連を考察したり、社会に見られる課題を把握して、その解決に向けて構想したりする際の視点や方法であると考えられる」（答申 p.133）という一応の定義を与えているのである。これを高等学校の歴史の各科目にあてはめ、より具体化したものが答申の別添資料3−2であり、中学校の場合をみるならば、それを「知識・技能」と「思考力・判断力・表現力等」の両面から詳細にしていくこととなるだろう。

　こうしたことを考えるなら、高等学校において歴史を担当する者は、いたずらに「見方・考え方」の差異といったところに拘泥するのではなく、むしろこうした前提を踏まえた上で、教師個々人が自らの授業において具体的な「見方・考え方」を働かせる実践事例を作ることで、これに新たな定義を与えていく必要があるのである。

5　現代の科学と技術をあつかう歴史の授業では

　今回の答申では「『見方・考え方』を支えているのは、各教科等の学習において身に付けた資質・能力の三つの柱である」（答申 p.34）とし、各教科で育成すべき資質・能力を「生きて働く『知識・技能』の習得」、「未知の状況にも対応できる『思考力・判断力・表現力等』の育成」、「学びを人生や社会に生かそうとする『学びに向かう力・人間性等』の涵養」という三つに区分して論じている（別添資料3−2）。資質・能力をこうした要素に分解して論じるということは、従来からもなされてきたことではある（学校教育法30条2項）が、今回のものではそれを並列的なものではなく、より能力の発展段階として序列化したという点で意味を持っている。

　では、こうした条件を実際におこなう授業の構成にそって考えるならば、ど

第6節　高等学校の歴史授業の現場から見る「歴史的な見方・考え方」

ういったことになるのであろうか。たとえば、「歴史総合」においては、グローバル化と私たち」といった一つの柱が立てられ、その取り上げられることが考えられる題材として「市場経済」や「情報通信技術（ICT）」などが示されている（別添資料3−9）。そして、こうした題材の中には、このごろ、多くの人が実感をもって感じている巨大台風や異常気象といった、「気候変動」や「地球温暖化」といった題材も当然のことながらそこに含まれてくるであろう。そして、この題材において「知識・技能」という点で言うならば、そこには京都議定書やパリ協定、あるいは北京やデリーなどの大気汚染、北極海における氷の減少、さらにはインターネットや各種刊行物から得られる画像や数値情報の収集などが考えられるであろう。また、「思考力・判断力・表現力等」についていうならば、それが最近の国別のCO_2排出量や海水面の上昇、局地的豪雨の増加とどういった関係になっているのかを考えさせるにとどまらず、これをより「歴史的」という観点から解釈するならば、産業革命以降の大気中のCO_2の経年変化、江戸期の寒冷化現象、さらには縄文海進などの温暖化現象が自らの地域においてどのようになっていたのかなどの事例と組み合わせることが必要となろう。そうした学習というものが、生徒自身の身近な行動のあり方とつながり、更なる「学びに向かう力」となるようにしなければならないのである。

　また、「世界史探究」においては、「地球世界の到来」という柱が立てられ、「探究例」として「現代的な諸課題を歴史的に探究する主題を生徒が設定して、考察した内容や結果を報告し、現在の日本に期待される役割などについて論述する」（別添資料3−11）などとしている。こうした場合にも、探究例はなるべく生徒自身の身近なところから取り上げられ、考えられていくことが大事であろう。たとえば、ほとんどの生徒が毎日のように使っているスマートフォンのGPS機能にしても、明日の天気を見るときに使っている天気予報の雲の動きにしても、宇宙空間の利用ということなくしてはありえないが、こうした題材を取り上げるとしたら、「知識・技能」としては第二次世界大戦中にドイツで開発されたV1号とV2号、あるいは人類最初の人工衛星であるソビエト連邦のスプートニク1号は冷戦の最中に打ち上げられたこと、人類が初めて地球以外の天体に足を踏み入れたアメリカのアポロ11号もその危険の度合いは当時行われていた北ベトナム爆撃（北爆）と同じくらいであるといわれたこと

第3章　歴史的な見方・考え方を目指す中等社会科・地理歴史科の実践理論

など、当時の新聞や書籍などから拾い出したりすることが必要とされるだろう。また、「思考力・判断力・表現力等」に関しては、こうした宇宙開発が世界の政治対立の中から促進されたものであるとともに、こうしたことを媒介として地球社会というものが可視化された形で急速に認識されるようになったこと、こうした世界の一体化というものが、近世ヨーロッパ世界による世界の一体化や近代資本主義社会における世界の一体化とどういった点で類似し、どういった点で異なっているのかを考えるなどの作業へと結びつけさせることなどが必要であろう。

　B. クロォチェの「すべての歴史は現代史である」(B. クロォチェ 1952：pp. 17-36) とは余りに有名な言葉であるが、これはすべての歴史についての思考は現代における思考とならざるを得ないというべきである。われわれがこの「歴史的な見方・考え方」について考える場合にも、それは当然のことながら高等学校の生徒の「今」から出発して、過去の史料を経て、また「今」に回帰する営為でなければならない。しかし、これまで、そういったほとんど常識となるべき事柄がどこかに忘れられてしまい、日常生活と歴史的な事柄とが別次元で展開してしまっていたのではないだろうか。かつて K. レヰットは日本における哲学研究のあり方を「自由な体得といふ特性が私には日本では大抵の場合欠けてゐるやうに思はれる。勿論学生は懸命にヨーロッパの書籍を研究し、事実またその知性の力で理解している。しかし彼等はその研究から自分たち自身の日本的自我を肥やすべき何等の結果をも引き出さない。」また、「彼等は他から自分自身へ復らない、自由でない、即ち——ヘーゲル流に云えば——彼等は「他在に於いて自分を失はずにゐる」ことがないのである。二階建の家に住んでゐるようなもので、階下では日本的に考えたり感じたりするし、二階にはプラトンからハイデェガーに至るまでのヨーロッパの学問が紐に通したように並べてある」(K. レヰット 1948：p.129) といって批判したが、それは何も哲学に限ったことではなく、歴史の学習においても同様だったのである。現在、「今」の社会を考えるには、科学と技術の知識と理解が不可欠なのである。今回の答申でいう「歴史的な見方・考え方」とは、まさにそうした文系と理系とにつながりを持たせ、今と昔とをつなげさせる行為に他ならない。そして、その帰結としての「学びに向かう力・人間性等」とは、化学製品が農業肥料にも

192

殺傷兵器にもなりうることに深く思いをいたらせるためのものに帰結していかなければならないのである。その意味で、今回の学習指導要領の改訂にあたって、この「学びに向かう力・人間性等」ということが示されたことは、きわめて重要なことである。それは単に「主体的・対話的で深い学び」を実現させるという、教員にとっての指導方法や、生徒たちがどのような学習の過程をたどるべきかといった問題の域をはるかに超えて、生徒一人ひとりが獲得した学習成果が本当に社会的・人間的にみて妥当なものとなっているか、また、その後の生徒の人生にとってかけがえのないものとなっているかを判断する基準であるからである。したがって、まさにこの「学びに向かう力・人間性等」ということは、社会事象を対象とする学習にとって、最もその価値が問われる、究極的な項目と言わねばならないのである。

〈注〉

1　たとえば、小原友行（1998）など。

〈参考文献〉

木村靖二ほか（2017）：『詳説世界史　改訂版』、山川出版社、411p.

B. クロォチェ、羽仁五郎訳（1952）：『歴史の理論と歴史』、岩波書店、378p.

小原友行（1998）：社会的な見方・考え方を育成する社会科授業論の革新－21 世紀の学校教育における社会科の役割－、社会系教科教育学研究、10 号、pp.5-12.

笹山晴生ほか（2017）：『詳説日本史』、山川出版社、415p.

安野功（2017）：新学習指導要領の改訂のポイント小学校社会科編、『社会科 NAVI』、No.16、pp.4-7.

K. レキット、柴田治三郎訳（1948）：『ヨーロッパのニヒリズム』、筑摩書房、248p.

第4章

現代社会の見方・考え方の育成を目指す
中等社会科・公民科の実践理論

第4章　現代社会の見方・考え方の育成を目指す中等社会科・公民科の実践理論

第1節
人間と社会のためになる「見方・考え方」の意義と実践的課題

江口勇治（筑波大学）

キーワード：帰結主義、非帰結主義、幸福、正義、公正など

1　はじめに

　社会科・公民科教育の学習指導要領・解説の協力、教科書執筆、教員養成、研究指導、とくに法教育の指導に深く関わった。この筆者自身の活動を振り返りながら、今般の新教育課程の「見方・考え方」の実践的意義とその課題等について若干の整理を行う。本書が、社会科・地理歴史科・公民科等に固有な「見方・考え方」を中心に据え、将来に向けての時代的拡がりと授業改善での、教師・学習者の在り方・生き方に資する「見方・考え方」の育成に主眼をおいていることを踏まえ、高等学校必履修科目の新設「公共」の方向性や「人間と社会の在り方についての見方・考え方」にみられる理解・技能・向き合い方などの関連を整理する。あわせて公民教育の触れるべき課題について私見を述べる。

2　「協働する公共的な空間」を担う人材の資質・能力の重視へ

（1）「公共」という科目の在り方と公民となるための「見方・考え方」の継承

　コンピテンシー（何ができるか）を軸に、内容（何を学ぶ）・方法（どう学ぶ）・評価（何ができたか）を適宜配置し、①現実・存在（存在論）、②概念・理論（概念的認識論）、③システム・ゲーム理論（プログラム論・ゲーム論）につながる「見方・考え方」を、各教科等の指導で適宜生徒の中で組み合わせ、理想社会づくりに成果を駆使することを求める未来創造文書とでもいうものを作りたいというのが、新学習指導要領の眼目の一つであり、大学の共通試験等の改革もこれと軌を一にする。近時、AIによる教育・学習の展開時代の始まりであろう。

196

第1節　人間と社会のためになる「見方・考え方」の意義と実践的課題

　この渦中で、青少年の知的側面のモラル・ハザードを回避すべく、道徳・倫理的規範、社会的紐帯、公共の精神等々の非合理・非認知の要素も含み構想された「公共」は、スマートな認知重視の動きに応答しつつも、依然として各人の生き方・在り方が問い続けられる倫理性・社会性を持つ稀有な科目であろう。

　類似する「現代社会」は、「国家・社会」の在り方を主体的に問い、原則として各人各様の幸福追求の自由を生き方として第一義に推奨した。他方「公共」は、状況・場ではなく、中立的な人の資質・能力に寄せて、○○的主体（倫理・法・政治・経済等）の地位や価値を、高校生に与え、そのキャリアを人格的に成長することで「国家・社会」を、有益な公共空間へと創出する人として、その任務・義務を、成員としての高校生に課したように見えるかもしれない。

　この立場転換にあって、育成すべき「○○的な見方・考え方」が並列・対抗し、分裂することなく、学習の場が依然として各人の「在り方・生き方」を追求する民主的学習空間であり、そこで各人に適正な「見方・考え方」が、漸次成長することを願いたい。必履修の影響は計り知れず、「公共」を効果的に継承する責任を、公民科の教師は深く担っていることの授業論的意味は大きい。

（2）「人々の見方・考え方」の多様な理解から対話・真実を基にする学びへ

　高校生はこの科目履修のみで多くは実社会に巣立ち、大人の価値判断を求められる。あるべき大人像から類推・構成されるコンピテンシーを、小学校社会科と中学校公民的分野やこの科目2単位で修得したと見做され、「合理を弁える人」であることになる。理想社会は、理想的な中立的な人で支えられようが、多様な人々が生きる社会でこのことが通用するのか、いささか疑問があり、この改革が醸し出す危うさ・楽観主義では、老婆心ながら心もとない気になる。

　道徳教育の教科化等で代替・補強され、キャリア教育で自覚が深まるとするが、果たしてそうなるのだろうか。適切な成長過程に、倫理的価値判断を含む、社会（科学的な）認識の教育の構造が、事実・真実の追究のもとに、多様なみんなのもとで、対話的に学ばれる機会こそが、国家・社会の基盤であるようにも思う。「公共」は「対話的で深い学び」ができる器としては、小さすぎ

第4章　現代社会の見方・考え方の育成を目指す中等社会科・公民科の実践理論

る面も危惧される。公共のための探究活動一辺倒では、社会はやはり見えにくい。

　そこで実践では、より一層の人の質と場の状況に根付いた知識・概念を基にした課題解決的学習を進め、「人々の見方・考え方」の多様性の共感的理解ができ、多様な人々と主体的に会話し、自己の意志が伝えられる授業展開が求められよう。

　ときに導入の「公共の扉」は、①「現実社会の課題の解決」での「選択・判断の手掛かりとなる」基本的な社会・公共倫理的な概念・理論・構想からなる基本的な考え方（例えば帰結主義、非帰結主義、倫理の基本的な見方・考え方）、②「公共的な空間」の基本原理である法・政治・経済等にみられる基本的な考え方（立憲することで民主主義を実現する理念、制度等の理論的理解）、さらに③それらを活用して創出される公共空間の構想化の意義の基本が学ばれることになる。実際には最も大切な内容は扉であるが、学校等の都合として素通りされることが懸念される。個人的にはこのような学校・教師の姿勢が、実践の理論中でしっかり要素として検討される必要を感じる。無駄をなくして授業づくりに専念する教室の、教師ルールの構築とその具体化を望みたい。

　繰り返すが、導入部が最も大切な学習の一コマであると強く主張したい。「個人の尊厳、自主・自律、人間の多様性と共通性」などに着目し、主体的に社会の在り方を問う探究活動が建前では、後の展開部の学習は成立しない。「現代社会」で学ばれてきた大人となる直前の青年期、大人の常識としての伝統・文化・先人の知恵の慣習的価値、社会で職業人となるキャリア形成の意義等々を、時代変化・高校生の現実・情報関連の進展などに即し再構成し、心理・伝統・文化・慣習・職業等の基本的な考え方と、社会参画に求められる志向的在り方の的確な言語表現化は、公共的なものの「見方・考え方」に他ならない。ここでの教材化の改革こそが、我が国の公民教育の肝となると直観する。

　また「人間としての在り方・生き方」を実感的に学び、倫理的主体として①「行為の結果である個人や社会全体の幸福を重視する」功利主義的な帰結主義の考え方、②「行為の動機となる公正などの義務を重視する」非帰結主義的な動機・責務・人間の尊厳等を重視すべきとする考え方、③さらには例えば人々

198

第1節　人間と社会のためになる「見方・考え方」の意義と実践的課題

の深層に根付く伝統的な中庸・中立的で判官贔屓的な徳の考え方などを、生徒の実感的な経験や情報のもとで教材化することが要請されている。そこで公共の実践理論では、教師のみによる抽象論にならない工夫が絶えず重要である。

　高校生の時期に一旦形成される価値観・人間観等は、崩れやすい面もあり、しっかり支え補強する活動が大切である。「公共」ではさしあたりは、①学び方にみられる「対話的・協働的」な関係の構築、②内容としての立憲・民主主義にみられる人間の尊厳を基にした人権論と社会システム論などが、人々の見方・考え方の支えとなっていることを繰り返し伝える必要がある。「人間の尊厳と平等、協働の利益と社会の安定の確保」などにより構築される公共性の構想の試みや、「公共的な空間における基本的原理」である法的・政治的・経済的なシステム維持原則や原理（例えば人間の尊厳と平等、個人の尊重、民主主義、法の支配、自由・権利と責任・義務など）は、「公民的分野」の延長上に有効に重ね合わせて、深い信頼へと醸成されることが不可欠であろう。導入により、高校生が開かれたよりよい社会づくりに参画していこうとする動機づけを行うことこそが、ここでの「見方・考え方」の優先的指導となる。

（3）実践的主体となり、みんなで社会を考える主題設定と追究活動の充実

　「自立した主体としてよりよい社会の形成」に参画する前提として、「行為の善さと正しさ、幸福と公正、協働関係の共時性と通時性などに着目」する活動があり、社会的な課題群にかかわる既有経験・知識・概念などを基にする追究可能な範囲での、ミニ単元的な内容・方法を構成する適切な主題設定が追究活動では求められている。展開部での暗記主義は、「公共」自体の無意味化につながる恐れがあり、自立的な問いと学びがしっかり保障されなければならない。

　ミニ単元的な要素を含む社会の対象群は、①法規範の意義・役割、契約、消費者の権利と責任、司法参加などの法的な考え方を学ぶ素材、②政治参加と公正な世論、地方自治、国家主権、領土（領海、領空を含む。）、我が国の安全保障などの政治・行政的な考え方を学ぶ素材、③職業選択、雇用と労働問題、財政・租税の役割、少子高齢社会における社会保障の充実・安定化金融の働き、市場経済の機能と限界経済のグローバル化などの経済的な考え方を学ぶ素材、さらには④「情報を効果的に収集し、読み取り、まとめる技能」の過程で修得される情報を公共的な空間で適切・適正に位置づける基本的な技能であり、こ

199

第4章　現代社会の見方・考え方の育成を目指す中等社会科・公民科の実践理論

れらの学習課題・対象・技能等は「公共」では孤立して単独で学ばれることを
想定しうるものではない。

　そこで①〜④を通底する単元が可能な限り設定され、一人の学習者の中で
「○○的な見方・考え方」が適切に統合されることが理想のようにも思われる。
そこで、柔軟なミニ単元の大胆な組み合わせによる指導を行ってはどうだろ
う。

　展開では学んだ帰結主義、非帰結主義、行為をめぐる善さや正しさ、さらに
は、①ある社会的な行為の前、②行為の最中・途中、③行為の結果を予想する
行為、などの多様な思考過程での社会の価値・善を想像する探究をもとに、適
切に法・政治・経済等の知識・概念等を束ねる学習があってもよい。また展開
部では、各人が主体的に描きだす価値（幸福、正義、公正など）の構想・現実
化と、平均的な現代の社会が求める価値との比較考量などを行う活動などが可
能となる。個人的には倫理的な人々の見方・考え方の時代的反映こそが、法・
政治・経済のいずれにおいても不可欠であり、「公共」の生命線でもあるので
はと考えている。人々に役立つメタ倫理学の現代での学びを、展開で具体・個
別の相で描き出し「人間と社会の見方・考え方」の総合化ができる道筋をつけ
てほしいと思う。その延長線上に、結論部の持続可能な論点の実際が見えてく
る。

（4）人と社会の生存・持続可能性の実現のバネ・基盤となる学習支援を

　「公共」の終結は、原則オープンエンドであろう。ただし追究の成果である
「人間と社会の在り方についての見方・考え方」を働かせた活動が、社会の中
でしっかり役立たなければ、画竜点睛を欠くことになる。

　「持続可能な社会づくり」の主体の育成では、概括的には「公共の精神をもっ
た自立した主体」となることが求められ、地域・国家・社会・国際社会等での
形成に参画するリーダー的人材育成も求められることになろう。また科目当初
において議論されたボランティア精神をもった社会貢献的人材も求められよ
う。さらに法・政治・経済の安定・発展を支える専門化の方向性を色濃く反映
する人材の指導も要請されるであろう。己の幸福を確保しつつ、人々や社会の
ために犠牲的に生きる倫理・政治・法・経済を支える資質・能力をもった多様
な人材の育成を、社会は待望するものである。直接的でなくても「公共」の学

第1節　人間と社会のためになる「見方・考え方」の意義と実践的課題

びが、今後の社会の生存・継続に不可欠な人材育成に資することを期待する。

　他方「主体的で対話的な深い学び」で論じられる「人間と社会の在り方・生き方を支える見方・考え方」は、原則各人に「公民としての資質・能力」をまずは求めている。人のためではなく、自分に正直に生きる姿勢も、間違いなく社会の存続のバネや基盤である。各人が、みんなのこと・自分のことをともに考えられる雰囲気の空間の創造こそが、広い意味での「公共」の帰結でもあろう。自分でみんなのこと・自分のことを考える活動の構想が、生き生きと展開できれば、社会へ出るバネになり、よりよい人生を人は描こうとする。こういう高校生の資質・能力こそが、連鎖し、協働して、社会を継続させることになる。

3　教師の資格で問える実践が可能な授業理論の構築へ―おわりに代えて

（1）公民教育における「見方・考え方」の質の在り方をめぐって

　本編の次節以下の論考を熟読して、教師としての読者には「見方・考え方」に役立つ実践理論を何か感じてほしい。批判であれ、同意であれ、まずこういう行為こそが、授業改善の第一理論である。個人的に、各論者の論考に、色々と感じることもあれば、ときには逆にしたいところもある。

　ある論点や論考には賛意を、ある論点や論考には敵意や反意を、場合によれば読まずにこれらを判断することもあるかもしれない。はたまた何が言いたいのかと、心中でいろいろな感情が沸き上がってくるかもしれない。この感覚は、書き手も共有する。これが実際であり、授業の内実は多くの場合このように展開する。この事実から、実践理論を考えてみてはどうだろうか。

　本編は、例えば①「主権者」である者に、主権者となるように動機づけ、政策決定に影響を与えられる論点の理解や提案をするまでの深い学びを実現し、「政策的な見方・考え方」を育成したいとする政治教育論、②「法的な主体」に求められる見方・考え方を、法が保障する考え方を越えて作り出したいとする教科間連携による法教育カリキュラム論、③紛争解決に役立つと想定されている見方・考え方を育成するためにいろいろな交渉場面を設定し対話を仕組む交渉教育論、④多文化・ダイバーシティ社会の創造を目指すなかで「見えないマイノリティー」に焦点を当てる共生教育論、⑤多様な視点を生かすグローバル

201

第4章　現代社会の見方・考え方の育成を目指す中等社会科・公民科の実践理論

社会での課題群へのアプローチを重視する見方・考え方を育成するグローバルな公民教育論、⑥「公正」を目指すアメリカの民主主義教育論を手掛かりに課題解決的学習を構築しようとするグローバルな授業論、そして⑦それらに共通する課題解決の見方・考え方を剔出し、それを基に社会創造を図ろうとする希望の公民教育論などが示されており、個人的には教師としての各論者の力量を信頼しており、各論考の多くを評価するものである。

　それぞれは、国民・市民・公民・国際人等々の誰にも、求められる「見方・考え方」の一部の事実が見られ、ときには未決定のまま、もやもやの塊で堆積しているように思える。そのため各論考・論点に目を通して、広い視野に立って「公民教育」の構想に役立つ「見方・考え方」の育成の教材化に、各教師が各人の都合で役立ててほしいと思っている。

　実は、中学生も高校生も同じであるのではと想像する。各人各様に、何度も各学校段階で、憲法・政治・法・経済・文化・社会等々を教師から一方向的に教えられ、暗記させられ、資質・能力の中に、もやもやのまま堆積した知識・概念・理論等を残しつつ、次の教育場面に移る。

　ときに場面状況によって、そこから一部を自分や人々の生活によみがえらせ生かそうとするが、成果までに至らず、悩ましくてしょうがなくなる。すると突然、内心・心理・徳への転換が楽そうに見え、道徳等の教訓をもとに、各人自身の中で完結的に回答し、解答を見つけ出そうとする。でも、それでも心休まらず、バタバタしている自分を見つけ、別の道を、ネット等のICTを通して、探しつつ、転換する……姿を想像する。

　失礼な妄想と一蹴してほしい。個人的には改訂の問題は、こうした悩みや課題を、教師が改訂を契機に、真剣に授業自体に生かすことではないかと思う。

（2）「人間と社会の見方・考え方」は繰り返される授業の中で育つ

　個人的には「法的な見方・考え方」は、「政治的な見方・考え方」や「経済的な見方・考え方」とは違い、「法律（学）の見方・考え方」とも違うと発言してきた。公民としての資質育成では、法的資質（Legal Citizenship）が育つ学習機会を、公民的分野や公民科、さらには歴史教育でも位置づけるべきであると主張してきた。結果的には「公共」では倫理と法が強く結び付く契機が用意され、帰結と非帰結の関係、幸福、正義、公正の関係、善や正しさの在り方など

を、法思想や立法事実の理解などから辿る学習ができるようになり、ある程度は改訂の方向には賛同できる面もある。

　ただ使い方次第でもある。政治・経済・法に関連する公民的資質の教育（Citizenship Education）は、多様性の中で、その都度繰り返し学ばれてこそ、人と社会にとって価値のあるものである。法律が、ある行為や政策の正当化のために使われ、内容の固定化や時間の削減のために利用されると、逆に寛容な精神や公共的な精神は、むしろ育たない。

　学校・学年段階でその都度・内容ごとに、スパイラルに展開されて磨かれてこそ、公民教育は、その意義を為すものであろう。この点から見れば、「公民教育」の充実に、今回の改訂がなったのかは疑問である。何度も社会的価値や意義を問う機会が、学校から失われていく社会からは、持続可能性は消える。

　ときに道徳教育での合理性の見方の重視や帰結主義的な展開を良いとする極端な功利主義的な方向は、必ずしも倫理的見方・考え方の充実にはつながらない面もあるのではと個人的には考えている。公民教育の柱の一つには、徳倫理（Civic Virtue Ethics）もあり、その表れや信念は、社会の出来事との関連で、学校で多様に歴史的な背景をもって触れられなければならい。

　こうした公民教育の課題の解決では、教育課程リーダーとして役割の再検討を大胆に行う必要があるのではないだろうかと痛感する。国はもっと教師に教育改革のリーダー的位置を積極的に与えつつ、教育改革の実を保つ状況になりつつある。表面的な人づくり革命と称する教育改革ではなく、教師を中心に据えた授業の在り方を前提に、「学習者の見方・考え方」の育成を広く人々に聞く時代が展開しつつある。例えばAI時代であればこそ、ネット等を通じて広く多くの意見を聞き、公民教育の課題の発見と解決策の策定での、教師と学校の在り方の道筋をつけることこそ、良き公民教育の範示であろうとも思う。そして、この道筋の開拓ではそれぞれの教師は役割を担うことになる。

第4章　現代社会の見方・考え方の育成を目指す中等社会科・公民科の実践理論

第2節
主権者として政策決定を実現する見方・考え方の育成 ー政策的な見方・考え方とは何かー

華井裕隆（筑波大学大学院／埼玉県立いずみ高等学校）

キーワード：主権者教育、政策的思考、対話

1　どのような主権者を育成すべきか

　戦後日本においては、日本国憲法のもと、制度としての民主制は確保されているが、それだけでは質の高い民主社会を維持できるとは言えない。民主政治であれば独裁政治や寡頭政治とは違って、多くの人々の人権が守られるかといえばそうではない。多くの人々の人権を守る、質の高い民主政治を実現するためには、日本国民や日本に在住する外国人の、政治への意識、政治的能力、政治参加を含めた政治への態度が問題となる。もしも、日本の主権者が政治に無関心であったり、人権意識が低い場合は、人権侵害の多い社会になる可能性がある。しかし、主権者が政治や政策に関心があり、人権意識が高く、利己主義をこえて社会全体への視点を持って、社会には様々な人がいることをふまえて思考して行動する場合は、人権侵害の少ない社会になるであろう。

　現在の社会を見ると、イデオロギーを含む問題になればなるほど、右は右で、左は左で主張を述べ、互いに交わって議論する場が少ないことに気付く。中等教育段階までに、多様な意見の人と議論を交わし、意見が異なる他者の背景をよく知ることで、さまざまな視点を持って社会の在り方を模索する資質を育成すべきである。そして、人権に配慮しながら、よりよい社会づくりに携わろうとする資質を育成すべきである。筆者が考える主権者教育の目標とは、社会に様々な人がいることをわかっていて、人権に配慮して、社会の問題解決を図ることができる主権者の育成である。主権者は、政治家への投票を行うだけではなく、さまざまな政治参加をする。主権者にとって必要な政策についての思考とは何か、そして中等教育においてどのような政策的見方をどのように育成すべきか、この点が既存の研究では足りていない。本論では、中等教育段階

204

第2節　主権者として政策決定を実現する見方・考え方の育成

で身に付けるべき「政策についての思考」について考えていきたい。なお、筆者は「政策についての思考」とは、足立（2005）のいう政策的思考に近いものであり、政策的な見方・考え方もそれに基づくものであると考えている。筆者の「政策づくり授業」「政策えらび授業」の授業実践もこの考えに基づいている。

2　政策的思考とは何か

　足立（2005）によれば、政策的思考とは、社会的課題についてさまざまな視点で考察し、実行可能な解決策を構想する思考である。政策的思考には、政策デザインの観点が重要であり、また、問題解決型思考が本質にある。政策デザインとは、問題の分析を通して政策の大雑把なアイデア・形（政策の型）を構想し、それに肉付けをして具体的な処方箋を作成するものである。問題解決型思考とは、問題の原因を客観的に把握し、効果的な対策を考えるものであり、発想力や構想力も不可欠である。なお、佐野（2005）は、制度としての法や政治に対して行政が第三の領域として存在するように、法的思考や政治的思考とは区別される政策的思考が存在すると考えるべきだと述べている。

　さて、ここで述べる政策とは、いったいどのようなものを指すのか。政策学の文脈でいえば、細かくは、大きな目標を示す「政策」、その目標達成のための成果を示す「施策」、具体的な「事業」がある。しかしながら、一般には、法律、予算、政令・省令、行政計画、要綱や要領、事業など、多種多様なものを含めて、政策と呼んでいるため、筆者も本論ではそれにならいたい。

3　政策的思考の必要性－主権者の存在意義と時代の変化－

　戦後日本では、中等教育における社会科、地理歴史科、公民科において、法、政治、経済、倫理などの教育実践が行われてきた。筆者はなぜ、それに加えて政策についての教育が必要だと考えるのか。以下に述べたい。

　第1に、主権者とは問題解決を図る存在である。現代では、男女平等の普通選挙制のもと、間接民主政治が行われており、一定の年齢になると、すべての国民が議会や首長選挙の投票に参加する権利がある。さらに現在は、行政と市民の協働の推進、ボランティアやＮＰＯ法人の活性化など、社会の問題解決に市民が関わっている。外国人も含めて、さまざまな人が社会の問題解決に関わ

り、時には行政と協働して政策決定に影響を及ぼす時代である。つまり、投票を棄権することも含めて、市民の行動が政策決定に影響を与えてしまう。そして、現代社会は行政が肥大化しているといわれるように、政策が人々の生活のすみずみにまで影響を与えている。現代は、政策について、すなわち社会の問題解決を図ることについて、知識や思慮の深い主権者が求められている時代であるといえる。

　第2に、主権者の努力について。庄司（2016）がいうように、主権者は一度なればいいというものではなく、少しでも油断しているといろいろな形でそう（実質的に主権者）でなくされてしまうので、くりかえし主権者になりなおさなければならない。そして、同時に主権者は、主権者であることの恐ろしさも知り、感じていなければならない。

　第3に、市民との協働について。議会への請願と陳情、総合計画や各分野の計画づくりにおける市民参加、パブリック・コメント、住民投票制度、首長や議員、議会のリコール、行政不服審査や行政事件訴訟、外部監査制度、オンブズマン制度、市民を含む外部評価システム、議会傍聴、公開討論会、法廷傍聴、人権救済の申し立て、コンセンサス会議、ＮＰＯや社会起業家など、主権者が問題解決に参加できる機会は増えてきており、多く存在している。

　第4に、日本の政治教育では、戦後まもなく政治的実践力の行使をも含めて政治的教養を育成する向きもあったが、教育基本法のいわゆる「政治的中立性」の縛りもあり、戦後の政治教育は、民主政治の建前の理解にとどまる知識偏重の傾向があった。しかし、2006年に改正された教育基本法では、社会の形成に参画することが教育の目標として掲げられた。また、公職選挙法の改正により、2016年から選挙権が18歳以上に引き下げられ、主権者教育のより一層の充実が期待されている。そして、中教審で話し合われた新必履修科目「公共」の3つの柱の1つにも「(2) 自立した主体として国家・社会の形成に参画し、他者と協働するために」が掲げられ、授業展開のイメージにも「(2) 政策についての選択・判断や立案・提案を通して、政治参加の意義を考えよう」との例が掲げられている。まさに現在は、政策についての見方・考え方を加えて、政治教育の在り方を展開させることが描かれている時代である。

4 問題の所在と「政策対話授業」（安全保障政策編）のねらい

例えば、アメリカ合衆国では4年に1度大統領選挙があり、その際に各地の党員集会などで議論が行われるが、日本では地方政治、国政ともに、生活の場面で政治の話題があがることは少ない。一方で、ネット社会の発達とともに、右の人は右の人と、左の人は左の人と意見を共有し、自分と異なる意見の者には話し合うことすらしない傾向さえある。しかし、そもそも民主主義とは、民主的な制度を整えれば終わりというものではなく、政治的な事柄について話し合う日常、すなわち公共圏がないとすたれてしまうものである。もしも、民主的な制度が存在することに安心して、政治的な事柄について関心がなく、話し合うことがない状況では、政治的な決定によって多くの人権が侵害されることもある。そこで、政治的な事柄について話し合う日常をつくりだし、意見の異なるものと話し合うことをあきらめない態度を育成することが必要である。それには、討論のように対立して勝ち負けを意識するのではなく、相手の話をしっかりと聞く、傾聴の態度を尊重した、対話の姿勢が必要となる。

このような問題意識に基づいて、今回紹介する「政策対話授業」では、政策分析の能力の育成を図るだけではなく、意見の異なる他者を理解して協調する能力や態度の育成をもねらいとしている。

筆者は、埼玉県立いずみ高等学校第3学年必修科目「現代社会」（2単位）で、2016年度の1学期に、安全保障政策（集団的自衛権と憲法改正）をテーマに実践した。いずみ高等学校（以下、実践校）は、さいたま市中央区に所在し、前身は旧与野農工高等学校で、創立55年の歴史がある。現在は生物系・環境系あわせて6つの学科が設置されている。なお、授業時間は50分である。

今回の「政策対話授業」（安全保障政策編）では、授業のねらいを4つ設定した。第1に、政策を多様な視点で考察する機会を設け、政策分析能力を育成する。第2に、民主主義において重視すべきとされる「少数意見を尊重する」機会を設け、その態度を育成する。第3に、意見が異なる他者を理解する能力を育成する。そのために「政策判断の背景にある価値観や優先順位」に着目して意見が異なる他者を理解する機会を設け、その能力を育成する。第4に、意見が異なる他者と分かり合うことをあきらめない態度を育成するために、意見

第4章　現代社会の見方・考え方の育成を目指す中等社会科・公民科の実践理論

の異なる他者と合意形成を行う機会を設け、その態度を育成する。以上のねらいを設定した理由は、他者の意見を尊重しながら、他者と合意を形成していくことが民主的な社会であるために重要と考えたためである。

5　少数意見の尊重

　本実践は、《表1》のような授業計画で実践を行った。まず現状理解として、戦後日本の平和主義、ＰＫＯ、個別的自衛権と集団的自衛権、国連憲章第51条、憲法改正の要件、自民党の憲法改正案などについて学習する（1・2時間目）。生徒が（A）「改憲」派、（B）「集団的自衛権」派、（C）「個別的自衛権」派、（D）「自衛隊廃止」派の各立場に分かれて話し合いを行い、今後日本がとるべき安全保障政策について討論をする（3・4時間目）。そして、クラス全体で、A〜Dの各立場について、将来の利益から考える理由、社会全体の利益から考える理由、利益を受ける者、損害を受ける者、損害者への補償、公平性から考える理由、効率性から考える理由を挙げて、ワークシートに記入する（5・6時間目）。ここまでは「政策えらび授業」と同じ流れである。

　本実践の特徴は、A〜D 4つの立場について、政策分析を深めた点である（5・6時間目）。本実践では、実際には（D）「自衛隊廃止」派がいないクラスもあったが、それでもクラス全員にA〜Dすべての立場について意見を求めた。授業時間にして2時間もかかったが、すべての立場について政策分析を行った理由は2つある。1つは、ディベートのように自分と異なる意見をはねのけるのではなく、他者がどのように考えて自分と異なる意見を言うに至ったのかを理解することで、さまざまな意見に耳を傾けながら自分の考えを構成する能力の育成を図ったためである。そして2つには、よく言われるように「民主主義は少数意見の尊重が大切である」ためである。多数決を単純に行ってしまう短所としては、必ずしも多数派の意見が正しいとは限らないことや、「最大多数の最大幸福」の道を進むと少数者の大いなる犠牲を見落としがちになること、多数派以外の意見も含めて多様な議論を行わないと物事を多面的に把握できないことなどがあげられる。しかし、実社会でも他者の意見を最初から否定する、少数意見には耳も貸さないという人がいて、その風潮が強まっているという嘆きも耳にする。

第2節　主権者として政策決定を実現する見方・考え方の育成

　少数意見は、人数的にもマイノリティであるため、議論をしていてもその話を十分聞く時間が取れない。しかし、政策を多様な面で考えるためには、すべての要素を排除せずに考えることが必要である。自分の意見のみが正しいというイデオロギーにとらわれず、他者の意見に耳を傾け、多様な意見の中で自分の意見を述べることができるようになり、豊かな議論が期待できる。今回、この実践を行って、筆者自身が自分と違う意見に対して非常に理解が深まったと感じている。

表1　2016年度　政策対話授業（安全保障政策編）授業計画
　　　対象クラス：3年1～6組（200人）

事前学習		・政治の類型や、日本の三権分立について学習する。 ・いくつかの事例を通して人々の生活と法の密接な関係について学習する。 ・政治的な決定が人々に影響を与えることや、投票行動の重要性を学習する。
1・2時間目 現状理解	ねらい	①日本の安全保障政策の歴史や現在議論となっている点について理解する。 ②日本国憲法の改正をめぐる議論や歴史について理解する。
	内容	①安全保障政策を考察する前提として、教科書を参照しながら、戦後日本の平和主義、PKO、個別的自衛権と集団的自衛権、国連憲章第51条などについて学習する。 ②憲法改正問題を考察する前提として、教科書を参照しながら、憲法改正の要件、自民党の憲法改正案などについて学習する。
3・4時間目 討論	ねらい	①自分の立場の主張を考察し、班の中で共有する。 ②ディスカッションを通じて、各立場のメリットとデメリットについて考察する。
	内容	①安全保障政策に、A～Dの中から自分の立場をワークシートに記入する。 ②同じ立場の生徒で4人前後のグループを作って話し合い、班として主張をまとめる。 ③各立場の主張を発表し、討論を行う。同時に、黒板にまとめた討論内容をワークシートに記入する。
5・6時間目 政策分析 他者理解	ねらい	①自分の立場について、利害関係者や公平性・効率性などの視点で政策分析を行う。 ②4つの立場すべてについて政策分析を行い、多様な視点を養う。 　（意見の異なる他者について深く理解する）
	内容	①クラス全体で、各立場について、将来の利益から考える理由、社会全体の利益から考える理由、利益を受ける者、損害を受ける者、損害への補償、公平性から考える理由、効率性から考える理由を挙げて、ワークシートに記入する。 ②クラスに4つの立場がそろっていなくても、クラス全体に、すべての立場について意見を求めてワークシートを完成させる。
7時間目 他者理解	ねらい	①自分自身の、社会情勢の判断の仕方や優先する価値について認識を深める。 ②他の立場の、社会情勢の判断の仕方や優先する価値について思いを至す。 　（意見の異なる他者について深く理解する）
	内容	①各人がどのように社会の情勢を判断しているのか、倫理的価値も含めてどのような価値を優先しているのか、ワークシートの問いに答える。 ②ワークシートの記入結果をクラスで共有する。
8・9時間目 合意形成 政党理解	ねらい	①意見の異なる他者と合意を形成する。 ②安全保障についての各政党の政策を理解する。
	内容	①現段階で4つの立場が何人なのか、人数を確認する。 ②どの立場でもよいので、ある立場に条件を付けて、クラスの大多数が納得できる案を募集する。 ③複数出た案それぞれについて、賛成する人の人数を確認し、最も賛成の多い案をそのクラスの案として採用する。 ④他のクラスの案を紹介する。 ⑤安全保障についての各政党の政策を学習する。

第4章　現代社会の見方・考え方の育成を目指す中等社会科・公民科の実践理論

6　他者理解－政治的判断力の背景にあるもの－

　本実践では、次にA〜Dのうち現在の自分の立場について、その政策判断を
するに至った状況理解と倫理的価値判断、政治信念についてワークシートに書
いてまとめ（7時間目）、最後にクラスで合意形成を行い、各政党の政策を理
解する（8・9時間目）という流れにした。

　そもそも、人間が政治的な判断を行う際には、どのようなことが脳裏をよ
ぎっているのだろうか。伊藤（1997）は、自覚的かどうかは別として、市民
は通常の政治的判断において、「政治的信念」「政治的状況についての理解」
「倫理的原理」が潜在した熟慮の過程を経て、決断に至っていると述べる。こ
の場合の「政治的判断」とは、個別の政治的現象についての判断（どの候補者
に投票すべきか、今回の税制改革に賛成するか反対するかなど）であり、「政
治的信念」とは、判断を行おうとする主体が現在までに形成してきた政治に関
する信念であり、これには確固としたイデオロギーから漠然とした政治的選好
までかなりの幅がある。そして、「政治的状況についての理解」とは、現在の
諸政治勢力の配置状況とその中での自らの位置についての理解や政治的判断状
況を理解するための理論である。さらに、政治の世界における倫理の要請の重
要性を考慮に入れると、政治的判断を構成する内省的均衡に「倫理的原理」を
導入するべきであると伊藤は述べる。

　1人の人間が政治的判断をおこなう際の背景として、この3つの要素がある
とすれば、政治的判断能力の育成方法もより細やかに開発できる。この3点に
注目して、意見の異なる両者が主張を述べたり、互いの歩み寄る可能性につい
て考察をすることができる。残念ながら合意形成ができない場合でも「社会に
は私とは異なる意見を持ち、決して分かってくれない人がいる」と思い込んで
終わるのではなく、「私と異なる意見の人は、このような思想が背景にあって
思考・行動しているのだ」と、一歩踏み込んだ理解をすることができる。そし
て、「私の政治的判断はこれでよいのだろうか」と思考を深め、より広い視野
にたって政治的判断を行おうと努める契機になることができる。

　そこで今回、7時間目に、各人がどのように社会の情勢を判断しているか探
るために「憲法を変えると、国際的な信用がなくなるか？」「今後（五十年間

くらいで）中国やロシア、北朝鮮が攻めてくる危険性は高いか？」「中国やロシア、イスラム系の国にくらべて、アメリカの軍事力が落ちてきているか？」「アメリカを助けないと、アメリカは日本を守ってくれないか？」「集団的自衛権を認めると、日本が危ないことに巻き込まれやすいか？」「今まで日本が個別的自衛権しか認めず紛争にかかわらなかったために、国際的な信用を得ていたか？」などの質問を用意し、ワークシートにＹｅｓ、Ｎｏのどちらかで答える時間を用意した。さらに、倫理的価値も含めて、各人がどのような価値を優先しているのかを探るために「日本国憲法を変えないこと」「日本国民の生命を守ること」「経済が好調なこと」「他国との協調関係をよくすること」「自衛隊の被害を出さないこと」の５つについて、優先順位が高い順に番号を書く時間を用意した。

　今回、筆者なりに「政治的信念」「政治的状況についての理解」「倫理的原理」に基づいて設問を用意したつもりであったが、授業中に確認したところ、Ａ〜Ｄの立場ごとに傾向が綺麗に分かれる結果はなかった。生徒には、他者を理解する一つの材料となったようだが、今後、設問の改良を課題としたい。

7　合意形成

　これまで丁寧に７時間の実践を行ってきたものの、これでもなお、「相手の意見の背景は理解できたが、結局お互いに主張しあって、合意を形成することはできない」というあきらめを生徒に生んではいないだろうか。

　筆者は前任校で、2013 年に、エネルギー政策や安全保障政策をテーマにディスカッションをおこなったが、ある生徒から「先生、みんな立場は違うけど、日本を平和にしたいという思いは一緒なんです。でも、立場の違いはどれだけ議論しても堂々巡りで、変わらない気がします」と言われたことがある。これはまさに、筆者がエネルギー政策において感じた気持ちと全く同じものであった。つまり、原発廃止派でも、原発縮小派でも、原発維持派でも、議論の様子を聞いていると「安全で安価なエネルギーができれば、原発がなくてもいい」と考えている。しかし立場の違いについては、いくら議論を尽くしても妥協はできない。このようなディベートやディスカッションによるあきらめを超えた実践を行いたいと考えて、８時間目に合意形成の授業を設定した。

第4章　現代社会の見方・考え方の育成を目指す中等社会科・公民科の実践理論

　まず、A〜Dの人数確認を行う。あるクラスは、Aが6人、B15人、C12人、D1人であった。この場合、クラスで単純多数決を取るとBが採用されることになるが、見方を変えれば、Bの立場には44%の人しか賛成しておらず、あとの56%の人は納得できていない。そこでクラスで話し合って、A〜Dのどの立場でもよいので、その立場に条件を付けて、クラスの大多数が納得できる案を話し合って作成するように求めた。すると、このクラスでは「B（集団的自衛権を認める）の立場だが、日本に被害が来そうな時だけ自衛隊を派遣する。」という意見を採用して、76%（26人）の人が賛成をした。この意見は、実は2014年に政府が合意した意見であった。当時、自民党と公明党が話し合って「わが国と密接な関係にある他国に対する武力攻撃が発生し、これにより我が国の存立が脅かされ、国民の生命、自由及び幸福追求の権利が根底から覆される明白な危険がある場合」など、集団的自衛権行使のための3要件を閣議決定した。このように、実社会での合意形成について学ぶだけではなく、政府や国会の活動についても深い学習をすることができた。その他のクラスでは、「B（集団的自衛権を認める）の立場だが、自衛隊は武力介入をせずに、物資の支援のみをおこなう」などの案も出たため、補足説明として、補給部隊（兵たん）も敵として認識されるだけでなく、攻撃されやすいという意見を筆者が紹介した。

　合意形成については、1時間しか時間を取ることはできなかったが、6クラス中5クラスで70%台〜80%台の合意が得られる意見（結論）を考えることができた。なお、残りの1クラスは50%であった。より高い学習効果を得られる合意形成の実践は今後の課題としたい。

8　本実践の成果と課題

　まず、生徒の授業前後のアンケート（6クラス200人）結果から言える成果としては、設問1「有権者になったら、物理的に不可能な場合を除いて、国政選挙へ投票に行く（不在者投票も含める）」に「そう思う」「ややそう思う」と答えた人の中で、設問2「私は、選挙の時に、候補者の政策のちがいを理解したうえで、投票できる。」に「そう思う」「ややそう思う」と答えた人が、55人（57.2%）から71人（67.0%）に増加、「ややそう思わない」「そう思わない」

と答えた人は、19 人（19.8％）から 14 人（13.2％）に減少したことである。

　次に、他者理解については、5・6 時間目に「少数意見を尊重する」機会を、7 時間目に「政策判断の背景にある価値観や優先順位」に着目して、意見が異なる他者について理解する機会を設けた。今後は、対話する中で、相手が重視する価値をすくいあげ、整理するなど、学習法や設問内容を改善することを課題としたい。

　最後に、他者協調については、8・9 時間目には意見が異なる他者と分かり合うことをあきらめない実践として合意形成をおこなう機会を設けた。あまり時間を取ることはできなかったが、6 クラス中 5 クラスで 70％台〜 80％台の合意が得られる意見（結論）を考えることができた。また、政府（自民党と公明党）の合意も理解しやすくなり、国会や政府の議論の理解も深めることができた。しかし、対立するすべての意見が合意をすることは難しい。拙速に、安易に合意形成を行うよりも、丁寧にねばり強く対話を続けることが必要なこともある。今回の実践では、意見が異なる他者の考えの背景をいかに深く、広く理解できたのかに焦点を置いて授業計画を構成してもよかったとも考えられる。

　本論では、政策分析の視点を持って深く理解する、そして、意見の異なる他者を理解して協調する能力や態度の育成をねらいとする実践を提示することができた。論理的に主張をできているのか、各立場で希望だけを述べていて、リスクについて考えが至っていないのではないかなど、いくつかの課題は今後の実践に活かしていきたい。

〈参考文献〉

足立幸男（2005）：『政策学的思考とは何か』、勁草書房、pp.13, 58-60, 81, 94, 101-120.

伊藤恭彦（1997）：政治的判断力批判序説、静岡大学法政研究、No.1 pp.347-350.

佐野亘（2005）：範型としての問題解決型思考、足立幸男編『政策学的思考とは何か』、勁草書房、94p.

新川達郎（2013）：政策と政策学の話をしよう、新川達郎編『政策学入門』、2p.

庄司興吉（2016）：『主権者の社会認識』、東信堂、pp.8-11, 63.

文部科学省（2016）：資料 2『次期学習指導要領に向けたこれまでの審議のまとめ（素案）のポイント』

華井裕隆（2016）：高等学校における「政策えらび」の授業実践、大友秀明、桐谷正信編『社会を創る市民の教育』、pp.125-141.

第4章　現代社会の見方・考え方の育成を目指す中等社会科・公民科の実践理論

第3節
現代社会の法的な主体に求められる見方・考え方の育成 －教科間連携を用いた法的思考力を育成する授業を通して－

加納隆徳（秋田大学）

キーワード：法教育、法的主体、正義、トランスサイエンス、生命倫理

1　法的な主体に求められる見方・考え方とは

（1）はじめに

　「法的主体に求められる見方・考え方」という標題の意味を、「法教育の実践にあたって、法的な見方や考え方を獲得するという視点から教材選択をする意味は何か、その選択の実際例として何があげられるか」という内容だと考え、論考を試みたい。

　まず、法教育における「主体」という用語の意味を考察した上で、どのような教材が中学や高等学校の現場として適切な教材として浮かび上がるのかを検討する。その上で、「法的な見方や考え方」という観点から、教材作りの方略について模索してみたい。

（2）現代社会における法的な主体とは
①現代社会における法的な主体とは

　ここでいう「法的な主体」は、どのような存在なのであろうか。まず、ここでは法教育という視点から考察を深めたい。我が国において、初めて法教育という用語が用いられたのは 1967（昭和 42）年である。当時、文部省教科調査官であった梶哲夫（梶 1967：67）が用いたとされているが、一般的に法教育という用語が広まりだしたのは 1990 年代、江口勇治（江口（1993））がアメリカにおける法教育の実践を紹介したことによりはじまる。その後、橋本康弘や磯山恭子など法教育の海外研究を進め、法教育研究の進展が進むことになってきた。2008（平成 20）年版中学校学習指導要領、2009（平成 21）年版高等学校学習指導要領において法教育に関わる視点が多く導入されたことにより、法教育の実践は学校現場において急速に広まりを見せることになる。

第3節　現代社会の法的な主体に求められる見方・考え方の育成

　法教育の定義については、法務省法教育研究会（2003：2）において次のように示されている。

> 　「法律専門家ではない一般の人々が，法や司法制度，これらの基礎になっている価値を理解し，法的なものの考え方を身につけるための教育を特に意味するものである。」
> 　「法律の条文や制度を覚える知識型の教育ではなく，法やルールの背景にある価値観や司法制度の機能，意義を考える思考型の教育である事，社会に参加することの重要性を意識付ける社会参加型の教育である事に大きな特色がある。」
>
> （下線は筆者）

　法律専門家を育てることは、法教育の目標では無い。法教育を細かい法律やルールを教えるような教育を指すと考える向きも存在するが、定義通り解釈するならば、一般向け教育を意味しており、教育のゴールとなる児童・生徒には、法の知識を覚えることでは無く、法やルールの背景にある価値観や意義などを思考できることが求められている。そこで育成される「主体」とは、法的価値に関わる学習や思考を伴った学習をもとに、自らの価値意識と思考力をともなった存在であると言える。そこで、次に価値多元社会において価値意識を学ぶ意義を論じてみたい。

②価値多元社会における法教育

　社会問題は多岐にわたり、唯一の正解が見えない社会であると言われている。所謂、価値多元社会である。唯一の正解が求められやすかった時代であれば、子どもの切実な問いを大切にした問題解決学習が求められていた。当時、子どもの目にも明らかな貧困の問題や公害の問題など社会問題が存在し、解決に向けた取り組みを社会科の中で学習することが出来た。結果、社会科教育において燦然と輝く教育実践が多く行われることになる。

　しかし、現代社会は複雑な様相のなかで多様な利害関係者が錯綜するため、ある解決策が別の当事者にとって不利益になるケースも多く存在し、解決にならないケースも多い。所謂、ポストモダン的社会になってきた中で、解決策といわれるものに正解がない状態が出てくることになった。

　この価値多元社会における、社会問題の学習には困難さを伴う。学校では

「正解」を学ぶものと考えている子どもたちが多い中で、現代社会の課題はあまりにも大きく、かつ課題には唯一の答えが存在しないという状況が発生している。結果として、学びの主体である子どもが「問い」そのものからの逃走をしている例が散見される。それを類型化するならば、以下のように考えることができる。

１）ある特定の立場から解決策に固執し、他の立場を顧みない。

２）ある特定の立場を批難するだけで、解決策を比較・検討することをしない。

３）議論そのものから逃げる。

　これらの状況は、社会科教育にとって深刻な問題である。教育学者の佐藤学（2001）は「『学び』から逃走する子どもたち」という言葉を用いて現在の学校教育に関わる問題提起を行ったが、社会科教育の現状は「社会的論争の『問い』から逃走する子どもたち」という状況に陥っているともいえる。この状況をいかに打開できるかが現在の社会科教育における最大の課題であると言える。

③ポストモダン社会における法教育とは

　そこで「正義」概念に着目して論じたい。正義に着目する理由は現代の社会における論争問題は、対立構造として複数の正義が対立しているからである。現代社会は先述したように、唯一の正解が求められないポストモダン社会であると言える。ポストモダン社会においてはかつて正統的な価値だと思われてきた、経済的発展や人権概念が揺らぎを見せ、その根拠となる理由付けに疑いの目が向けられている。価値多元社会における現代社会では、そこに住む人々の幸福は多様であり、結果として問題解決に対して根拠となる「正義」に複数性が生まれている。このことは、授業の主体である子どもにとって、社会問題があまりにも大きなものとして目に映ることになるのである。

　一方、その状況を乗りこえるための方略は教科教育において考えていかなければならない課題であろう。そのため、これまで社会科教育では意思決定や合意形成に取り組む授業開発が多く行われてきた。その際に注意しなければならないのは、生徒自身がもつ価値の根拠をあきらかにし、教室内で自由に議論する場所を確保することである。社会内における「正義」は多様であるため、話し合いの場所を確保しながら、教師自身はあくまで仲介役として議論を整理し、様々な回路を通じて自己の意見が反映される場が必要となってくる。その

第3節　現代社会の法的な主体に求められる見方・考え方の育成

ためには模擬裁判や模擬選挙といった、自分の意見表明をする場所を用意することや、その他、請願活動やデモなどの方法についても積極的に学ぶことが求められるであろう。

　しかし、これだけで学習がおわるわけではない。一方的な自己表明だけでは、価値多元社会の学びとは言えないからである。複数の価値が存在する際に調整原理である「政治的意思決定としての多数決原理」を学ぶことは重要であるが、ジョン・ステュアート・ミル（2013：19）が指摘する「多数派の専制」に陥らない学習上の工夫が求められる。政治部門の意思決定が、多数決原理により主権者の意思を国政に反映させていくのに対して、法の分野では、法－ここで言う法は憲法や様々な権利概念を含む幅広い法概念－を通じて、少数者の権利保護や法の支配と言った正義の実現を行うことに特徴があるように、「多数者の決定でも決められない」ことがあることを学ぶ事こそ、法教育の授業では求められているのであろう。政治的な決定と少数者の権利保護を目指す法的な思考の双方を兼ね備えた形での学習が今後、求められてくることは間違いがないであろう。

④「法的な主体」とは

　以上述べたような学習において、法的な主体とはいかなる存在であろうか。法はその特徴として、公開性、明確性、一般性、安定性、無矛盾性、不遡及性、実行可能性などの特徴をもち、法の根源的な概念としては「正義や幸福、公正」といった概念が存在する。これら法的価値は、歴史に裏打ちされて紡ぎ出されてきたものであり、それを学ぶことは結果として歴史を含めた社会の成り立ちを学ぶ事である。社会問題がどのような論争をもち、何の価値をもとに解決策が論じられているかを考え、意思決定し、他者との話し合いを通じ、他者の意見を理解しつつ、合意形成に向けて努力することの大切さがわかることが法的主体には必要になってくる。一方、その合意形成はその場所においての合意であることも留意しつつ、選択の自由を体験させる場所を通じて、多様な意見が共鳴しあう場所を作り上げる必要がある。

　そこで、「法的な主体」を生み出す学習について、筆者が近年取り組んできた高等学校における科目間連携授業に着目し、方法について論じてみたい。

217

第4章　現代社会の見方・考え方の育成を目指す中等社会科・公民科の実践理論

2　科目間連携授業と法教育

（1）科目間連携授業の必要性

　科目間連携は、次期学習指導要領の高等学校「公共」においても必要性が求められており、情報科や家庭科などの教科と公民科が取り組むことが例示されている（文部科学省2017）。なぜ、科目間連携が必要であるかといえば、個々の生徒にとって教科の学習内容が細分化するほど「なぜそれを学ぶのか」「学んだ内容は社会生活のどの部分に対応するのか」と、生徒そのものの教材に対する関心と学問の広がりを喚起させる目的であると考えられる。そのなかで法教育と親和性が高い分野は「トランスサイエンス」と言われる問題群であろう。

　「トランスサイエンス」は、アメリカの核物理学者ワインバーグ博士によって提唱された概念である。「彼は科学と政治の交錯する領域を『トランス・サイエンス』と呼び、それを『科学によって問うことはできるが、科学によって答えることのできない問題群からなる領域』と定式化している」（小林2007：123）。トランスサイエンスで扱う問題には、例えば原発問題があり、工学や理学などの手法で科学的解決策を考えることは出来るが、社会的な意思決定として原発の利用を容認するか否かは社会が考えないといけないとされている。この問題群の特徴は、理系的な課題に専門家がこたえることが出来ても、社会の側はそれを利用するか否かを判断しなければならないところに特徴がある。トランスサイエンスの学習においては、学習者である生徒自身は、一市民として社会問題に対して意思決定を行わなければならず、専門家の意見を鵜呑みにすることは出来ない。それはこれまでの専門家信仰してきたことに対しての警鐘でもあり、今後、考えるべき課題の1つであるとも言える。

（2）トランスサイエンスと法教育

　トランスサイエンス問題が法教育と親和性が高い理由は以下の通りである。法教育では法的な価値と思考法を学ぶところに価値がある。この価値を学習するためには、社会で生起している問題を取り扱うことが望ましい。一方、社会問題については、公民科だけの枠内で扱える内容は限られており、政治や経済事象での意思決定の問題にも、根拠となる科学的事象が必要不可欠となってくる。しかも、科学的事象については他教科で学ぶことが出来たとしても、その

第3節　現代社会の法的な主体に求められる見方・考え方の育成

問題の解決に向けた取り組みは政治分野によって決定しなければならない。換言すれば、政治的意思決定の方法を学ぶ事は必要不可欠なものであると言える。法教育では意思決定や思考といったものを通じて、法的な価値を学ぶことを主眼においており、法的な価値には「正義や公正」といった法学的な基本的価値を学ぶことを通じて、意思決定や考える枠組みを作ることができる。

　そこでトランスサイエンスに関わる法教育授業の取り組みを紹介したい。ここで紹介するのは東京学芸大学附属高等学校第2学年「現代社会」において実践した「生命倫理　〜デザイナーベイビーから考える合意形成〜」である。授業の概要は以下の通りである。

（3）単元計画　各時間の内容

1　「救世主兄弟の存在と倫理的問題」		
主な学習内容	主な学習活動・評価の観点	留意点
○ 救世主兄弟（デザイナーベイビー）の問題点	○ オーストラリアでおこなわれた「デザイナーベイビー」にかかわるビデオを視聴し、生命倫理に関わる問題意識をもたせる。	1 年生で学習した、「生物基礎」の内容を指摘する。
○ 理科（生物）の観点からの学習	○ 現在研究が進められている生命科学の技術についての解説を行う。	
○ 「My Sister's Keeper」を視聴し、倫理的観点を考える	○ 次に映画「My Sister's Keeper（邦題「私の中のあなた」）」から、デザイナーベイビーに関わる問題について認識させる。これらを通して、デザイナーベイビーに対する自身の考えを明確にする。	映像をもとに、論拠をもって説明するよう指示をする。

2　多様な価値観に触れよう　〜生命倫理に関わる本紹介をしよう〜		
主な学習内容	主な学習活動・評価の観点	留意点
○ 振り返りと本時の目標 ○ 本紹介 ○ まとめ	○ 前時をもとに、「デザイナーベイビー」に賛成派・反対派のグループを設定し、それぞれのグループ内でブックリストの中から選んだ本の紹介を行う。 ○ 自分たちの意見を主張するための根拠を本の中から見つけ、グループ内で共有する。最終的にクラス全員で多様な価値観を共有する。	自分の意見に関わりなく、グループを設定する。

219

第4章　現代社会の見方・考え方の育成を目指す中等社会科・公民科の実践理論

3　生命倫理に関わるルールをつくろう〜合意を形成すること〜		
主な学習内容	主な学習活動・評価の観点	留意点
○ ルール作り	○ 患者や家族・医療保険担当者・医師・官僚・宗教家・障がい者団体の代表者・弁護士・一般市民などの役割・立場を設定し、コンセンサス会議におけるロールプレイを行う。	前時のブックトークから根拠を明示して議論を展開する。
	○ 合意としてどのようなものが考えられるかを説明する。（自由・補助金削減・学会除名・一般規制・刑罰）	合意形成のプロセスについて、記録を行う。
○ まとめ	○ 倫理指針や法律制定など合意形成に向けた話し合いを行う。	

4　合意を評価する		
主な学習内容	主な学習活動・評価の観点	留意点
○ 振り返り	○ 前時で作ったルールを全員で共有し、自分たちのルールについて評価することを目標とする。	
○ 合意形成の質を評価する。	○ 他のグループのルールを知ることにより、自分たちの見落としていた観点を明らかにし、その観点からルールの評価を試みる。	

　この授業の特徴は、理科（生物科）の教員と公民科の教員のコラボ授業によって成り立っている点である。公民科教員の問題意識としては、生命倫理のような極めて個人の思いや願いが強い分野の社会的合意をどのように作り上げていけるのかというものであり、理科（生物科）の教員の問題意識は、1年時に学んだ生物の授業を発展させた形で、生命を取り扱う課題について考えを深めてもらいたいというものであった。この4回の現代社会の授業に生物の教員も参加して、お互いに講義を組み合わせた形で授業を組み立てた。

　この授業は内容として生命倫理を取り扱っているが、法教育的な観点からすると、ロールプレイによって他者の考えをなぞりながら、問題の分析をする点に特色がある。生命倫理では、当事者や関係者の求める幸福や正義は多様であり、問題が生命に関わる当事者にとっては重大な意思決定を含んだものになり得る。他者の思考をなぞることで、その思考の元になる価値を理解し、問題解決に向けた意思決定の重要性を理解することができる。

220

第3節　現代社会の法的な主体に求められる見方・考え方の育成

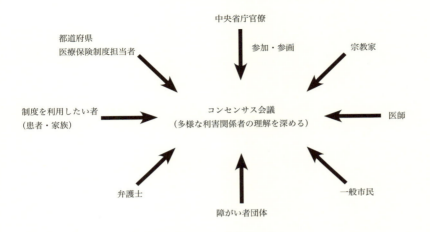

図1　コンセンサス会議に集まる構成員

　生命倫理では、当事者や関係者の求める幸福や正義は多様であり、問題が生命に関わる当事者にとっては重大な意思決定を含んだものになり得る。この授業を通して、安易に多数決のような合意形成に頼るのではなく、問題の切実性に関心を寄せ、他者が大切にする価値を尊重しながら、社会的な意思決定の方法を学ぶことができるのである。

3　「主体」を育てる法教育のあり方

　以上、具体的な授業の形で法的な「主体」を育てるあり方について論じてきた。しかし、「主体」を育てることは本当に可能なのだろうか。この問いにわたしたちは向き合う必要がある。

　近年、コンテンツベースからコンピテンシーベースの教育課程を組むという主張が広まりを見せつつあるなかで、教育という営みは一直線に能力開発を出来るような営みではない。教育学者の太田（1965：42）は「「問」と「答」との間－教育の危機について考える」のなかで、「問いと答えとの間には、我々は、物質代謝、つまり同化作用や異化作用のように、目に見えるような、目で確かめえるような外界との交渉の事実というものをつきとめることはできませ

んが、問いと答えとの間で、われわれは過去や未来という、現在目に見えない世界をもふくむ広い範囲の環境との交渉（言語を媒介とする同化作用、異化作用の機能的展開）を繰り返すなかで人間は成長を遂げていくのだと思います。」と述べている。筆者なりに社会科教育の文脈に換言するならば、法を学ぶ際には、様々な価値や立場を幅広く認めながら、相互の対話や交流を通じた形の授業を構想されなければならないと解釈する。ある特定の「主体」を決め、こうあらねばならないという形の授業が横行するならば、それは教育という営みが特定の思考を押しつける場になるのではないかという危惧をもつ。太田が述べる「広い範囲の環境との交渉を繰り返す」は時間がかかるものであり、あるべき姿を決めることには、結果を早く求めたがる社会的風潮にあって、学校現場にはその余裕が求められるべきであろう。法教育における「主体」のあり方を考える時に必要な取り組みは、まさに話し合いの広がりを保障しながら、自己と他者との対話や自己と自己内の他者との対話が必要となってくるのであり、時間をかけた取り組みをすすめることをもとめていきたい。

4 おわりに

　本稿では、最初に提示した回答の証明を実践事例の検討という形を通して行った。法教育で重視しなければならないのは、自由な公共空間で話し合いの場を設定することが一番大事であり、その次に、その話し合いのルールを身につけることが求められると思われる。法の核心的価値は、1人ひとりを尊重する態度をもつことであり、1人ひとりを大事にすることは民主社会を作る基本的ルールそのものであると言える。今こそ1人ひとりを大事にしながら、包摂を主とする社会を作り上げることができるかを求められていると言える。法教育はその根源にあたる部分を作り上げることができる教育であり、他の教育とは違う側面をもつ基本的な学習であると言える所以である。法教育が研究されるようになってきて20年を超えようとしている今、学校現場は充実した法教育教材開発が求められることになってくるであろう。

〈参考文献〉

江口勇治（1993）：社会科における法教育の重要性－アメリカ社会科における「法教育」の検討を通して－、社会科教育研究、No.68、pp.1-17.

太田堯（1965）：「問」と「答」との間－教育の危機について考える、『教育』1965年10月号、pp40-51.

梶哲夫（1967）：「初等中等教育における法教育の振興について」に対して、文部時報、pp67-69.

小林傳司（2007）：トランスサイエンスの時代　科学技術と社会をつなぐ、NTT出版

佐藤学（2000）：「学び」から逃走する子どもたち、岩波書店

ジョン・ステュアート・ミル、斉藤悦則訳（2013）：自由論、光文社

法務省法教育研究会（2003）：我が国における法教育の普及・発展を目指して
－新たな時代の自由かつ公正な社会の担い手をはぐくむために－

文部科学省中央教育審議会教育課程部会 地歴・公民科科目の在り方に関する特別チーム
（2017）：資料12-1 高等学校学習指導要領における「公共（仮称）」の改定の方向性（案）他
http://www.mext.go.jp/b_menu/shingi/chukyo/chukyo3/062/siryo/__icsFiles/afieldfile/
2016/08/01/1373833_12.pdf（2017年10月閲覧）

第4節
紛争解決に関する見方・考え方を育成する交渉教育

小貫篤（筑波大学附属駒場中・高等学校）

キーワード：BATNA、ZOPA、パレート効率性、公平性、手続き的正義

1 はじめに

　本稿の目的は、BATNA（Best Alternative To a Negotiated Agreement：不調時代替案）、ZOPA（Zone Of Possible Agreement：合意可能領域）といった紛争解決するための見方・考え方、パレート効率性、公平性、手続き的正義といった紛争解決を評価するための見方・考え方を高等学校公民科の「公共」でどのように育成するのかを考察することである。

　目的を達するために、以下の方法をとる。第1に、交渉教育の必要性について、交渉の状況、交渉の類型、交渉教育の定義を確認しながら明らかにする。第2に、先行研究を整理し、交渉教育の課題を明らかにする。第3に、課題を克服するために、法交渉学の知見から、紛争解決に関する見方・考え方を援用する。第4に、紛争解決に関する見方・考え方を育成するための授業構成を考察する。第5に、授業構成に基づいて授業を開発する。

2 交渉教育の必要性

（1）交渉の状況

　交渉を用いる状況は、以下の2つに大別できる。

　第1は、ADR（Alternative Dispute Resolution：裁判外紛争解決手続）の状況での交渉である。ADRの法的な位置づけについては、小島（2000：187）の「正義の総合システム」が有名である。すなわち、裁判、仲裁、調停、交渉を全体として一つの紛争解決のためのシステムととらえ、そのシステム内の要素として各制度を位置づけるものである。これは、紛争解決の中心としての裁判をとりまくように、同心円的に裁判→仲裁→調停→相談→交渉と位置付ける

モデルである。これに対して、太田（2012）は、私的自治の原則に基づいて人々は自由に合意することができるのだから法律家が介入するよりも当事者の自律的な交渉に着目すべきと述べ、交渉→相談→調停→仲裁→裁判上の和解→判決と、交渉を紛争解決の中心と捉えなおしている。このように、法的紛争解決であるADRの一部としての交渉が一つ目の状況である。

第2は、紛争を解決し社会的合意形成をはかる状況での交渉である。桑子（2011：179）によると、社会的合意形成とは、ステークホルダーの範囲が限定されていない不特定多数の人びとがかかわる合意形成をさす。これは、ゴミ置き場をどこにつくるかといった身近な地域レベルから、道路建設や河川改修の事業、産業廃棄物処理場の設置といった都道府県や国政レベル、地球環境問題といった国際社会レベルのものまである。このような不特定多数が関わる社会的合意形成をはかる交渉が二つ目の状況である。

（2）交渉の類型

交渉は、分配型交渉と統合型交渉とに分けることができる。

分配型交渉は、ゼロ・サム的な状況を想定し、対立的で闘争的な対立競争型交渉モデルである。ここでは、相手を敵対者と考え、自分に最も有利な合意案の獲得を求めて駆け引きを行う。例えば、中古の住宅や自動車を購入する場合、価格をめぐってのやりとりは分配型交渉である。

統合型交渉は、相手を問題解決の協力者と考え、パイを広げて双方にとって満足できる解決策をさぐる協調型交渉モデルである。ここでは、交渉の過程は、限られたパイをめぐる争奪ではなく、両当事者が扱う条件・選択の幅を広げたり、創造的に発想したりすることを通して、最終的に双方がより大きな利益と満足を得られるような合意を形成していく過程ととらえられる。これは、分配型交渉がウィン・ルーズ型であるのに対してウィン・ウィン型交渉と呼ばれる。例えば、発注元と下請けの交渉において価格だけでなく、納期や品質などを含めてパイを広げて互いに利益をもたらすように考えるのは統合型交渉である。

法化社会における市民には、ADRの状況においても社会的合意形成の状況においても、分配型交渉と統合型交渉をともに使いながら紛争を解決していくことが求められる。ただ、基本となる交渉は統合型交渉がより望ましい。分配

型交渉はゼロ・サムの結果になりがちであるため、将来に渡って不満が残ることになるからである。

（3）交渉教育の定義と必要性

交渉教育とは、分配型交渉や統合型交渉の見方・考え方や技能を身につけ、交渉の状況に応じて紛争解決をはかる力を育てる教育である。

交渉教育の必要性は以下の2点である。第1に、法化社会の到来とともに、公正な話し合いの見方・考え方や技能に基づいて話し合うことの重要性がますます高まっている点である。これは、自分の法的行為は自分で決め、それについては自分で責任をもつという私的自治の原則がますます重視されるということを意味している。当然、自分に関する紛争は、自分でどのように解決するかについても決めることになる。実際の紛争解決も、訴訟などの公的紛争処理機関によらずに、紛争当事者間の交渉によって解決されるケースが多い[1]。そして、この私的自治の原則は日本が事前規制型社会から事後チェック型社会になっていくにつれてますます重要になってきている。つまり、市民が法や司法の主体となって紛争解決や合意形成をはかっていくことが必要となっている。第2に、社会から、交渉の見方・考え方や技能を身につけることが求められている点である。例えば、DeSeCo（デセコ）プロジェクトのキー・コンピテンシーの中には「交渉する力」、「できるだけ異なる立場があることを知り、現状の課題と危機にさらされている利害、すべての面から争いの原因と理由を分析する」といった項目がある（ドミニク・ライチェン他 2006：213-215）。社会の中の学校である以上、社会的要請に応えることも必要である。以上の2点が交渉教育の必要性である。

3　先行研究から見える交渉教育の課題

交渉教育の先行研究としては、野村・江口編（2015）の研究、小貫（2016）の研究、齋藤（2016）の研究がある。

齋藤（2016）は、交渉教育を含むアメリカの「対立解決教育」の全貌を明らかにすることを目的として研究を進め、「対立解決教育」は「平和教育を背景とするもの、共同学習に関する研究の文脈を背景とするもの、地域社会におけるADRを背景とするもの、法教育を背景とするもの」の4つの背景から登

第4節　紛争解決に関する見方・考え方を育成する交渉教育

場してきたことを明らかにしている。

　野村・江口編（2015）の研究と小貫（2016）の研究は、齋藤（2016）のいう「地域社会における ADR を背景とするもの」と「法教育を背景とするもの」を混合したものである。野村・江口編（2015）と小貫（2016）は、私的自治に基づいて紛争解決に関する見方・考え方や技能を身につけさせることを目標とする点において軌を一にしている。野村・江口編（2015）の研究は小学校を対象としており、小貫（2016）の研究は高等学校を対象としているが、共通したいくつかの課題がある。第1に、価値や権利の対立からくる紛争は、交渉の見方・考え方や技能を活用した解決が難しい場合があることである。渡部（2016：162）は書評において、権利問題などの問題では双方満足などあり得ないことがあると指摘し、「仲間による調停」教育などとの併用を説いている。第2に、「囚人のジレンマ」の状況だと統合型交渉が妨げられることである。ADR での交渉でも社会的合意形成での交渉でも、「囚人のジレンマ」の状況だと統合型交渉がなされにくい。例えば、ADR での交渉においては、今井（1986：37）が指摘するように、紛争当事者は時間と費用がかかる面倒なことは早く終らせたいと思っているが、相手方にも言い分があって思うように進まず、自己の主張を通して利益を最大化したいがためにますます居丈高になることがある。このような状況としてはゼロ・サムではなく相互利益が存在し、両者ともにそれを知っているにもかかわらず、自己利益の最大化をはかるために両者の満足いく紛争解決にたどり着けない。このような「囚人のジレンマ」状況は現実では頻繁にみられる問題である。第3に、紛争当事者が交渉による紛争解決よりも、別の解決策のほうが利益が大きいと感じる場合があることである。この場合は、交渉の余地はなくなる。第4に、交渉の結果としての紛争解決を評価する明確なものがないことである。授業において生徒が考える紛争解決のうち、どのようなものが望ましいのかが評価できないのは問題である。

　こうした課題を克服するために、本稿では、「しっぺ返し」、BATNA、ZOPA、パレート効率性、公平性、手続き的正義といった見方・考え方を取り上げ、授業開発を行う。

227

第4章　現代社会の見方・考え方の育成を目指す中等社会科・公民科の実践理論

4　紛争解決に関する見方・考え方

（1）交渉の7つの見方・考え方

　価値や権利の対立による交渉の課題を克服するために、フィッシャーとユーリー（2011）によって提唱された7つの見方・考え方を確認する。7つの見方・考え方は以下の通りである。第1は、「人と問題を分離する」。相手を問題解決のパートナーとみなし、共に問題の解決を試みることである。第2は、「立場ではなく利害に焦点を合わせる」。表面に現れる立場（主張）ではなく、背景にある利害（欲求、関心、懸念）に目を向けることで合意の可能性が高まる。第3は、「双方にとって有利な選択肢を考え出す」。ゼロ・サムではなく、新しい資源を創出することで資源そのものを大きくすることを考えることである。第4は、「客観的基準を用いる」。客観的な基準を用いて交渉することで、双方が納得しやすくなる。第5は、「BATNAを用意する」。第6は、「確約の仕方を工夫する」。可能な選択肢を減らして、残った一つの選択肢に自分を拘束するというような意味である。第7は、「よい伝え方を工夫する」。これは相手に理解してもらうために、相手の思いこみによって真意が誤解されないように、相手の耳に届きやすい伝え方を工夫することである。

　交渉の7つの見方・考え方は、前述した価値対立の場面でも有効である。価値対立に関わる社会的合意形成での交渉において有名な事例が、アメリカの妊娠中絶に関わる交渉である。松浦（2010：145-149）に詳しいが、NGOサーチ・フォー・コモングラウンドが1993年から対立するキリスト教保守派とリベラル派に交渉の場を提供し、そこで一つだけ合意したことが「所得の少ない十代の女性が意図せずに妊娠している。その結果、中絶を望む人が多い」という共通認識であった。そこで対策として、10代の妊娠を防ぐこと、里子制度をより広めることで合意したという事例である。これは、「立場ではなく利害に焦点を合わせる」を実践したものといえる。このように価値対立でも統合型交渉は可能である。

（2）交渉を進めるための見方・考え方としての「しっぺ返し」

　アクセルロッド（1998：26-55）によれば、紛争当事者との間に将来も紛争が生じて「囚人のジレンマ」が繰り返される状況では、「しっぺ返し」が有効

228

である。これは、最初は協調的にふるまい、相手が競争的にふるまったら競争的にふるまい、相手が協調的にふるまったら協調的にふるまうというものである。1回限りの交渉では相手をだまして自分の利益を最大化することができても、継続的な関係があったり交渉が行われたりする場合は、協調的にふるまうことが利益の増大につながる。この「しっぺ返し」は、交渉における「囚人のジレンマ」を克服するものになりうる。

(3) 交渉によって紛争解決するための見方・考え方としてのBATNA

BATNAとは、現在の交渉による合意がないと仮定した場合の最善の代替案のことである。交渉の結果得られる利益が、BATNAがもたらす利益を下回る場合、合意しないという選択ができる。BATNAがもたらす利益に対応する合意内容が最低基準となる。例えば、友人からタブレットを1台購入するときのBATNAの候補としては、同じ性能のタブレットを家電量販店で購入する、同じ性能のタブレットを売ってくれる別の友人を探す、同じ性能のタブレットをインターネットで購入する、などがある。これらの候補の中から、「ほぼ同じ性能のタブレットを家電量販店の○○で5万円で買う」と設定する。友人が同じ条件で絶対に5万円より安く売ろうとしなければ、交渉をやめて家電量販店に行くことになる。

(4) 交渉によって紛争解決するための見方・考え方としてのZOPA

ZOPAとは、交渉当事者間の合意可能領域のことである。単純な分配型交渉におけるZOPAから考える。例えば、自分が友人にある財を売る場合、売り手である自分のBATNAが1万円、買い手である友人のBATNAが1万5千円だとする。この場合のZOPAは1万円と1万5千円の間である（図1）。

統合型交渉におけるZOPAは、図2のようになる。自分にとっても相手にとっても望ましいのは効率前線上で合意が得られるように提案し、交渉をすることである。

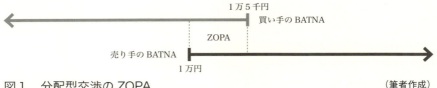

図1　分配型交渉のZOPA　　　　　　　　　　　　　　　　（筆者作成）

第4章　現代社会の見方・考え方の育成を目指す中等社会科・公民科の実践理論

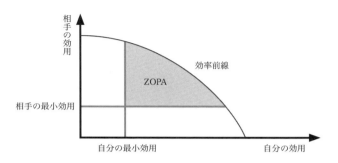

図2　統合型交渉の ZOPA　　　　　　　　　　　　　　　　　　　　（筆者作成）

（5）紛争解決を評価する見方・考え方としてのパレート効率性、公平性、手続き的正義

　太田（2013）は、交渉が社会的望ましさを実現すると述べ、その社会的に望ましい紛争解決の条件として、パレート効率性、配分的正義、手続き的正義をあげている。配分的正義については法哲学上で様々な立場があるため、ここではその語は使わず公平性と言い換える。本稿ではこの3つを紛争解決を評価する見方・考え方とする。

　パレート効率性は、社会の誰かの効用を犠牲にしなければ他の誰かの効用を高めることができない状態をいう。これは、パイを広げて双方にとって有利な選択肢を考え出せたかということである。交渉の結果、パレート効率性が実現されているかという観点で交渉結果を評価する。

　公平性は、自分の得た利益の割合が他者の利益と同等と感じることである。これは、「最後通牒ゲーム」で感覚的に理解させることが可能である。「最後通牒ゲーム」とは、次のようなものである。電車に乗っていたら、大富豪がやってきて、あなたと隣に座っている全く見知らぬ人に向かって、突然次のようなことを言い出した。「ここに100万円がある。2人で分けなさい。2人の分け前について話し合いで合意できたら、この100万円を2人にあげよう。この場で分けて持ち帰りなさい。あと5分で私の降りる駅に到着するから、それまでに決めなさい。決められなかったら、この話はなしになる」。どう分けるか。これを生徒にやらせると、大多数の生徒が50万円ずつ分けると回答する。また、自分がお金を分けて相手に選ばせるという回答もでてくる。このように人

230

第4節　紛争解決に関する見方・考え方を育成する交渉教育

間の社会的望ましさの判断にはパレート効率性だけではなく、公平性への考慮も不可欠である。この観点で交渉結果を評価する。

　手続き的正義は、紛争解決に至る手続きの正当性である。合意に至るまでに十分に話し合えたという納得感はあるか、発言の機会や時間は確保されたか、紛争当事者間の情報に大きな格差がなかったかという観点から交渉の過程を評価する。

5　紛争解決に関する見方・考え方を育成する交渉教育の授業構成

　紛争解決に関する見方・考え方を育成する交渉教育は、以下のように授業を構成することができる。「Ⅰ. 分配型交渉と統合型交渉の違いを理解」→「Ⅱ. 紛争解決に関する見方・考え方を習得」→「Ⅲ. ADR の状況での模擬交渉」→「Ⅳ. 紛争解決を評価する見方・考え方で模擬交渉を評価」→「Ⅴ. 社会的合意形成をはかる状況での模擬交渉」→「Ⅵ. 紛争解決を評価する見方・考え方で模擬交渉を評価」→「Ⅶ. 応用・提案・参加」→「Ⅷ. 振り返り」の8段階である（図3）。

段階	授業の内容
Ⅰ. 分配型交渉と統合型交渉の違いを理解	・シンプルな架空の事例で、分配型交渉と統合型交渉の違いを理解させる。
Ⅱ. 紛争解決に関する見方・考え方を習得	・7つの見方・考え方、しっぺ返し、BATNA、ZOPA を習得させる。
Ⅲ. ADR の状況での模擬交渉	・現実の事例を用いて ADR の状況での相対交渉で模擬交渉をさせる。
Ⅳ. 模擬交渉を評価	・パレート効率性、公平性、手続き的正義という見方・考え方で模擬交渉を評価させる。
Ⅴ. 社会的合意形成をはかる状況での模擬交渉	・現代の社会的課題について模擬交渉をして紛争解決をはからせる。
Ⅵ. 模擬交渉を評価	・パレート効率性、公平性、手続き的正義という見方・考え方で模擬交渉を評価させる。
Ⅶ. 応用・提案・参加	・模擬交渉で構想した解決策を発表したり、社会に提案したりする。
Ⅷ. 振り返り	・学習を振り返る。

図3　交渉教育の授業構成

（筆者作成）

231

第4章　現代社会の見方・考え方の育成を目指す中等社会科・公民科の実践理論

6　紛争解決に関する見方・考え方を育成する交渉教育の授業開発

●想定する教科目　公民科「公共」

●単元名　「大項目B　ア（ア）個人や社会の紛争を調停、解決」

●授業の目標

・紛争解決に関する7つの見方・考え方、「しっぺ返し」、BATNA、ZOPA、交渉を評価する見方・考え方を理解させる。（知識及び技能）

・ADRの状況での模擬交渉、社会的合意形成をはかる状況での模擬交渉を行い、考察、評価、提案させる。（思考・判断・表現等）

・紛争解決に関する見方・考え方を活用して考察を進める態度を養う。（学びに向かう力・人間性等）

●単元の授業計画（全2時間）

	ねらい	学習内容・学習活動	授業の段階
第1時	紛争解決に関する見方・考え方を理解し、ADRの状況で模擬交渉を行うことができる。	導　入：「図書館の窓²」の事例で分配型交渉と統合型交渉の違いを理解する。 展開①：「米国における妊娠中絶」の事例で7つの見方・考え方を確認する。 展開②：「囚人のジレンマ」で「しっぺ返し」を確認する。 展開③：BATNA、ZOPAを理解する。 展開④：契約についての紛争を設定し、2人1組で模擬交渉を行う。 まとめ：パレート効率性、公平性、手続き的正義という見方・考え方で模擬交渉を評価する。	Ⅰ．分配型交渉と統合型交渉の違いを理解 Ⅱ．紛争解決に関する見方・考え方を習得 Ⅲ．ADRの状況での模擬交渉 Ⅳ．模擬交渉を評価
第2時	紛争解決に関する見方・考え方を用いて社会的合意形成のための交渉を行うことができる。	導　入：「禁煙条例³」の事例で社会的合意形成をはかる状況での模擬交渉を行う。 展開①：パレート効率性、公平性、手続き的正義という見方・考え方で模擬交渉を評価する。 展開②：解決策をクラスに発表する。 まとめ：学習を振り返り、交渉の技能や考え方が身についたか確認する。	Ⅴ．社会的合意形成をはかる状況での模擬交渉 Ⅵ．模擬交渉を評価 Ⅶ．応用・提案・参加 Ⅷ．振り返り

7　おわりに

　本稿の成果は、以下の二点である。第1に、交渉教育の課題を乗り越えるために、紛争解決に関する見方・考え方を育成する交渉教育の授業構成を明らかにした点である。第2に、交渉の状況、交渉の類型、交渉を進めるための見

方・考え方、紛争解決を評価する見方・考え方を明らかにした点である。

　本稿の課題は、実践、分析を行っていない点である。そのため、提案した授業構成がどの程度有効なのかを検証できていない。引き続き、実践と分析を行うことが求められる。

〈注〉

1　棚瀬（1992：5）は「裁判の場での解決が法的に保障されているにもかかわらず、訴訟外で解決される紛争も、現実には非常に多い。むしろ単純に量的な問題として言えば、いわゆる法的紛争の中で、当事者間での話し合い、第三者の斡旋、さらには調停、仲裁という準司法機関によって解決されるものが裁判による解決に比べて圧倒的に重要な位置を占めている」と指摘している。
2　図書館での出来事である。1人は本のページが風でめくれるため窓を閉めたい。もう1人は空気の入れ替えをしたい。どちらも窓付近の席を移動したくない。分配型交渉をすれば争いになるが、統合型交渉をすれば廊下の窓を開けて直接風が吹きつけないようにする解決策が生まれる。
3　ある区は路上喫煙禁止条例を実施しており、喫煙者が公園に流れ込んでいた。近隣住民は「煙で洗濯物が干せない」という一方、喫煙者は「職場も路上も吸えず行き場がない」という。路上喫煙禁止条例の違反者は増加傾向にあり区は対策を考えていた。三者の交渉の結果、区は予算を確保し、翌年から喫煙所設置費用を 500 万円まで助成する制度を施行した。

〈参考文献〉

今井盛章（1986）：心を動かす紛争相談・調停・説得の技術、学陽書房
太田勝造（2012）：社会的に望ましい紛争解決のための ADR、仲裁と ADR、vol.7
太田勝造（2013）：法科大学院における ADR 教育の実践、仲裁と ADR、vol.8
小貫篤（2016）：交渉教育の有効性と課題－法社会学の成果を取り入れた公民科の授業－、社会科教育研究、No.129
桑子敏雄（2011）：社会基盤整備での社会的合意形成のプロジェクト・マネジメント、合意形成学、勁草書房
小島武司（2000）：裁判外紛争処理と法の支配、有斐閣
齋藤宙治（2016）：米国における対立解決教育の歴史的展開－第一期（拡大期）、法と教育、vol.6
棚瀬孝雄（1992）：紛争と裁判の法社会学、法律文化社
ドミニク・ライチェン他（2006）：キー・コンピテンシー　国際標準の学力をめざして、明石書店
野村美明・江口勇治編（2015）：交渉教育の未来、商事法務
松浦正浩（2010）：実践！交渉学－いかに合意形成を図るか、ちくま新書
ロジャー・フィッシャー／ウィリアム・ユーリー（2011）：ハーバード流交渉術、三笠書房
ロバート・アクセルロッド（1998）：つきあい方の科学、ミネルヴァ書房
渡部竜也（2016）：書評　交渉教育の未来、法と教育、vol.6

第4章　現代社会の見方・考え方の育成を目指す中等社会科・公民科の実践理論

第5節
多文化共生・ダイバーシティ社会に向けた見方・考え方の育成 －「見えないマイノリティ」の人びとに焦点をあてて－

坪田益美（東北学院大学）

キーワード：ダイバーシティ・インクルージョン、見えないマイノリティ (Invisible Minority)、LGBTQ、構造的・文化的暴力

1　はじめに

　日本において社会科ならびに社会系諸科目の究極の目標は、新しい学習指導要領においても、「平和で民主的な国家及び社会の形成者に必要な資質・能力」であり、「公民としての資質・能力（公民的資質）」である。その「平和」と「民主社会」を実現するためにこそ、多様性を尊重する資質・能力が不可欠である。

　民主社会とは基本的に「一般的な（大多数の）」人びとにとって都合の良いように創られてしまいうる。その「一般的」にフィットできない人びとを意識的／無意識的に、排除したり、無視したり、無関心によって放置したりすること（「文化的暴力」）は、本人の意思や努力とは無関係に、外的圧力によって権利や可能性を制限したり阻害したりする「構造的暴力」につながる。このような構造的・文化的暴力（Galtung,Johan 2007：31）は、往々にしてその社会のマジョリティによって、無自覚の上に悪気なく継承されうる。今日では、各社とも社会科の教科書において民主主義が少数者を圧殺する危険性について明記しているように、民主主義と「少数者の尊重」は、決して切り離してはならない。

　さらに留意すべきは、その「数」というものが、必ずしも実質的な数を意味しないということである。「積極的に声をあげることのできる」人びとの数に過ぎない。「多数者」とされる人びとにも実質的には偏りがあるのもさることながら、声が小さすぎて聞き取ってもらえない人びとや声を出すことさえできない人びとの数は、必ずしもカウントされない。つまり「少数者」「弱者」として認識すらされない、すなわち存在しないものとして見なされる可能性があるのである。いかに多くのマジョリティが、「声なき声」を拾い上げ、そこにおける構造的暴力に気づくことができるかということが、その是正に向けて、ひいて

は「平和」で「民主的」な社会の実現に向けて、重要な第一歩となるのである。

そこで本稿では、そうした無意識・無自覚の「構造的・文化的暴力」を是正していく第一歩としての「見方・考え方」を育成するために、いかなる教材をどのように活用するか、その一例を提案してみたい。

2　多文化共生・ダイバーシティ社会を実現するために

グローバル化の進展が著しい今日では、人種や民族性、身体的な障害を有する等に基づく「目に見えるマイノリティ[1]（Visible Minority）」に対する配慮や尊重の重要性については、日本でも徐々に浸透しつつある。学校教育においても、社会科の教科書の中でも、意識的に取り上げられるようになって久しい。しかしながら問題は、LGBTQ[2]や精神疾患、発達障害のある人々、さらには貧困層のような社会的・経済的弱者といった「目に見えないマイノリティ（Invisible Minority）」の存在は、無意識・無自覚に無視してしまいうるということである。

大学を含む学校法人や企業等を中心に、発達障害のある人々に対する「合理的配慮」は、少しずつ徹底され始め、一般的にも徐々に認知度は高まっている[3]。また近年では、渋谷区で「同性パートナーシップ条例」が成立するなど、社会的・政治的にも認知、承認され始め、LGBTQの人びとに関する差別的な発言や扱いが各種メディアで批判的に取り上げられることも増えてきており、一般的な認知や配慮・尊重すべきという価値観は広まりつつあるといえる[4]。しかしながら、まだまだ差別や偏見の目を恐れざるを得ない「空気」は蔓延っているといわざるを得ない。特にLGBTQについては、性的な話題となるためきわめて繊細であり、思春期の子どもたちに理解させるには、少なからずリスクをはらんでいることもあって、学校においても、授業においても、正面から大々的に取り上げるということには、多くの教員が消極的なのではないだろうか。事実、日高康男（2015）によれば、「LGBTについて、授業で取り扱う必要がある」と考えている教員は6割以上いるにもかかわらず、「授業に取り入れた経験がある」のは13.7％であった。取り上げない理由として特筆すべきは、実際にLGBTQの子どもと関わった経験のある教員が極めて少ない、ということである。同調査によれば、5,979人の回答者のうち、同性愛ならびに性同一

性障害の生徒と関わったことのある教員は、それぞれ 7.5％と 11.9％であった。そして「授業に取り入れない理由」の上位には、「教える必要性を感じる機会がなかった（42.3％）」、「同性愛や性同一性障害についてよく知らない（26.4％）」といった回答があがっている。しかし実際には、LGBTQ の生徒は存在していた可能性がある。LGBT マーケティングラボが 2016 年に行った調査[5]では、将来的な可能性も含めて自身が LGBT だという人は 5.2％ほど（550人中約 28.6 人）であった。同調査の結果を鵜呑みにするわけにはいかないが、電通総研が行った調査結果[6]に鑑みても、約 20 人に 1 人の割合で LGBTQ の人が存在する、という言説はある程度の信憑性がある。とすれば、前出の教員たちには「見えていなかった」だけで、彼らはおそらく身近に存在していたし、今もしているかもしれないということなのである。

　このように、「見えないマイノリティ」の人びとは、「いない」ものと見なされる存在、「声なき声」に陥りやすい人びとである。「声を出したくても出せない」構造的・文化的暴力の中で、ひたすら耐えている、あるいはすでに諦めている人びとも少なくないはずである。こと、LGBTQ の人びとに関しては、声高に差別を叫ぶには、カミングアウトしなければならない。ところが現実には、カミングアウトすれば、差別や偏見、奇異の目にさらされるかもしれないという恐怖を抱かせる風潮が、無意識・無自覚のままに放置されている。その結果、声を潜めざるを得ない状況に陥るのである。学校で「触れない」「取り上げない」ことは、こうした現状を改善しないどころか、問題をさらに深刻化させうる。「知らない」生徒は無自覚に差別や不当な言動を繰り返し、他方メディア等を通じて「知っている」生徒には、「触れてはならない」存在として認識させてしまうことで、いたずらに偏見や先入観を助長してしまう危険性がある。当事者の生徒は、その話題について扱われないことによって逆に傷つけられ、自らを「異常な存在」として誤った自己認識や嫌悪感を抱いてしまう危険性もあるだろう。

　筆者は、こうした「見えないマイノリティ」に強いられている構造的暴力ひいてはそれを助長する文化的暴力をこそ、すべての子どもたちに認識させるべきだと考える。彼らが今生きている身近な生活の中にも「見えていない」暴力が存在すること、そのことによって誰かの潜在的可能性ならびに社会的・経済

第5節　多文化共生・ダイバーシティ社会に向けた見方・考え方の育成

的利益を阻害している可能性があること、そしてなにより、それに知らず知らずのうちに「加担」している可能性があるということを。

3　ダイバーシティ・インクルージョンに向けた「見方・考え方」

　2017年5月16日付けで日本経済団体連合会（経団連）が「ダイバーシティ・インクルージョン社会の実現に向けて」という提言書をまとめている。「ダイバーシティ（多様性）・インクルージョン（包摂）[7]」とは、多様性を受け入れ、企業の活力とする考え方とされる。このことが象徴するように、日本では特にビジネスの世界で、経営戦略として積極的に取り入れられ始めている（日本経済団体連合会 2017）。欧米や国際機関においては、すでに政治的・社会的にも推進されて久しいが、多様性は社会や経済を活性化させたり、発展させたりする活性剤として捉えられているのである。同提言書によれば、日本でも政治的・社会的に多様性を包摂していこうとする動きが、近年活発化しつつある。

　ただし、「多様性を包摂する」ということは、「みんな違ってみんないい」というような簡単な話ではない。互いに違いを承認し受け入れるということであり、それには互いに何かを我慢したり、妥協したり、自分の信念や価値観を曲げたり、譲り合ったりして一定の合意を形成していく必要がある。合意を形成するためには、精神的にも時間的にも、体力的にも多大なコストを伴う。相手の主張や考えを冷静に聞き入れるとともに、自らの主張や考えを明確に論理的に説明するスキル、理性的に公正に判断する判断力も必要となる。それらのコストを引き受けてでも、多様性の包摂に価値を見いだす「見方・考え方」を生徒自らが選択するためにも、不当に排除されることの理不尽さや不当性、社会的・経済的不利益について、実感的にかつ理性的、理論的に認識するための学習が必要なのである。

　そしてもう一つ、「見えないマイノリティ」の存在に気づき、適切な配慮について考えることのできる「見方・考え方」の育成が重要である。生まれた時から特権的地位に置かれている人間には、理不尽な状況や立場に追いやられている人びとの存在に気づくことは容易ではない。それでなくとも、他人の立場や視点でものを見て考えることは、誰にとっても容易なことではない。そのことを自覚することが、ここで必要となる「見方・考え方」の基盤である。したがっ

237

第4章　現代社会の見方・考え方の育成を目指す中等社会科・公民科の実践理論

て、まずはそのことに気づく、自覚する学習段階を設けることが重要である。

　その上で次に、自身は経験したことのない「立場」や状況について、よく知ることが重要である。推察したり、慮ったりするだけで「わかったつもり」になってしまえば、本当に必要な支援や包摂とは何かについての判断を誤ってしまい、「親切の押し売り」になりかねない。加えて、よく知るということは、たとえ同じ「立場」「状況」に置かれた人であっても、一人ひとり、価値観や考え方、生き方ひいてはニーズも違う、という「見方・考え方」につながる。「ある集団の人びと」と一纏めに捉えることは、偏見や先入観、ステレオタイプ化して人を判断する見方・考え方につながり、逆に差別的な言動を助長しかねない。共通の普遍的な願いがある一方で、一人ひとりの考え方やニーズは違う可能性があるという理解を促すことで、培われるべきは「一人ひとりのニーズ」を「傾聴」すべきとする「見方・考え方」である。

4　「特権ウォーク（privilege walk）」の日本の学校における活用について

（1）「特権ウォーク（privilege walk）」とは

　ここでは、「特権ウォーク」というアクティビティを紹介したい。本稿では、実際に筆者がカナダで体験した際の資料を基に、ウェブ上にアップされているさまざまな関連資料を参考にして翻訳、日本向けに適宜文言等をアレンジして作成した本アクティビティ用の質問項目一覧表を掲載する。本アクティビティは、参加者を横一列に整列させ、最大50項目程度の問いを投げかけ、問いの答えに応じて、1歩前に出たり、後ろに下がったりさせる。50問が終わる頃には、マジョリティとマイノリティとの差が、前と後ろに大きく開いているというものである。つまりこのアクティビティは、マジョリティ側にいる人が、いかに特権的な立場におり、マイノリティがいかに差別され、不当な扱いを受けている可能性があるか、いかに強いられた格差から抜け出せない社会構造が形成されているか（McIntosh, P 1992：30-36）、ということを視覚的に見せるアクティビティなのである。

　本アクティビティを実際にカナダで体験した時には、格差が目に見えて現れる結果となった。では、このアクティビティを日本で行った場合、どうなるか。想像に難くないと思われるが、筆者が教員免許状更新講習で3度ほど実践

238

第5節　多文化共生・ダイバーシティ社会に向けた見方・考え方の育成

した際には、いずれも横一列となって、ずいぶん前まで進んだ。その結果から我々は、何をどのように学べるだろうか。その結果を素直に受け取れば、「教師」という人びとの「特権性」に気づかせることができるということである。他方、より重要なことは、実際に「差」がないのではなく、「差」を公にできない（したくない）から、というだけかもしれないということである。

　例えばこれらの問いの中には、同性愛者であることが自ずと判明してしまうようなものがある。それを隠したい人が存在すれば、実際には「差」が出るはずなのに、結果としては出ない、ということになる。筆者が問題視するのは、このように「隠すべき（隠したいと思うことが当たり前の）」こととして認識されている可能性があることである。それを「隠させてあげなければ」と配慮しなければならない、あるいは「隠したい」と思わせる社会のあり方である。言うまでもなく、本人の意に反してカミングアウトさせるのはいかなる社会でも暴力である。しかしながら「隠さなければならない」と感じさせる社会や配慮が、かえって構造的・文化的暴力となっているということもあるのではないだろうか[8]。さらに言えば、カミングアウトという言葉自体が、すでに差別を証明しているとも言える。異性愛であれ同性愛であれ、それをあえて公表しなければならない理由はない。それにも関わらず、LGBTQ の人びとにだけ、カミングアウトという概念が存在するとしたら、それは「隠さなければならない（隠したい）」という意識や風潮が蔓延っていることの証明とも言えるのである。

（2）教材として活用する方法案

　とはいえ現実的には、このアクティビティの問いの中には、まだまだ現在の日本社会では公にし難いものが多いため、そのまま実践することには問題がある。したがって、ロールプレイという形で実践することを提案したい。教師が、予めマジョリティ側の役割と、諸マイノリティ側の役割を創り、それぞれにプロフィールを細かく作成し、生徒にそれらの役割を与えた上で実践するのである。ただしこのアクティビティは、社会に存在するさまざまな集団の存在と、マジョリティに無自覚・無意識に与えられている特権、そしてマイノリティとの格差について可視化するという意味を持つものであって、あくまでも導入に過ぎない。多くの日本人の子どもが、ここでいうマジョリティに属するという点で、まずはこれらのことに「気づく」ことが重要なのである。

第4章　現代社会の見方・考え方の育成を目指す中等社会科・公民科の実践理論

特権ウォーク（privilege walk）

1．先祖が日本へ強制的に来させられたという人、一歩下がる。
2．あなたの民族的アイデンティティが○○系日本人として見なされない場合、一歩前へ。
3．あなたの人種、社会階層、民族性、ジェンダー、あるいは性的志向などに由来する呼び名で呼ばれたことがある人、一歩下がる。
4．乳母、庭師（植木屋）、家政婦、清掃業者などの職業の人を一人以上雇っている家庭で育った人、一歩前へ。
5．あなたの服装、家、車などについて恥ずかしいと思ったことがある人、一歩下がる。
6．両親が専門的な教育を受けた、あるいは「ホワイトカラー」の専門職（例：医師、弁護士、教師など）に就いているという人、一歩前へ。
7．あなたの育った地域の中に売春やドラッグなどの活動が存在した人、一歩下がる。
8．あなたの素性がばれたり、バカにされたりするのを避けるために、あなたの容姿やマナー、振る舞いを変えようとしたことがある人、一歩下がる。
9．小学校であなたの祖先の文化を勉強した人、一歩前へ。
10．日本語・英語以外で話す学校に通っていた人、一歩下がる。
11．あなたの成長過程で、家に、50冊以上の本があった人、一歩前へ。
12．成長過程において、食べ物を買うのに十分なお金がないために空腹だったり食事を抜かなければならなかったりしたことが一度でもある人、一歩下がる。
13．両親に美術館や遊びに連れて行ってもらった人、一歩前へ。
14．両親のどちらか一人でも、失業したり、否応無しに解雇されたりした人、一歩下がる。
15．健康保険に加入している人、一歩前へ。
16．成長過程において私立学校へ通った、あるいはサマーキャンプやボーイスカウトなどに参加した人、一歩前へ。
17．あなたの家族が家賃を払えなくて引っ越さなければならなかった人、一歩下がる。
18．両親からあなたはかわいいとか、賢いとか有能だとか言われた人、一歩前へ。
19．人種、社会階層、民族性、ジェンダー、性的志向を理由に、学問や職業をあきらめさせられたことがある人、一歩下がる。
20．両親から大学進学を奨励された人、一歩前へ。
21．なんらかの障害のある人、一歩下がる。
22．片親の家庭で育った（一時期でも）人、一歩下がる。
23．家族が所有する家で育った人、一歩前へ。
24．あなたの人権、社会階層、民族性、ジェンダー、あるいは性的志向と同じ人が、テレビやメディアで、貶められるような役割で描かれているのを見た人は、一歩下がる。
25．自分の車を所持している人、一歩前へ。
26．あなたの友達や家族のコネで、良い仕事をオファーされたことがある人は、一歩前へ。
27．あなたの人種、社会階層、民族性、ジェンダー、あるいは性的志向を理由に雇用してもらえなかったことがある人、一歩下がる。
28．あなたの人種、社会階層、民族性、ジェンダー、あるいは性的志向などのために、公正に給与が支払われなかったり、扱われなかったりしたことがある人、一歩下がる。
29．人種、社会階層、民族性、ジェンダー、あるいは性的志向を理由に、お店の中で〈万引きを警戒されて〉後をつけられたり、不正行為や嘘を責められたりしたことがある人は、一歩下がる。
30．お金や財産を相続したことがある人、あるいはするであろう人、一歩前へ。
31．主として、公共交通機関に依存しなければならない人は、一歩下がる。
32．あなたの人種、社会階層、民族性、ジェンダー、性的志向のために、警察官に止められたり質問されたりしたことがある人、一歩下がる。
33．あなたの人種、社会階層、民族性、ジェンダー、性的志向のために、暴力の被害者となったことがある人、あるいはその恐怖に直面したことがある人、一歩下がる。
34．あなたの両親が自営している人、一歩前へ。
35．基本的に危険とは無縁の場所で生活している人、一歩前へ。

第5節　多文化共生・ダイバーシティ社会に向けた見方・考え方の育成

36. あなたの人種、社会階層、民族性、ジェンダー、性的志向にかかわるジョークで不愉快にさせられたが、その状況に立ち向かうのは危険だと感じたことがある人は、一歩下がる。
37. あなたに恋人がいるとして、その恋人と日本の法律上、結婚できる人、一歩前へ。
38. 両親が日本で育っていない人、一歩下がる。
39. 両親からあなたはあなたが望む何にでもなることができると言われてきた人、一歩前へ。
40. 学校に通い始めた時、日本語以外の言語を話していた人、一歩下がる。
41. 学校における宗教的祝祭日の儀式があなたの家族の慣習と合致していた人、一歩前へ。
42. 今までにクラスメートや教員から、「賢くない」ことで、あるいは特別クラスにいることでからかわれたことがある人、一歩下がる。
43. あなたが生徒／学生だった時、学校で、教師や事務あるいは経営者の人たちの中に、あなたと同じような外見の人（人種や民族など）がいた人、一歩前へ。
44. 両親があなたに新聞を翻訳してもらわなければならない、あるいは学校行事や三者面談などにおいて通訳をしてもらわなければならなかったという人、一歩下がる。
45. 定期的に家族旅行へ出かけた人、一歩前へ。
46. 人前で、他人から睨まれたり敵意のある批判をされたりすることなく、パートナーと手をつなぐことができる人、一歩前へ。
47. あなたもしくは家族の誰かが、うつ、（精神障害的な）不安、自殺願望、その他精神健康上の問題を経験した人、一歩下がる。
48. 障害を理由に、公的な建物や教育プログラムへのアクセスを拒否されたことがない人、一歩前へ。
49. 両親が、学習障害やメンタルヘルスの問題は恥であるという固定観念によって、それらへの援助を探すことを好まなかったという人、一歩下がる。
50. 職場の行事にあなたのパートナーを連れて行くと、個人的／専門的生活へ影響があるかもしれないという恐怖があるという人、一歩下がる。
51. 教師や学校に奨励された価値観や信条は、あなたの家庭で教わった価値観や信条と合致していると感じた人は、一歩前へ。
52. あなたあるいはあなたの家族が、特別教育を必要とする対象として認定されたことがあり、それに疑義を持つことはあまりに恐ろしいと感じたことがある人、一歩下がる。

The privilege Walk【*complete*】Retrived Sep.30.2017 from http://edge.psu.edu/workshops/mc/power/privilegewalk.shtml. を基盤としてその他、同アクティビティに関する諸文献を参考に、適宜加除修正した上で翻訳・作成した。
Tira J．Young (2006) *The Privilege Walk Workshop: Lecrrning More about Privilege in Today's Society.* Retrieved Sep.30.2017 from http://www.collegesucccssl.com/Instructor Manual4thEd/Diversity/The Privilege Walk Excrcise.doc など。

　続いて、50問のうち、単元や授業のねらいに沿って特に考えさせたいマイノリティの状況について掘り下げる学習が必要である。本稿のねらいで言えば、例えばLGBTQの人びとの置かれている現状や苦悩、格差や差別の実態などについてである。ジグソー学習法を用いて、さまざまなマイノリティについての調査結果や学びを共有させるのも有意義である。本アクティビティにおける問いは、それぞれのマイノリティが、どのような経験をしている可能性があるか、ということを具体的に示している。それらの経験が何を意味しているの

第4章　現代社会の見方・考え方の育成を目指す中等社会科・公民科の実践理論

か、なぜそのような経験をしなければならなかったのか、その結果どのような精神的・物理的・社会的・経済的不利益を被りうるか、といったことについて掘り下げて調べることを通して、「構造的暴力」の一端を具体的に知ることができる。

　その上で、なぜこのような「見えない暴力」が存在するのか、それを助長するものは何か、といった背景や理由について調べを深めることで、それがある時代・社会における「常識」、一つの価値観や主義、思想によって「創られた」「文化的暴力」である可能性があることを理解するだろう。それが大多数の人の「偏見」あるいは「無関心」によっても助長されている、未解決のまま放置されている可能性があることも理解するだろう。加えて、根強いホモ・フォビア（同性愛嫌悪）を持つ人びとが存在すること、彼らの価値観や主義、思想も決して無視したり、一方的に否定したりすべきでないこと（文化的ジレンマ）を、理解させることも重要である。

　LGBTQ の人びとの恋愛や結婚の自由を尊重すべきである、という考えも一つの価値観や主義、思想である。だからこそ、それを一方的におしつけるのではなく、何が公正で、正当なのか、彼らが受ける扱いは、自らをその立場に置いても、不当ではないと言えるのかどうか、ということをロールプレイによって確認させた上で、しかし感情面だけで判断させるのではなく、具体的な事例について理性的に、論理的に、その正当／不当性を考察し、判断する学習プロセスを経ることで、根拠に基づく公正な「見方・考え方」を獲得させるのである。

5　おわりに

　ダイバーシティ・インクルージョンの実現を考える時、差異を差異として受け入れ、尊重することは前提として重要である。しかしだからといって、特別扱いではなく、腫れ物に触るように必要以上に気を遣って遠慮しながら接するのでもなく、人は一人ひとり違いがあることを前提として、積極的に理解しようとする姿勢こそ重要である。つまりそれは、対マイノリティだからということではない。誰が、誰に相対する時でも同様に必要なことであり、それこそがダイバーシティ・インクルージョンを実現する「見方・考え方」なのである。

242

第5節　多文化共生・ダイバーシティ社会に向けた見方・考え方の育成

〈注〉

1　マイノリティとは、必ずしも少数者（派）のことだけを意味せず、社会的に何らかのハンデを強いられる弱者のことを指す言葉として、本稿では用いる。
2　LGBTQとは、レズビアン（L）・ゲイ（G）・バイセクシャル（B）・トランスジェンダー（T）・その他の性的マイノリティ（クイア：Q）あるいはクエスチョン（Q）のことであり、あらゆる性的マイノリティを総称したもの。
3　内閣府の世論調査の結果から、2007（平成19）年度よりも、2012（平成24）年度、さらに2017（平成29）年度と年度を経るにしたがって、発達障害への理解を持つ人の割合が高まっていることがわかる。
4　LGBTマーケティングラボが2016年に行った調査では、自分はストレートであるがLGBTに理解を示すという人は52.4%（回答者の半数強）であった。LGBTマーケティングラボ「日本における性の多様性 –PART1」(http://lgbt-marketing.jp/2016/04/07/diversity_research_in_japan/)（2017/9/30閲覧）
5　LGBTマーケティングラボ、前掲注4。
6　「電通ダイバーシティ・ラボが『LGBT調査2015』を実施」(http://www.dentsu.co.jp/news/release/2015/0423-004032.html)（2017/9/30閲覧）
7　本稿での「包摂」は、「社会的包摂（social inclusion)」と同義として扱う。「社会的包摂」については坪田（2012：36）を参照願いたい。
8　自由民主党は2016年に「性的指向・自認の多様なあり方を受容する社会を目指すためのわが党の基本的な考え方」を公表し、「カムアウトできる社会ではなく、カムアウトする必要のない、互いに自然に受け入れられる社会の実現」を目指すとしている。(http://jimin.ncss.nifty.com/pdf/news/policy/132172_1.pdf)（2017/9/30閲覧）

〈参考文献〉

坪田益美（2012）：社会的包摂、日本国際理解教育学会編『現代国際理解教育事典』、明石書店、p.36.

日本経済団体連合会（2017）：ダイバーシティ・インクルージョン社会の実現に向けて(http://www.keidanren.or.jp/policy/2017/039_honbun.pdf)（2017/9/30閲覧）

日高康晴（2015）：平成26年度厚生労働科学研究費補助金エイズ対策政策研究事業　個別施策層のインターネットによるモニタリング調査と教育・検査・臨床現場における予防・支援に関する研究(http://www.soumu.metro.tokyo.jp/10jinken/tobira/pdf/02-shiryou3-3.pdf)（2017/9/30閲覧）

McIntosh, P. (1992) White Privilege: Unpacking the Invisible Knapsack. In Filor, Anna May. (ed.) *Multiculturalism 1992*. New York State Council of Educational Associations. pp.30-36. (http://files.eric.ed.gov/fulltext/ED355141.pdf?utm_campaign=Revue%20newsletter&utm_medium=Newsletter&utm_source=revue#page=43)（2017/9/30閲覧）

Galtung, Johan. (2007) Introduction: Peace by Peaceful Conflict Transformation - the TRANSCEND Approach. In Webel, Charles P., Galtung, Johan. (eds.) *Handbook of Peace and Conflict Studies*. Abington, Routledge, p.31.

第4章　現代社会の見方・考え方の育成を目指す中等社会科・公民科の実践理論

第6節
グローバルな諸課題に対する見方・考え方の育成
－多様な視点を育む学習方法を用いて－

内山知一（奈良教育大学）

キーワード：グローバリゼーション、多様な視点、授業、学習方法

1　はじめに

　グローバルに広がる環境破壊や飢餓等、世界には深刻な問題が山積している。こうした中、日本でも、近年、教育分野でグローバリゼーションへの対応が求められ、社会科が担うべき役割も注目されている。しかし、社会科の中心的内容であるグローバルな諸課題をどう教えるべきか、とりわけ、2018（平成30）年度以降順次実施される新学習指導要領で注目される「社会的な見方・考え方」に結びつけて、どう捉えるべきかについては、いまだ十分に議論されてはいない。そこで、本稿では、新学習指導要領の実施も見据えて、グローバルな諸課題に対する見方・考え方を社会科で効果的に教える方法を、先進的な実践も多い米国の事例を基に検討していく。グローバルな諸課題については、広範囲に深刻な影響を与え、原因も複雑なため、従来型の教師主導の授業では、問題を分析する視点や方法を十分に教えることは難しい。そのため、それらの要素を効果的に組み込むような学習方法が必要となると考えられる。具体的には、以下、まず、グローバルな諸課題の特質と新学習指導要領の動向も踏まえて、見方・考え方に関わる資質・能力を整理する。そして、その上で、多様な試みが行われている米国の理論・実践を分析し、その育成方法を論じていく。

2　グローバルな諸課題の特質と見方・考え方の育成

（1）グローバリゼーションの特徴から見たグローバルな諸課題の特質

　グローバリゼーションは、「世界時間と世界空間を横断した社会関係および意識の拡大・強化」（スティーガー 2010：20）と定義されるが、それは、「何がしかの単一の主題の枠組みには限定しがたいものであって、一連の多次元的

な社会的過程として考察するのがもっとも適切」（スティーガー 2010：iv）な
ものといえる。その意味で、グローバリゼーションが大きく影響するグローバ
ルな諸課題も、国内問題とはその様相を異にする。

　まず、第1に、グローバルな諸課題は、本質的に複雑である。グローバリ
ゼーションは、「いくつかのレベルで、また様々な次元で同時に、かつ、不均
等に機能する一連の過程」（スティーガー 2010：42）である。たとえば、企業
のグローバルな活動に象徴されるように、経済的にはグローバリゼーションは
急速に進行している。他方、経済以外の領域でも、欧州議会の権限強化等に見
られる地域統合の深化やグローバル・メディアの発展等、様々な面でその影響
は出ているものの、それぞれ、その進度や質が異なる。このように、グローバ
リゼーション自体が多義的であり、さらに、各要素が相互に関係し影響し合っ
ているため、そこで生じる問題も複雑なものとならざるをえない。

　第2に、グローバルな諸課題は、解決困難である。グローバルな諸課題は、
通常、一国のみでは対処が難しく、影響も多岐にわたる。そのため、多国間で
異なる文化・価値を持つ人々が当事者となり、問題解決のためには協力する必
要が生じる。また、解決には、通常、問題に対応したルール作りやそれを守ら
せる一定の強制力が有効である。国内問題であれば、共通の価値を体現した憲
法の下で民主的手続きを経て法が作られ、強制力のある法の下で違反者に罰則
を科すことができる。グローバルな諸課題の難しさは、国際連合等の機関や国
際的に活動する団体はあるものの、本質的には、課題に対応する世界的な強制
力を持つ統治機構が存在しない点にある。

　第3に、グローバリゼーションが進む世界では、人々は、グローバルな諸課
題と無縁に生きることは難しい点である。我々が、日々、食べるものや使う商
品も、国内のみですべてをまかなうことはできない。海外ニュースが瞬時に国
内経済に影響を与え、紛争の悲惨な映像が日常的に繰り返し流される社会に
我々は生きている。

（2）社会科で育むべきグローバルな諸課題に対する見方・考え方

　このような特質を持つグローバルな諸課題が蔓延する世界で、市民として生
きる上で、児童・生徒には、どのような見方・考え方を育むべきか。また、「社
会的な見方・考え方」の視点も踏まえると、その涵養に、社会科はどのような

第4章　現代社会の見方・考え方の育成を目指す中等社会科・公民科の実践理論

役割を果たすべきか。以下、検討する。

　新学習指導要領で中核概念として示されている「社会的な見方・考え方」
は、「課題解決的な学習において、社会的事象等の意味や意義、特色や相互の
関連を考察したり、社会に見られる課題を把握して解決に向けて構想したりす
る際の『視点や方法』」[1]を指す。また、「社会的な見方や考え方（追究の視点
や方法）の例（案）」では、社会系の各科目・分野で「多面的・多角的に考察
する力」や「複数の立場や意見を踏まえて選択・判断する力（または構想する
力）」が強調されている[2]。つまり、グローバルな諸課題についても、この改訂
によって、以前から提唱されてきた多様な視点からの問題の考察等をさらに推
進する環境が整いつつあるといえる。

　このことを、ここまで分析したグローバルな諸課題の特質と併せて検討する
と、以下のような資質・能力が、課題に対する見方・考え方に関連して求めら
れていると考えられる。まず、解決困難な課題を現実的な視点から捉え、切実
性をもって追究する力である。実際には、身近な生活にも影響しているグロー
バルな諸課題だが、生徒には無縁の遠い出来事として考えられる危険性があ
る。地域との関連等にも着目して問題を分析するとともに、実現可能な改善の
方法を検討することが重要である。次に、因果関係も含め、複雑な問題を深く
理解し、幅広い視点から分析を行う力である。グローバルな諸課題は多くの側
面を持ち、その実相を捉えることは難しい。問題を多面的・多角的に考察し、
より正確な実態を把握することで、現実的な解決・改善につなげることができ
る。さらに、異なる立場の人々の主張を聞き、理解する力も必要である。グ
ローバルな諸課題の多くは、国境を越えて利害・価値が対立し、話し合いも困
難を伴う。そのため、対立の中でも互いの立場を認め合い、合意を目指す態度
の育成が重要といえる。また、その際、客観的な事実に基づき論理的に問題を
分析するだけでなく、創造的に新しい解決策を作ることも求められる。

　では、具体的に、どのような方法で、そうした力を育成できるのか。次項か
ら、先進的事例が多くある米国を参考に考察を行う。

3　米国社会科におけるグローバルな諸課題の教授の理論的検討

　米国では、1970年代半ばのHanveyの理論を基に、社会科領域では、Kniep、Case、Merryfield等が、グローバルな諸課題の教授について提案を行ってきた。たとえば、Case（1993：320-324）は、グローバルな視野の構成要素の中で、「現在の世界的な懸念と状況」としてグローバルな諸課題を挙げている。そして、「偏見のないこと」「複雑性の予想」「固定観念化への抵抗」「共感する傾向」等も示して、グローバルな諸課題について、事実に基づき、多様な視点から単純化せずに問題を見ることの重要性を主張している。また、社会科にグローバルな視野等の概念を導入したMerryfield（1997）は、Kniep等の先行研究を整理し、教員養成に向けたグローバルな諸課題の構成要素として11の問題群を提示している（表1参照）。Merryfield（1997：1-9）は、この論考の中で、グローバルな内容を学ぶ際に重要な要素として「分析的・評価的技能の発達」を挙げ、「異なる視点や世界観から情報を集め、分析し、評価する力」や「批判的思考力（例：偏見を見つけ、根底にある前提をつきとめる力）」等を提唱し、グローバルな諸課題の教授でも、異なる視点や客観的な事実を踏まえた学習を行うことが有効であることを示している。米国では、この時期の研究も基盤として、実践レベルでも、課題につながる地域の事象等を活用した

表1　グローバルな諸課題の構成要素

	Kniep（1986）	Merryfield（1997）
構成要素	(1)平和と安全の問題 (2)開発問題 (3)環境問題 (4)人権問題	(1)人口と家族計画についての問題 (2)民族自決 (3)開発問題 (4)人権問題（女性や先住民、子供の権利を含む） (5)移民と難民 (6)グローバルな人類の共有資産 (7)環境／天然資源問題 (8)富の分配、テクノロジーと情報、資源、市場へのアクセスに関わる問題 (9)飢餓と食料に関わる問題 (10)平和と安全に関わる問題 (11)（民族、人種、階級、性別、宗教、言語、政治等に基づく）偏見や差別に関わる問題

Kniep（1986）、Merryfield（1997）を基に筆者作成

第4章　現代社会の見方・考え方の育成を目指す中等社会科・公民科の実践理論

事例やICTを用いた事例など、現在まで広範な試みが行われてきた。

　グローバルな諸課題に対する見方・考え方の学習方法を考える際、これら米国の先行研究は重要である。すなわち、これらの論考は、内容面では課題が多くの要素からなることを示すとともに、課題の追究の視点・方法として、様々な角度からの深い考察が重要であることを示している。つまり、ここでも、一方向から問題を見ることを避け、多面的・多角的な視点から課題を分析することが重要であると考えられているのである。

4　DIDプロジェクトの特徴と実践上の意義

（1）基本的特徴

　ここまで、グローバルな諸課題に対する見方・考え方について、課題の特質や社会的な見方・考え方等を手掛かりに論じてきたが、ここでは、米国の実践事例を基に、その学習方法に迫っていく。なお、DIDプロジェクトの説明については、以降、特に明示がない限り、プロジェクトのホームページの情報[3]を基に記すこととする。

　DIDプロジェクトの主要な目的は、中等段階の教員に授業方法[4]の研修を行い、生徒にとって重要な公的な問題を熟議[5]することを学ばせることである。参加国として、米国（5都市）に加え、アゼルバイジャン、チェコ、エストニア、ロシア（2都市）、リトアニア、セルビアの7カ国の教員・生徒が参加しており、2004-08年度の5年間行われた[6]。プロジェクトの主な構成は、①教員研修（18-39時間：授業方法等への習熟）、②クラスでの授業実践（最低3時間・23の公的な問題から授業プラン・資料を選択[7]）、③オンライン投票とディスカッション・ボード、④教員の相互訪問・交流、⑤生徒会議（ウェブカメラ等を通した生徒代表によるパートナークラス間の議論・相互交流等）、の5つからなる。期間中の研修参加者は教員約380名、プロジェクトへの生徒の参加者は推計で1118名（1年目）〜5200名（5年目）であり、大規模なものといえる。

　DIDプロジェクトは、国際交流も含め広範な要素からなるが、構造的には、授業方法の提案・実施を中心としている。そこで、以下、図1を基に、授業方法の概略を記す。まず、「①事前学習・準備」では、授業目標・手続き・留意

248

第6節　グローバルな諸課題に対する見方・考え方の育成

①事前学習・準備	②理由の説明	③相手チームの理由の説明	④熟議	⑤振り返りと投票
・授業目標・手続き・留意点等の確認 ・文献購読 ・グループ分け（4-5名単位） ・文献についての共通理解のための話し合い ・問題の提示	・2チームに分かれ、割り当てられた立場で特に説得力ある理由を決定し、相手チームに提示する。 ・わからないことがある場合には、相互に質問する。	・チームに割り当てられた立場を入れ替える。 ・相手チームが提示した中で、特に説得力ある理由を選び、説明する。	・立場を離れ、学んだことや個人的経験も生かして意見表明する。 ・グループで合意できる範囲を見出す。 ・個人的な立場を表明する。	・クラス全体での振り返り ・クラスでの投票と結果の投稿

図1　DID プロジェクトの授業方法の概略

DID プロジェクトのホームページを基に筆者作成

点等の確認、グループ分け（4-5名単位）、主題に関わる学習、問題の提示等を行う。「②理由の説明」では、グループ内で賛成・反対の2チームに分かれ、割り当てられた立場で特に説得力ある理由を決定・提示し、わからないことがある場合には質問し合う。「③相手チームの理由の説明」では、立場を入れ替え、②で学んだ相手チームの特に説得力ある理由を選択し、説明し合う。「④熟議」では、それまでの立場を離れて、共通理解の下で個人的経験も生かして議論し、グループとして合意できる範囲を見出す。また、問題への個人的立場を表明する。「⑤振り返りと投票」では、クラス全体で再び集まり、結論・理由や実際に問題に取り組むとしたら何をするか等を話し合う。そして、投票を行い、結果をウェブサイトに投稿する。たとえば、主題の1つである「グローバルな気候変化」の授業プランの概略（表2参照）を見ると、グローバルに影響を与える気候変化の問題に対して、市民として多面的・多角的に考え、選択・判断し合意することが目指されている。特に、キャップ・アンド・トレード政策への賛否の主張欄を見ると、環境保護への有効性だけでなく、雇用、企業活動、消費行動、国際競争、政策決定過程、教育等、様々な論点が書かれており、この学習を通して、生徒が多視点から問題を捉えられるよう工夫がなされている。

　また、本プログラムは、授業を支える活動として、米国と海外の生徒とのネットワーク上での多様な交流や意見交換等を行っている。そして、授業方法に習熟するための教員研修に加え、教員の相互訪問・交流による意見交換も行

第4章　現代社会の見方・考え方の育成を目指す中等社会科・公民科の実践理論

表2　グローバルな気候変化

	授業プランの主要な要素
目標	・グローバルな気候変化を定義し、その特徴を明らかにする。 ・「温室効果」と地球の生態系の変化における二酸化炭素・その他の温室効果ガスの働きを説明する。 ・炭素排出量の総量を減らすキャップ・アンド・トレード政策という選択肢を理解し、その主要な要素を説明する。 ・炭素排出量の総量を減らすキャップ・アンド・トレード制度を実施することについての賛成・反対の主張を評価する。 ・個人的に、また、グループとして、温室効果ガスの排出量を制限するためのキャップ・アンド・トレード制度を政府が採用すべきかどうかを決める。そして、根拠と確かな論証に基づき、その決定を支える。 ・民主主義下で問題を解決する際の熟議の価値をよく考える。
問題	われわれの民主社会は、温室効果ガス排出量を制限するキャップ・アンド・トレード制度を採用すべきか。
肯定側の主張	1. 地球の気温上昇でも明らかなように、グローバルな気候変化はすでに始まってしまった。米国国防総省でさえ、この変化を認め、その結果に注目している。もし長くほうっておかれすぎると、気候は、不可逆の壊滅的な変化の限界に達してしまうかもしれない。キャップ・アンド・トレードは、手遅れになる前に始めるには、合理的な制度である。 2. キャップ・アンド・トレード政策は、炭素排出量に値段をつける。市民・消費者は価格の意味が分かっており、地球環境のためになる方法で、それに応えられる。具体的には、より少ない炭素しか生じない技術・製品を支援するために、お金を使うことができる。 3. キャップ・アンド・トレードは、効果的なことが分かっている手法である。米国における類似のキャップ・アンド・トレードの取り組みは、酸性雨の主要な原因である二酸化硫黄の排出量の削減に成功した。二酸化硫黄のキャップ・アンド・トレード制度は、予想された費用のほんの一部で排出量を削減した。結果として、EUは、二酸化炭素のキャップ・アンド・トレード制度を考案するのに、このモデルを直接的に模倣した。 4. キャップ・アンド・トレード政策は、企業に損失を与えることなく環境のためになる。炭素税のようなより直接的な政府の規制は、利益を削ることなく炭素排出量を削減するのに必要な柔軟性を企業に認めない。これに対して、キャップ・アンド・トレード政策は、どのように最も上手く排出量削減目標に到達できるかを、企業が決めることができる。旧経済に基盤を置くすぎる仕事はキャップ・アンド・トレードの影響を受ける一方で、新しい仕事や産業が、脱炭素経済の要求を満たすために創り出されるであろう。 5. キャップ・アンド・トレード制度は、今や、政府・企業が二酸化炭素排出量を測定する簡単で、安価で、より透明性の高い方法を持っているため実現できる。今日、政府や非政府組織、一般人でさえ、二酸化炭素排出量を測定するためのインターネット経由の衛星データやその他の資料を用いることができる。それゆえ、企業は、もはやデータ収集・報告のコストに耐えたり、透明性を心配する必要はないだろう。
否定側の主張	1. キャップ・アンド・トレードは、国家経済にとって良くない。炭素排出量の「上限を設ける」国は、企業に、より少ない炭素しか放出させないか、炭素クレジットを売買することを強いるだろう。どちらのケースでも、結果としては、雇用が減る。上限のある国は、上限のない国に対して雇用を失い、炭素排出量に関わる問題は続いていく。キャップ・アンド・トレードは、世界的な問題に対する国の対応であるため、うまくいくはずがない。 2. キャップ・アンド・トレード制度のような市場を基盤とした解決策を採用するには、温室効果ガスの削減は緊急の問題すぎる。環境面の大災害を回避するために、炭素を排出する事業者は、大幅により少ない汚染物質しか出さないことをすぐに求められなければならない。それ故、炭素税が、キャップ・アンド・トレード政策よりもより好ましいだろう。 3. 上限を設定するプロセスには不備がある。「排出量」の上限を決めるのに際し、政府は、しばしば、産業や他の主要な二酸化炭素排出者を関与させるが、環境団体にはさせない。それゆえ、上限の数値が低すぎて、十分に温室効果ガス排出量を削減することができない。皮肉にも、すべての人に利益となることを意図した制度が、密室でまさに限定された強力な少数によってのみ決定される。不備のあるプロセスは、公平でもなく、効果的でもないキャップ・アンド・トレード政策という結果になる。 4. 不十分な炭素の制限は、全く制限しないよりも悪い。企業に炭素の制限に同意することを納得させるために、政府は、キャップ・アンド・トレード制度を弱すぎるものにしてしまう。主要な二酸化炭素排出事業者は、より少ない汚染物質を出す企業・産業とクレジットを売買するために、排出量の代金を払うべきである。グローバルな気候変化は、強力な規制を求めている。もし、主要な炭素排出事業者が高い排出量のために相当な罰金を支払わなければならないとしたら、炭素の「足跡」（排出総量）を減らしたいと思うだろう。 5. キャップ・アンド・トレードは不十分な政治的な妥協案である。地球の良き管理人であるためには、急な政策による解決ではなく、教育、保護活動、倫理が求められる。キャップ・アンド・トレード制度は、地球温暖化への挑戦に取り組むより包括的なアプローチと一体でなければ、我々の行動様式や炭素使用において、重要な変化は起こりそうにない。

DID プロジェクトのホームページを基に筆者作成

第6節　グローバルな諸課題に対する見方・考え方の育成

い、技能向上につなげている。こうした活動が、授業内容・方法への教員の理解を深め、生徒による多面的・多角的な考察等を通した学びを支えている。

（2）実践上の意義

　以上がプロジェクトの概略であるが、このプロジェクトは、事後評価で、参加教員の90％以上、生徒のおおむね80％以上から肯定的評価を得ていた[8]。以下、プロジェクトの説明や評価報告書等も参考に、グローバルな諸課題に対する見方・考え方の育成における実践上の有効性について、具体的に3点示す。

　まず、第1に、問題への賛否に関わる様々な理由を学ばせ、共通認識の下での深い話し合いを目指している点である。授業方法に多面的・多角的な視点からの問題の分析が内包され、その基礎知識の下で、生徒は議論を行うことができる[9]。そもそも、「③相手チームの理由の説明」があるため、生徒は、正確に相手チームに賛否の理由を伝え、相手チームが提示する理由を理解しなければならない（図2参照）。また、国際交流の機会を通して他国の教師・生徒の考えも学ぶことができ、文化や価値観等が異なる人々の視点も含めて問題を考察できる。さらに、こうした体験を通して、グローバルな諸課題に取り組む際に重要な要素である、相手の主張を尊重した上で話し合う力も身につく[10]。第2に、問題への賛否の表明にとどまらず、妥協案の作成や条件付きの賛否、新しい解決策の提案等を可能としている点である[11]。ここまで論じてきたように、グローバルな諸課題は、異なる立場・文化・価値観を持つ人々と解決に向けた協力をすることが求められる。また、世界レベルで

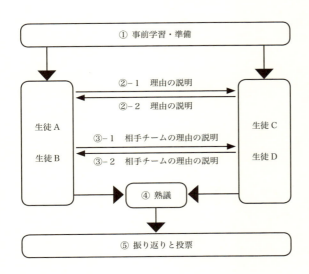

図2　DIDプロジェクトの授業の構造
　　　DIDプロジェクトのホームページを基に筆者作成

251

第4章　現代社会の見方・考え方の育成を目指す中等社会科・公民科の実践理論

強制力を持つ法や統治機構がないことを踏まえると、いかに、課題に対して二項対立的な状況から脱し、協力的な雰囲気の中で創造的に合意案を考えられるかが重要である。第3に、グローバルな諸課題を、国内政策レベルで考えることで、現実的な議論を促している点である。つまり、グローバルな諸課題と周辺地域のつながりを生かして、課題をより身近で自分に関係あるものとして議論している。将来の目標として完全な解決を置きながらも、民主主義国の市民という実際的な視点から問題を捉え直し、改善のためにできることを考える。こうすることで、解決困難なグローバルな諸課題を生徒自身が影響を与えられるものとして設定することに成功している。現実的な条件を脇に置き、人類的視点からあるべき選択や理想の解決策を考えることにも意義はある。しかし、それのみでは、解決困難で半永久的に続くグローバルな諸課題の性質上、実現不可能な机上の空論に陥る危険性がある。理想を持ちつつも、市民として現実的にどう決断すべきかを、解決の難しいグローバルな諸課題で考えられるところが、この実践の利点といえる。

5　おわりに

　本稿では、グローバルな諸課題に対する見方・考え方の育成について、その特質や社会的な見方・考え方、米国での理論・実践を参考に検討を行った。グローバルな諸課題は、本質的に複雑で広範な内容を持ち、多様な視点で考察することが非常に重要である。ただし、様々な性質の課題があることから、題材によっては適する授業方法が異なるものもあり、そうした方法的限界も踏まえた効果的な授業方法の組み合わせを考える必要がある。また、軽視しがちではあるが、プロジェクトにおける他国の教師・生徒との交流等のように、授業を支えるその他の要素の重要性にも注目しなければならない。

　社会科においても、時に、難しい内容と敬遠されがちなグローバルな諸課題だが、効果的に用いれば、質の高い思考力・判断力等を生徒に育むことができる。グローバリゼーションがますます進み、人類が抱える問題は深刻化しつつある。次代を担う子供たちにグローバルな諸課題に対する見方・考え方を育むことは、喫緊の課題といえる。

第6節　グローバルな諸課題に対する見方・考え方の育成

〈注〉

1　教育課程部会高等学校の地歴・公民科科目の在り方に関する特別チーム（2016）：社会，地理歴史，公民における「社会的な見方・考え方」のイメージ（案）http://www.mext.go.jp/b_menu/shingi/chukyo/chukyo3/062/siryo/__icsFiles/afieldfile/2016/08/01/1373833_13.pdf（2017年8月20日確認）

2　教育課程部会社会・地理歴史・公民ワーキンググループ（2016）：社会的な見方や考え方（追究の視点や方法）の例（案）http://www.mext.go.jp/b_menu/shingi/chukyo/chukyo3/071/siryo/__icsFiles/afieldfile/2016/06/10/1371282_17.pdf（2017年8月20日確認）

3　プロジェクトのホームページについては，下記参照。
http://did.deliberating.org/index.html（2017年8月31日確認）

4　ここで用いられている授業方法の根幹部分は，Johnson他が提案した方法によっている。ただし，現場や研修期間等に合わせ単純化・追加・削除されており，複数の変更がなされている。そのため，ここでは上記の提案を基盤としたDIDの発展的な授業方法として捉え，有効性を論じる。提案の概略については，Johnson他（1986）を参照。

5　ここでいう熟議とは，プロジェクトで規定している「決定するために，考えを集中的に交換し主張を分析すること」を指すこととする。

6　本プロジェクトは，5年間の期間中に参加校が追加され，マケドニア，ルーマニア，ウクライナ等を対象とした3年間のプロジェクトが別途，実施された。また，参加者は，社会科教師が中心だが，理科や英語教師も参加しており，様々な場で授業が展開された。

7　ここで挙げられている主題は公的な問題ではあるが，すべてがグローバリゼーションに関わるものではない。本稿では，そのことも鑑み，プロジェクトの構造や授業方法が，グローバルな諸課題に対する見方・考え方の育成に資するという考えの下，関連する主題を中心に有効性を論じていく。

8　たとえば，プロジェクト評価報告書では，研修内容については，教員の97-99%（2-5年目）が効果的であったと評価した。また，生徒の83-87%（2-4年目）が多くのことを学ぶことができたと報告している。

9　プロジェクト評価報告書でも，生徒が多様な視点を認識し，真剣に考えたことが成果として報告されている。また，生徒の87-88%（2-4年目）が問題をよりよく理解できたと回答している。

10　プロジェクト評価報告書でも，教員の93-100%（2-5年目）が，授業でほぼすべての生徒が互いの見解を尊重したと回答している。

11　こうした要素は，Johnson他の提案にも組み込まれており，プロジェクトでは，図1の④の段階を中心に実施が想定されている。

〈参考文献〉

マンフレッド・スティーガー（2010）：『新版　グローバリゼーション』岩波書店

Case, R. (1993). Key Elements of a Global Perspective. *Social Education*, 57(6), pp. 318-325.

Johnson, D., Johnson, R., & Smith, K. (1986). Academic Conflict among Students. In R. Feldman (Ed.), *The Social Psychology of Education: Current Research and Theory* (pp. 199-231). Cambridge: Cambridge University Press.

Kniep, W. (1986). Defining a Global Education by its Content. *Social Education*, 50(6), pp. 437-446.

Merryfield, M. (1997). A Framework for Teacher Education in Global Perspectives. In M. Merryfield, E. Jarchow, & S. Pickert (Eds.), *Preparing Teachers to Teach Global Perspectives* (pp. 1-24). CA: Corwin Press.

第4章　現代社会の見方・考え方の育成を目指す中等社会科・公民科の実践理論

第7節
「公正」から社会的課題の「原因を探る」ための授業づくり　—米国の"Democracy in Action"(2011) の分析を手がかりにして—

久保園梓（筑波大学大学院）

キーワード：公正、貧困、「原因の根を探る」、エコロジカルモデル

1　はじめに

　本稿では、「社会的な見方・考え方」が、社会的事象や社会に見られる課題を考察したり接続したりする際の視点や方法であるという理解に立ち、「公正」の視点から「原因を探る」という方法を用いることで、生徒による社会的課題の探究を可能にする授業づくりのポイントを提案することを目的とする。なお、本稿では、「社会的な見方・考え方」に関して、「見方」と「考え方」をそれぞれ「視点」と「方法」に区別して捉えることにした。こうすることで、「公正」という視点から「原因を探る」という方法を用いるという図式が成立し、社会的課題を探究する授業づくりが構想できるようになると考えたからである。

　筆者は、社会的な見方・考え方に基づく授業を構想する際に、子どもの社会背景に着目する必要があると考えている。グローバル化の進行する現代社会では、子どもの社会背景は多様化し、日常生活で生じる問題も様々である。貧困、人種や民族、ジェンダーや性的アイデンティティといったあらゆる問題が顕在化しつつある今日、その子にとって身近である社会的課題を取り上げ、その課題の解決に向けて行動できるスキルや態度を身につけさせることが、社会系教科の授業実践を構想する際には重要になるであろう。

　上記の問題意識を共有する事例として、本稿では、米国イリノイ州シカゴ市を中心に活動するNPO、ミクヴァ・チャレンジ（Mikva Challenge、以下「ミクヴァ」）の展開する市民性教育実践に注目する。ミクヴァは、低所得層やマイノリティの子どもに対して市民性教育を実践しており、日常生活で生じる問題の原因を批判的に分析し、社会構造の変革を目指すことのできる「公正を志向する市民」の育成を目的としたプログラムを開発している。ミクヴァのプロ

グラムでは、生徒にとって身近な問題を「公正」の見方・考え方を働かせて広く社会的課題として捉え直させ、その解決を目指させることになるが、このような観点は、社会系教科で「社会的な見方・考え方」の指導を考えるにあたって有意義な示唆を与えてくれるものである。

　以上より、本稿は次の手順で検討を進める。第一に、現代日本に生きる子どもの社会背景の一端を「子どもの貧困」から概観し、「公正」の視点を取り入れた市民性教育の必要性について述べる。「子どもの貧困」を取り上げる理由は、子どもにとって切実な問題であるとともに、深刻な事態であるにもかかわらず、十分な対策がとられていない現状が存在するためである。第二に、「公正」の視点を重視した実践として、ミクヴァの展開する "Democracy in Action"（DIA）を取り上げ、その構成と学習活動を示す。DIA は、高等学校公民科（Civics）での実施が想定されたプログラムであるとともに、「社会的な見方・考え方」に基づく授業を構想するにあたり参考になると考えられるため、本稿で取り上げるのに適切な事例であると判断した。第三に、これらを踏まえ、「公正」の視点から「原因を探る」という方法を用いることで、生徒が社会的課題の探究を可能にする授業づくりのポイントを提案する。

2　「子どもの貧困」から捉える子どもの現状と市民性教育の課題

(1) 日本における「子どもの貧困」の現状

　図1は、日本の「子どもの貧困」に関する貧困率の変遷を示したものである。

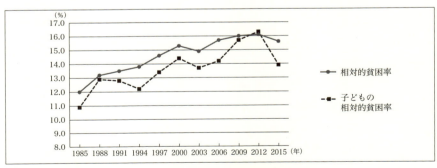

図1　「子どもの貧困」に関する相対的貧困率の変遷

厚生労働省（2017）をもとに筆者作成

第4章　現代社会の見方・考え方の育成を目指す中等社会科・公民科の実践理論

　2012 年には、1985 年の調査開始以降最大値となる 16.3% を記録し、全年齢層の相対的貧困率よりも高い数値を示した。2006 年以降、子どもの相対的貧困率は急激に増加し、「子どもの貧困」への社会的関心も高まりをみせた（阿部 2008 など）。2013 年 6 月には「子どもの貧困対策の推進に関する法律」が成立し、それ以降、「子どもの貧困」は政策課題の一つとして広く認識されるようになっている。2015 年には数値が減少しているものの、未だ約 7 人に 1 人の子どもが貧困状態にある。また、2010 年にユニセフによって実施された国際比較調査によると、先進諸国 41 カ国中、日本の子どもの相対的貧困率は 14 番目に高い（ユニセフ・イノチェンティ研究所 2016）。この調査結果から、国際的にみても、日本の子どもたちの貧困格差は看過できない状態にあることがわかる。

（2）「子どもの貧困」のもとで生じる市民性教育の課題

　ユニセフの報告書では、子どもの貧困格差に着目する理由として、子どもが直面する社会経済状況は子ども自身の力が及ぶ範囲を超えており、格差を正当化することはできないこと、そして、「子ども時代の経験は、現在の生活のみならず、将来の可能性や展望に対しても著しい影響を与える」ことが挙げられている（ユニセフ・イノチェンティ研究所 2016：2）。この観点は、市民性教育からみても重要である。一般に、「子どもの貧困」は相対的貧困として捉えられる。相対的貧困とは、「人間が尊厳を維持し社会に参加する生活」（松本 2008：23）を送るために必要なものを欠く状態であるとされる。つまり、貧困状態にある子どもたちは、市民的活動の機会を制限されて生活を送る傾向にある。市民性教育を実施する上では、このような社会経済状況から生み出される「子ども時代の経験」の差異に留意し、子どもが日常生活と社会とのつながりを見出すことのできるような機会を意図的に創り出すことが求められる。

　しかし、ただ単に市民的活動の機会を創出すれば良いという訳ではない。米国の市民性教育の研究者である Westheimer と Kahne は、市民性教育の根底にある「良い市民（good citizen）」像を教育実践者がどのように捉えるかで、その市民性教育実践の目的や望まれる成果に著しい差異の生じることを指摘した（Westheimer & Kahne 2004）。その上で、彼らは、学習の方向性の基盤をなす枠組みとして、表 1 に示した 3 つの市民像を提示した。

第7節　「公正」から社会的課題の「原因を探る」ための授業づくり

　この３つは、いずれも価値のある市民性教育である。しかし、とりわけ貧困状態にあるような子どもの生活状況を踏まえて市民性教育を構想する際には、社会的課題の原因を個人に帰すのではなく、社会構造の中に見出し、その構造の変革を目指す「公正を志向する市民」像に基づく教育実践こそが望ましいと考える。社会的課題の集合的な解決を目指すという点では、「参加する市民」像に基づく教育実践も同様であるが、この２つの市民像は明確に区別される必要がある。つまり、「参加する市民」は、現状の社会構造を留保したまま、支援を必要としている人を助けることで「より良いコミュニティ」の創造を目指す。それに対し「公正を志向する市民」は、社会構造そのものを問題視し、「あなたの問題は私の問題にもつながっている」（若槻 2014：78）という発想を有することになる。つまり、問題の根源を徹底的に社会構造の在り方に求めることで、立場の異なる人々と連帯して、集合的な問題解決を目指すのである。日常生活に様々な困難を抱える子どもたちに対しては、身近な問題に関わる社会構造を「公正」の視点から分析しながら問題の根源を見出し、解決に向けて集合的な行動を促すような教育実践を構想する必要があると言えよう。

表１　市民性教育における３つの市民像

	個人として責任ある市民 (Personally Responsible Citizen)	参加する市民 (Participatory Citizen)	公正を志向する市民 (Justice-Oriented Citizen)
特徴	・自らのコミュニティで責任ある行動をする ・働き、税金を払う ・法に従う ・リサイクルや献血に協力する ・災害時にボランティアとして協力する	・コミュニティの積極的な一員となり、改善に向けて活動する ・ニーズを持つ人の支援、経済発展、環境美化といったコミュニティでの活動を組織する ・行政の役割を知る ・協力して課題に取り組む方法を知る	・表面的な原因にとどまらず、社会的・政治的・経済的構造を批判的に分析する ・不公正の領域を探し出す ・民主的な社会運動を知り、構造的な変化に影響を与える方法を知る
行動の例	フード・ドライブに食料を寄付する	フード・ドライブを組織する	なぜ人々が飢えているのか考察し、根本的な原因を解決するために行動する
核となる前提	社会問題を解決し社会を改善するには、市民は善き特性を持たなくてはならない。市民は誠実で、責任をもち、法に従う、コミュニティの一員でなくてはならない。	社会問題を解決し社会を改善するには、市民は既存の制度やコミュニティの構造の中で、積極的に参加し、リーダーシップをとらなくてはならない。	社会問題を解決し社会を改善するには、長きにわたり不公正を再生産してきた既存の制度や構造に対し疑義を唱え、討議し、変革しなくてはならない。

Westheimer & Kahne（2004：240）より、古田（2015：56）を参考に筆者訳出

第4章　現代社会の見方・考え方の育成を目指す中等社会科・公民科の実践理論

3　「公正」から社会的課題を捉える学習プログラムの構成

（1）ミクヴァ・チャレンジの概要と"Democracy in Action"の内容構成

　19世紀中頃から工業都市として発展したシカゴは、米国の中でも民族の多様化や所得格差の拡大を象徴する都市となっている。ミクヴァは、主に公立学校の教師と連携しながら、シカゴの学校に在籍する子どもに対して、民主的なプロセスに参加する確かな機会を提供している。

　DIAは、イリノイ州スタンダードに対応するとともに、これまで生じてきた数々の市民運動の影響を受けて開発された。DIAは、政治を市民運動まで含めた広い意味で規定した上で、市民がより公正な社会を求める上で必要となる知識・スキル・態度の育成を目指したプログラムである。プログラムの構成は、表2の通りである。各ステップは、①コミュニティ、②自分自身やコミュニティが抱える課題、③政府、④メディア、⑤選挙、⑥行動の6つの内容項目を基盤に構成されている。本稿では、「公正」の視点から社会的課題の「原因を探る」ことに焦点を当てているため、特に第2ステップに注目することとする。

表2　DIAの構成

ステップ	テーマとなる問い
①なぜコミュニティを気にかけなければならないのだろう	1：私は自分のコミュニティについて何を知っている？
	2：なぜ私たちはコミュニティを気にかけなければならないのか？
②コミュニティの重要な課題は何だろう	1：私にとって最も重要な課題はなにか？
	2：私たちのコミュニティにとって最も重要な課題はなにか？
	3：どうしたら私たちの課題に対する気づきを得られるか？
③権力を持っているのは誰で、どうしたらその人と繋がることができるのだろう	1：私たちの政府の仕組みはどのようになっている？
	2：ロビーイングの方法とは？
④権力と変革におけるメディアの役割とは何だろう	1：民主主義におけるメディアがもつ権力とはなにか？
	2：私たちの課題のためにメディアをどのように活用できるのか？
⑤私たちは選挙活動をとおして、どのように効果的な変化を起こすことができるのだろう	1：投票は重要なことか？
	2：選挙の仕組みはどのようになっている？
	3：どの候補者が最も自分の意見を表し、自分の課題を保障しているか？
⑥私たちはどのようにして関心のある事柄に変化を起こすことができるのだろう	1：他の教育実践の事例
	2：子どもによる非暴力的調整委員会の事例

Mikva Challenge（2011）を参考に筆者作成

（2）第2ステップ「コミュニティの重要な課題は何だろう」の学習活動
①第2ステップの構成

　表2に示したように、第2ステップの学習は3つの中心的な問いに取り組みつつ進められていく。まず【1：私にとって最も重要な課題はなにか？】では、ワークシート等を用いながら、生徒たちは自分自身が「怒り」や「不公正」を感じるテーマを選択する。そして、スピーチ文の作成という作業を通して自らの思いを言語化する。その後、【2：私たちのコミュニティにとって最も重要な課題はなにか？】という問いのもと、クラスから出たテーマについて調べたり話し合ったりしながら、クラス全体で取り組む課題を明確にしていく。これら2つの問いを通して、生徒たちは「私の問題」から、「コミュニティの多様なメンバーにとって最も重要な課題」へと、視野を広げていくよう促される。

　そして、【3：どうしたら私たちの課題に対する気づきを得られるか？】という問いにより、コミュニティにおける不公正を生み出している社会構造に目を向けることになる。この第3の問いを考える際には、課題に関する調査をおこなわせるとともに、2つのモデルを活用して、課題の原因を社会構造的に分析させることが目指される。2つのモデルに関して、次に詳細に説明する。

②社会的課題を分析するためのモデルⅠ：「原因の根を探る木」

　「原因の根を探る木」を活用することで、生徒は社会的課題の基礎的で根本的な原因（＝Root Cause）に気づくことができる。モデルの活用方法を、風邪をひいた事例から説明してみたい。「風邪をひいている」という判断をするために参考とする「くしゃみ」や「のどの痛み」といった兆候は、風邪をもたらす原因ではなく症状（symptom）である。このような症状に対処するだけでは、「風邪を治す」こ

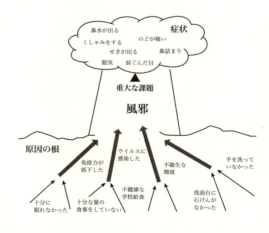

図2　「原因の根を探る木」のイメージ
　　　Mikva Challenge（2011）を参照し筆者作成

とはできても「風邪を予防する」ことはできない。風邪をひかないようにするためには、風邪をひく原因を突き止めなければならない。このように、風邪と関連した現象を症状と原因に分け、症状と原因の関係を意識しながら図2の「原因の根を探る木」を作成していくと、風邪という課題を根本から解決するためには、「洗面台に石けんを置く」ことや「健康的な食事をとる」ことといった行動の必要性が見えてくる。このように、クラス全員あるいはグループで、ブレインストーミングを行いながら課題と関連する現象を「原因の根を探る木」に書き込み、症状と原因を整理していく。

　当然ながら、社会的課題の原因を断ち切ることは簡単ではない。このモデルを用いる際にも、木を幹からまるごと切り落とすこと、つまり問題を完全に解決することは難しいということを、生徒に事前に伝えておく必要がある。しかし、コミュニティに不公正をもたらす課題の原因を探る上では、長きにわたり不公正を再生産してきた既存の制度や構造を見定めることによって、解決に向けた次なる行動を選択することが求められる。このモデルを通して、症状のみに注目し、原因の根に注意を向けなければ、枝を折ることはできても木の幹に影響を与えることはできないことへの気づきを促すのである。

③社会的課題を分析するためのモデルⅡ：エコロジカルモデル

　「原因の根を探る木」で課題の生じる原因を整理できたら、次は、抽出された原因が社会のどのレベルに位置付くものかを、エコロジカルモデルを用いて考察していく（図3）。エコロジカルモデルは、1970年代、児童虐待や他の暴力に関係する要因を分析する手法として、世界保健機関（WHO）によって開発されたモデルである。このモデルを用いることで、社会的課題は、表3に示したような異なるレベルで発生する様々な要因の複雑な相互作用から生まれていることを理解できる。

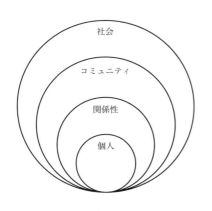

図3　エコロジカルモデル
　Mikva Challenge（2011）を参照し筆者作成

第7節 「公正」から社会的課題の「原因を探る」ための授業づくり

表3 社会的課題に影響を及ぼすレベルの多層性

レベル	レベルの説明	例
個人	生物学的特性や個人の特性	年齢、教育、収入、ジェンダー
関係性	個人における親密な社会的関係	家族、彼／彼女、友達、仲間
コミュニティ	社会的関係が生ずる場や、個人の行動に影響する可能性のある状況	地域コミュニティ、職場、学校
社会	社会の状態	文化、社会規範、経済的不平等、福祉や社会保障などのセイフティネットの欠落

Mikva Challenge（2011）を参考に筆者作成

　「原因の根を探る木」に書き出された現象（症状と原因）を一つひとつ付箋に書き写し、エコロジカルモデルの各レベルに当てはめていく。エコロジカルモデルを活用する際には、1人で黙々とではなく、思考過程を声に出しながら（Think Aloud）、協働的に取り組むことが推奨されている。

4　「公正」の視点から社会的課題の「原因を探る」授業づくりのポイント

　これまで、DIA の構成と学習活動を概観してきた。これを踏まえて、生徒が「公正」の視点から社会的課題の「原因を探る」という方法を用いることで、生徒による社会的課題の探究を可能にする授業づくりのポイントを提案したい。

　第一に、子ども自身が日常生活で「怒り」や「不公正」を感じることから学習をスタートさせて、公民科の内容項目と日常生活の関連性を生徒に意識させることである。DIA では、まず生徒に日常生活を過ごすコミュニティに着目させ、解決に取り組む社会的課題を生徒たち自身によって定めさせる。その後、社会的課題の原因を分析させる活動を取り入れ、社会構造的に原因を捉えさせ、次ステップ以降の権力、メディア、選挙といった内容との関連性を確保する。出自や貧富の違いを超えて、子どもが市民性教育を通して「公正」の見方・考え方を育むためには、単なるイベント的な活動に依存した学習ではなく、日常レベルの継続的な関わりに重点を置いた取り組みが望ましいと考えられる。生徒の視点を取り入れつつ、イリノイ州スタンダードにも準拠しているDIA の構成は、生徒にとって身近な社会的課題を、見方・考え方を働かせて探究させる好事例と言えよう。

261

第4章　現代社会の見方・考え方の育成を目指す中等社会科・公民科の実践理論

　第二に、社会的課題の原因を分析するプロセスを、生徒自身の学習プロセスに重ねて辿ることができるように授業を工夫することである。社会的課題を表面的に捉えるのではなく、社会構造的に捉えようとする姿勢は、「公正」な見方・考え方を育む上で重要である。しかし、この重要性を教師が説明して終わりでは、見方・考え方を育むことは難しくなる。DIA では、「原因の根を探る木」やエコロジカルモデルのようなツールを活用していた。また、「原因の根を探る木」によって社会的課題は複数の原因によって生じていることを理解させた後に、エコロジカルモデルによってそれらの原因の関係性を考察させていた。このように、ツールやその活用の順序を工夫することで、生徒自身が社会的課題を分析することを可能にしていた。見方・考え方を積極的に働かせる場面を創り出すためには、教材としてのツールの活用や教師の支援を確保しながら、生徒自らが実際に社会的課題を分析する機会を保障する必要があるだろう。

　第三に、協働的な学びの手法を取り入れることで、社会的課題の認識や解決方法の考案そのものを集合的なものにすることである。「原因の根を探る木」やエコロジカルモデルを活用する利点は、ブレインストーミングや思考過程を声に出しながら考えていくといった活動が、クラスやグループで共有しながら進められているという点にある。「公正」とは、立場や条件を異にする個人や集団が、不当な不利益や不都合を被ることのない状態を指す。つまり、「公正」の見方・考え方を働かせ、何かものごとを決める際には、関係する全員が話し合いに参加できる手立てを用意することが大きな意味を持つことになる。言い換えるなら、「社会的な見方・考え方」として例示されているものは、学習を進める上での視点や方法であるとともに、学習空間そのものを捉える視点とし

表4　「公正」の視点から生徒による社会的課題の探究を可能にするポイント

観点	ポイント
内容構成	子ども自身が日常生活で「怒り」や「不公正」を感じることから学習をスタートさせて、公民科の内容項目と日常生活の関連性を生徒に意識させること
学習プロセス	社会的課題の原因や、原因をもたらす社会要因の分析のプロセスを、生徒自身の学習プロセスとして辿ることができるように工夫すること
学習方法	協働的な学びの手法を取り入れることで、社会的課題の同定や解決方法の考案そのものを集合的なものにすること

筆者作成

ても有効に機能すると考えられるのである。

　以上の点は、内容構成、学習プロセス、学習方法に関する提案であると言える。これを整理したものが、表4である。

5　おわりに

　本稿では、生徒が「公正」の視点から社会的課題の「原因を探る」という方法を用いることで、生徒による社会的課題の探究を可能にする授業づくりのポイントを提案することを目的としていた。結論として、内容構成、学習プロセス、学習方法の3つの観点に関して、表4に、それぞれのポイントを示した。

　しかし、これらのポイントは、あくまで米国の実践の分析を通して見出されたものである。これらのポイントが本当に有効であるかどうかは、日本の社会系教科で授業を構想し、実践して効果を検証する過程を経なければ、明らかにできない。今後の課題としたい。

〈参考文献〉

1　阿部彩（2008）:『子どもの貧困—日本の不公平を考える』、岩波新書、256p.

2　厚生労働省（2017）:平成28年　国民生活基礎調査の概況、http://www.mhlw.go.jp/
　toukei/saikin/hw/k-tyosa/k-tyosa16/index.html（最終閲覧日：2017年9月30日）

3　古田雄一（2015）:アメリカの貧困地域の子どもに内面化される「市民」像に関する一
　考察—子どもの日常的経験と学校の隠れたカリキュラムに着目して—、筑波大学教育学系
　論集、Vol.40、No.1、pp.55-63.

4　松本伊智朗（2008）:貧困の再発見と子ども、浅井春夫・松本伊智朗・湯澤直美編著
　『子どもの貧困—子ども時代のしあわせ平等のために』、明石書店、pp.14-61.

5　ユニセフ・イノチェンティ研究所（2016）:イノチェンティレポートカード13　子ども
　たちのための公平性—先進諸国における子どもたちの幸福度の格差に関する順位表、
　https://www.unicef.or.jp/library/pdf/labo_rc13j.pdf（最終閲覧日：2017年9月30日）

6　若槻健（2014）:『未来を切り拓く市民性教育』、関西大学出版部、166p.

7　Mikva Challenge (2011) *Democracy in Action.* Chicago,IL: Author.

8　Westheimer, J. & Kahne, J. (2004) What Kind of Citizen? The Politics of Educating
　for Democracy. *American Educational Research Journal*, Vol.41, No.2, pp.237-269.

第4章　現代社会の見方・考え方の育成を目指す中等社会科・公民科の実践理論

第8節
現代的な諸課題の解決と社会への構想につながる見方・考え方の育成 　-資質・能力から社会への希望を視点にした実践的な習慣の形成へ-

村井大介（静岡大学）

キーワード：現代的な諸課題、公民教育の課題、希望、習慣、ニュース

1　現代的な諸課題と公民教育の展開

　本節では、「現代社会の見方・考え方」を、現代的な諸課題を解決し社会を構想することへとつなげていく際に、重要になる二つの視点を提起し、授業で実践する方法を明らかにする。

　中学校社会科公民的分野及び高等学校公民科を中心とする中等公民教育の授業では、現代社会の如何なる諸課題を、どのように取り上げるのかといったことが、実践を探究する際の問いになり続けてきた。対象となる現代社会の諸課題と学習の仕方は、時代とともに変容を遂げており、このことは学習指導要領の言説からも窺うことができる。表1と表2は、1955（昭和30）年改訂版から2017（平成29）年改訂版までの中学校学習指導要領「社会」の「公民的分野」の項目（1955（昭和30）年版は「政治・経済・社会的分野」、1958（昭和33）年版は「第3学年」の項目）に記載されている語句の出現回数の推移を示したものである。いずれも各指導要領の記述量の相違や、語句の使用された文脈までは考慮していない。しかし、どの語句がいつ頃から使われ始めたのかや、どの語句が重視されているのかに着目することで、公民的分野の変容を捉えることができる。

　表1からは1969（昭和44）年版から公害や消費者問題、1989年（平成元）年版から情報化や高齢化というように、時代の変化とともに公民的分野で扱う課題が変容してきたことが窺える。また、2017（平成29）年版では、持続可能性やグローバル化、領土問題、財政といった現代社会の諸課題が一層重視されていることがわかる。対象となる問題だけではなく、「公正」や「合意」、「参加」といった語句の増加にみられるように、近年では現代的な諸課題への向き合い

第8節　現代的な諸課題の解決と社会への構想につながる見方・考え方の育成

表1　学習指導要領（公民的分野）における学習内容に関する語句の出現回数

	S30	S33	S44	S52	H元	H10	H20	H29		S30	S33	S44	S52	H元	H10	H20	H29
社会	43	48	49	22	27	35	33	46	環境	0	0	2	1	1	3	2	2
民主	29	20	6	10	8	10	7	11	持続	0	0	0	0	0	0	1	4
平和	14	10	11	7	7	9	8	8	消費	0	0	5	3	4	4	5	5
合意	0	0	0	0	0	1	1	8	情報	0	0	0	0	4	1	1	5
参加	0	0	0	0	2	2	2	2	少子	0	0	0	0	0	1	2	4
公正	0	1	2	3	4	4	5	11	高齢	0	0	0	0	0	2	1	2
憲法	3	5	8	3	5	5	5	4	グローバル	0	0	0	0	0	0	0	1
選挙	1	4	6	2	1	1	1	1	貧困	0	0	0	0	0	0	1	1
財政	1	4	8	1	1	2	2	5	領土	1	1	1	1	1	1	1	3
公害	0	0	2	1	1	1	1	1	課題	0	2	5	0	0	4	3	17

（筆者作成）

表2　学習指導要領（公民的分野）における学習活動に関する語句の出現回数

	S30	S33	S44	S52	H元	H10	H20	H29		S30	S33	S44	S52	H元	H10	H20	H29
理解	61	42	54	29	33	32	28	29	表現	0	0	0	0	0	0	1	2
考察	0	1	0	1	1	1	1	17	調査	0	1	1	0	0	2	1	0
考える	31	14	11	3	14	15	16	0	調べる	0	0	0	0	0	0	0	1
考え方	2	0	0	3	5	6	8	7	活動	4	2	2	4	4	4	3	16
関連付ける	0	0	0	0	0	3	2	4	解決	3	2	1	0	0	1	2	15

（筆者作成）

方も重視されている。

　こうした学習の変化は、表2からも捉えることができる。表2の学習活動に関する語句の変化が示すように、社会科は知識を単に理解するだけのコンテンツ・ベースの教科ではなく、考察をして表現し、問題を追究して解決するような、コンピテンシーも重視した教科へと大きく転換しようとしている。

　特に重要なのは、「解決」や「課題」といった語句の出現回数の増加に示されている通り、2017（平成29）年版では、「現代社会の見方・考え方を働かせ、課題を追究したり解決したりする活動」が重視されていることである。2017（平成29）年版中学校学習指導要領では、社会科公民的分野の目標は、「現代社会の見方・考え方を働かせ、課題を追究したり解決したりする活動を通して、広い視野に立ち、グローバル化する国際社会に主体的に生きる平和で民主的な国家及び社会の形成者に必要な公民としての資質・能力の基礎」を育成することにおかれている。この目標が示すように、「現代社会の見方・考え方」は、課題を追究したり解決したりする活動、さらには、公民としての資質・能力の育成へとつなげることが重要になる。このことを実現するためにも、本節では、

第4章　現代社会の見方・考え方の育成を目指す中等社会科・公民科の実践理論

公民教育の抱えてきた課題を明らかにした上で（第2項）、希望に着目しながら現代社会の諸課題を捉える視点をもつこと（第3項）と、資質・能力を実践的な習慣へとつなげていく視点をもつこと（第4項）の二つの必要性を明らかにする。第5項では、この二つの視点を取り入れた授業での学習活動を提案する。

2　公民教育の抱えてきた根本的な課題

　2017（平成29）年版学習指導要領が成立するまでの議論を遡ると、公民教育の抱えてきた課題が如何に捉えられているかを明らかにすることができる。2015（平成27）年6月9日の教育課程企画特別部会の資料2－2「高等学校における教科・科目の現状・課題と今後の在り方について（検討素案）」では、公民教育の現状と課題が示されている。この資料では、公民教育に関する現状をあげる際に、高校生・若者の意識の特徴として、「①積極的に社会参加する意欲が国際的に見て低い」、「②理念や概念の理解、情報活用能力が十分身についていない」、「③政治や経済の仕組み、働く意義等を学ぶことへの関心は高い」、の三つをあげている。公民教育の課題にあたる点として、①の社会参加の意欲の低さを示すために、投票率の推移や中高生の社会への参加意識に関する統計を取り上げている。また、②の情報活用能力等が身についていない根拠として、2005（平成17）年度教育課程実施状況調査の結果を提示している。この教育課程実施状況調査（倫理、政治・経済）の教員質問紙の結果から、「課題解決的な学習を取り入れた授業を行っている」「調べたことを発表させる活動を取り入れた授業を行っている」と考える教員が少ないことも指摘している。

　以上の内容から窺えるように、改訂の際に問題視されていた点の一つには、「積極的に社会参加する意欲が国際的に見て低い」日本の若者の状況があった。それでは「現代社会の見方・考え方」を働かせながら課題を追究したり解決したりする活動をすれば、自ずと社会へ参加する意欲は高まるのだろうか。

　社会への参加意欲の低さが公民教育の課題として捉えられていることからも明らかなように、公民教育の成果は、教室に留まるものではなく、学習者の社会生活とも連続していくことが期待されている。また、在学時だけではなく、卒業後の人生においても継続することが求められている。

　従来の社会科教育、公民教育では、学習者に切実さを持たせることが重要な

課題になっていた。学習者の社会生活との連続性や人生での継続性までを視野に入れると、授業から空間的・時間的に離れても切実さを持ち続けられるようにすることが重要になる。また、表1で示したように、現代的な諸課題は時代とともに多様化している。このことを考慮すると、教師が提起した問題に取り組むだけではなく、自らが解決すべき現代的な諸課題を見出し、解決を願い、解決を実現する主体になることが求められている。

　以上のように、公民教育の抱えている課題の核心は、どのようにすれば現代的な諸課題の解決を願い、取り組み続ける主体性を育むことができるのかという点にある。次項からは、このような公民教育の課題を乗り越えるような「現代社会の見方・考え方」を働かせた学習活動を行う上で重要になる視点を提起する。

3　社会への希望という視点

　公民教育の課題を乗り越える上で重要な視点として、まず希望に着目する。鈴木（2015）は、内閣府が2013年に実施した「我が国と諸外国の若者の意識に関する調査」の結果から他国に比べて日本の若者が希望を持てていない現状を明らかにしている。この調査は、日本、アメリカ、イギリス、スウェーデン、フランス、ドイツ、韓国の7か国で、13歳から29歳の若者を対象に行われた国際世論調査である。「あなたは、自分の将来について明るい希望を持っていますか」という質問に対して、日本以外の6か国は若者の8割以上が「希望がある」「どちらかといえば希望がある」と答えたのに対し、日本は「希望がある」が12％、「どちらかといえば希望がある」が49％であった。また、同調査では、「私の参加により、変えてほしい社会現象が少しでも変えられるかもしれない」という意見に対する考えについても調査しており、この結果も日本が最も低く、「そう思う」は8％、「どちらかといえばそう思う」は30％であった。鈴木（2015：161）は、希望の有無と社会を変えられるか否かに関する見解の間には、相関関係がみられることを指摘している。このことを踏まえると、社会参加への意欲を高めるには、まず生徒自身が希望を持てるようになることが一つの鍵になるといえる。

　希望については、東京大学社会科学研究所を基盤として、希望を社会事象と

第4章　現代社会の見方・考え方の育成を目指す中等社会科・公民科の実践理論

して捉える希望学のプロジェクトが、2005年度から進められている。希望学の議論の中で、リチャード・スウェッドバーグ（2009：61）は、希望を、「具体的な何かを実現しようとする願い」と定義している。玄田（2010：48）は、この定義をもとにして、「社会的な希望（social hope）とは、他の誰か（others）と、希望を共有しようとすること。他者と共有する何かを一緒に行動して実現しようとすること」と唱えている。希望を共有することの重要性については、玄田・宇野（2009：xviii）が次のように論じている。

　　さらに叶えたい「何か」が、個人にとどまらず、複数の個人によって共有されるとき、その希望は、個人の希望を超えて社会の希望となる。希望について議論を積み重ねるなか、希望を語るとき、「物語」という言葉が、多くの人々から自然と口にされていることにあるとき、気づかされた。共同体にかかわる複数の個人によって共有化された希望とは、社会の望ましい変革の方向としての、社会における一つの物語である。

　何かを実現したいという願い（＝希望）を共有することで、社会は変化する。男女共同参画社会や環境への取り組みも、声をあげて願いが共有されることで、実現へと近づいてきた。公民的分野で取り上げられてきた現代社会の諸課題は、表1で提示した通り、時代の推移とともに変化しており、この背後にも、現状を問題視し、解決を願う声が存在してきたはずである。

　赤川（2012：17）は、構築主義の視点から、「「社会問題が実在するから、それへの対処を求める言説や活動が生まれる」のではなく、「何らかの状態を社会問題として定義し、それへの対処を求めるからこそ、その状態が社会問題として構築される」と考えることができる」と述べている。このような視点から「現代社会の諸課題」を捉えた場合、希望を実現しようとする声に耳を傾けること、言い換えれば、誰が何を願って問題を提唱してきたのかに着目することが、希望を共有することにつながり、社会へ参加していく第一歩になると考えることができる。

268

4　資質・能力から実践的な習慣へ

　第2項で言及したように、学習指導要領の改訂がなされる際に、公民教育の課題として、日本の若者の社会参加の意欲の低さがあげられていた。このことを考慮すると、公民教育の学習成果は、学習者の社会生活と連続し、卒業後の人生にまで継続していくことが求められている。そのため、資質・能力の育成を、実践的な習慣の形成へと展開していくことが重要になる。

　2017（平成29）年版の学習指導要領では、資質・能力の三つの柱として、「知識及び技能（何を理解しているか、何ができるか）」「思考力・判断力・表現力等（理解していること・できることをどう使うか）」「学びに向かう力、人間性等（どのように社会・世界と関わり、よりよい人生を送るか）」が提起されている。公民教育の抱えてきた課題は、授業を通して何かを理解し、何かができるようになったとしても、社会・世界と関わり、人生を送る上で、必ずしも身に付けた資質・能力が使われるとは限らないという問題である。「現代社会の見方・考え方」についても、授業で身に付き、授業内で活用できるようになったとしても、実生活では使われないことも考えられる。

　資質・能力について、国立教育政策研究所編（2016：39-40）は、「知識は学んで身に付けるもの、資質・能力は自分の中にあるものを引き出して使うもの」と区別し、「例えば「考える力」という資質・能力も、基本的には人がみな持っており、ただ、特定の分野や環境で役立つように「うまく考えることができる」ようになるまでは、たくさんの経験が必要だ」と述べている。このことからも窺えるように、資質・能力を発揮できるようにするには日常生活のルーティンの中で繰り返し学習成果を活用することが重要であるといえる。

　こうした点を考慮すると、「現代社会の見方・考え方」を、「ハビトゥス」として捉えていくことも有効な視点になる。『社会学小辞典』によると、「ハビトゥス」とは、「もともと態度、習慣などと近い意味をもっているラテン語で、社会化過程のなかで習得され、身に付いた一定のものの見方・感じ方・振舞い方などを持続的に生み出していく性向」のことである（濱嶋・竹内・石川編1997：505）。「現代社会の見方・考え方」を、日常の振舞いの中でも無意識のうちに働かせられるように、身体化した習慣として身に付けていく。このこと

が、授業を通して習得し活用できるようにした「理解していること」「できること」を、日常生活の中でも使い続けられるようにする上で、鍵になるだろう。

5 希望を視点に「現代社会の見方・考え方」を働かせる実践習慣の形成

　公民教育の抱える課題には、どのようにすれば現代的な諸課題の解決を願い、取り組み続ける主体性を育むことができるのかという課題がある。この課題に対して、希望という視点と、実践的な習慣を身に付けることに着目した。以上の論を踏まえて、ここでは授業で実践できる学習活動を提案する。

　「現代社会の見方・考え方」を生徒の日常生活の文脈に関連づけることは、これまでも行われてきた。例えば、帝国書院の教科書では、現代社会をとらえる見方や考え方を学習する章で「「効率」「公正」の考え方を、本文を参考に、学校生活など、身近な場面から説明してみましょう」という課題を出している（江口監 2016：25）。このように学習した特定の見方・考え方に焦点化し、まわりの事象を読み解くことは有効な方法である。ただし、2016 年 8 月 26 日に示された「社会・地理歴史・公民ワーキンググループにおける審議の取りまとめについて」の資料では、公民的分野及び公民科における「現代社会の見方・考え方」に関する視点の例は、表 3 のように多岐に渡っている。そのため、最終的には、中学校から高等学校までの学習で身に付けた多様な見方・考え方を、状況に応じて取捨選択しながら、事象を捉え、社会を構想できるようにしていく必要がある。

　そこで本稿では、図 1 のようなワークシートを活用した「ニュースを紹介しよう」という活動を提案する。この活動は、ニュースを一つ取り上げて、「現代社会の見方・考え方」の視点（図 1 ④）や、希望の視点（図 1 ⑤）、自己との関わり（図 1 ⑥）から考察し、紹介する活動である。本節で論じてきたように、「現代社会の見方・考え方」を働かせながら現代社会の諸課題の解決を構想する習慣を形成し、社会への参加意欲を高めることを意図している。

　そのため、次の四つが重要なポイントになる。第一に、一時間の授業の冒頭もしくは最後に、あるいは、授業の課題として、繰り返し取り組むことである。従来の社会科教育の研究では、単元を開発することに力点が置かれていた。それに対し、この活動は、見方・考え方を活用する実践習慣を身に付けるため

第8節　現代的な諸課題の解決と社会への構想につながる見方・考え方の育成

に、授業や単元の合間を利用しながら反復して取り組むことを想定している。

　第二に、生徒が日常生活の中で接する情報を意識しながら活動を設定することである。初期の段階では、教師が授業時に何かしらのニュースを提示し、グループで相談させながら取り組ませるとよいだろう。例えば、筆者は、大学での教員養成の授業の中で、ある1日の新聞を各グループに配布し、グループで好きな記事を選ばせ、見方・考え方の視点と関連させながら記事の内容を紹介させる活動を行った。これに慣れてきたら、個人で、授業外の時間に接したニュースをもとに取り組ませることも考えられる。この活動は NIE（Newspaper in Education）の実践の一つになり得るが、新聞に限定する必要はない。学習者の日常生活の文脈に引き寄せた場合、テレビやインターネットで見聞きしたニュースについても「現代社会の見方・考え方」から捉える習慣を身に付けることが重要である。このことは、第2項で論じたように、情報活用能力が十分身についていないという、現在の公民教育の課題に応えることにもなる。そのため、図1の①②③は、情報を主体的に読み解き発信する、メディアリテラシーを身に付ける内容になっている。

表3　社会科公民的分野・公民科に関する見方・考え方の視点例

公民的分野	現代社会を捉える視点	対立と合意、効率と公正、個人の尊重、自由、平等、選択、配分、法的安定性、多様性 など
	社会に見られる課題の解決を構想する視点	対立と合意、効率と公正、民主主義、自由・権利と責任・義務、財源の確保と配分、利便性と安全性、国際協調、持続可能性 など
公共	人間と社会の在り方を捉える視点	幸福、正義、公正、個人の尊厳、自由、平等、寛容、委任、希少性、機会費用、利便性と安全性、多様性と共通性 など
	公共的な空間に見られる課題の解決を構想する視点	幸福、正義、公正、協働関係の共時性と通時性、比較衡量、相互承認、適正な手続き、民主主義、自由・権利と責任・義務、平等、財源の確保と配分、平和、持続可能性 など
倫理	人間としての在り方、生き方を捉える視点	善悪、生死、徳、愛、共感、幸福、義務、正義、個人の尊厳、公正、寛容、存在、真理、聖、美 など
	現代の倫理的諸課題の解決を構想する視点	尊重、畏敬、創造、保全、自由、権利、責任、自立、協働、勤労、多様性、相互承認、平和、国際協調、持続可能性 など
政治・経済	社会の在り方を捉える視点	個人の尊厳、効率、公正、自由、平等、委任、希少性、機会費用、選択、配分、分業、交換、利便性と安全性、多様性と共通性など
	社会に見られる課題の解決を構想する視点	対立、協調、効率、公正、比較衡量、具体的な妥当性と法的安定性、相互承認、適正な手続き、民主主義、自由・権利と責任・義務、財源の確保と配分、平和、持続可能性 など

（「社会・地理歴史・公民ワーキンググループにおける審議の取りまとめについて」をもとに筆者作成）

第4章　現代社会の見方・考え方の育成を目指す中等社会科・公民科の実践理論

ニュースを紹介しよう

（氏名　　　　　　　　　　　　　）

① 取り上げたニュースにタイトルをつけましょう。

② 取り上げたニュースは、いつ、誰が、どのような手段（新聞、テレビ、インターネットなど）で発信したものですか。

【いつ】	【誰】	【手段】

③ 取り上げたニュースの要点をまとめてみましょう。

④ 取り上げたニュースは、これまで、学習したどの「現代社会の見方・考え方」と関連が深いですか。また、どのような点で関連がありますか。

【見方・考え方】	【関連性】

⑤ 取り上げたニュースの背後には、誰のどのような願い（＝希望）がありますか。

【誰】	【願い】

⑥ 取り上げたニュースに関して、自分にもできることがあるとしたら、どのようなことですか。どのようにこのニュースの事象と関わっていきたいですか。

図1　学習活動「ニュースを紹介しよう」のワークシート例　　　（筆者作成）

272

第8節　現代的な諸課題の解決と社会への構想につながる見方・考え方の育成

　第三に、「現代社会の見方・考え方」に関する表3のような一覧を、道具箱のように使えるようにすることである。実践の前提として、「現代社会の見方・考え方」の視点を生徒と共有することが重要である。学習した視点を加えていきながら年間を通して表3のような一覧を生徒と作成する。これを参照して、見方・考え方を意識しながらニュースを読み解く活動（図1④）を行うことで、学習してきた内容を社会事象へと結びつけながら復習することができる。

　第四に、社会事象の背後にある、実現を願う希望に着目し、自分自身の考えや希望を語り合う場面を大切にすることである。ワークシート（図1⑤⑥）を通して、社会の背後にある様々な願いに着目し、自分はどのように関わっていきたいのかを考えていく。さらに、考えたことを学級の仲間に紹介することにより、希望を共有し、社会へと参加していく一歩になることが期待できる。

　本節では、「現代社会の見方・考え方」を、現代的な諸課題を解決し社会を構想していくことにつなげていく上で、希望と習慣という二つの視点が重要になることを明らかにした。第5項では、公民的分野及び公民科の授業で実践できる学習活動「ニュースを紹介しよう」を提案した。最後に、この活動は、社会科の教員養成・教師教育においても有効であることを付言する。教師自身が「現代社会の見方・考え方」を意識しながら、日々のニュースを読み解く習慣を身に付けることは、教材研究や教師の力量形成にもつながるだろう。

〈参考文献〉

赤川学（2012）：『社会問題の社会学』、弘文社、137p.

江口勇治監修（2016）：『社会科　中学生の公民』、帝国書院、232p.

玄田有史（2010）：『希望のつくり方』、岩波書店、226p.

玄田有史・宇野重規（2009）：はしがき「希望を語る」ということ、東大社研・玄田有史・宇野重規編『希望を語る』、東京大学出版会、pp. iii-xviii.

国立教育政策研究所編（2016）：『資質・能力　理論編』、東洋館出版社、245p.

鈴木賢志（2015）：『日本の若者はなぜ希望を持てないのか』、草思社、205p.

濱嶋朗・竹内郁郎・石川晃弘編（1997）：『社会学小辞典 [新版]』、有斐閣、947p.

リチャード・スウェッドバーグ（2009）：希望研究の系譜、東大社研・玄田有史・宇野重規編『希望を語る』、東京大学出版会、pp.31-79.

小学校学習指導要領 2017年（平成29年3月）版

中学校学習指導要領 2017年（平成29年3月）版

小学校学習指導要領
2017年（平成29年3月）版

出典：文部科学省ホームページ
(http://www.mext.go.jp/)

第2節　社会

第1　目標

　社会的な見方・考え方を働かせ，課題を追究したり解決したりする活動を通して，グローバル化する国際社会に主体的に生きる平和で民主的な国家及び社会の形成者に必要な公民としての資質・能力の基礎を次のとおり育成することを目指す。
　(1)　地域や我が国の国土の地理的環境，現代社会の仕組みや働き，地域や我が国の歴史や伝統と文化を通して社会生活について理解するとともに，様々な資料や調査活動を通して情報を適切に調べまとめる技能を身に付けるようにする。
　(2)　社会的事象の特色や相互の関連，意味を多角的に考えたり，社会に見られる課題を把握して，その解決に向けて社会への関わり方を選択・判断したりする力，考えたことや選択・判断したことを適切に表現する力を養う。
　(3)　社会的事象について，よりよい社会を考え主体的に問題解決しようとする態度を養うとともに，多角的な思考や理解を通して，地域社会に対する誇りと愛情，地域社会の一員としての自覚，我が国の国土と歴史に対する愛情，我が国の将来を担う国民としての自覚，世界の国々の人々と共に生きていくことの大切さについての自覚などを養う。

第2　各学年の目標及び内容

〔第3学年〕
1　目標
　社会的事象の見方・考え方を働かせ，学習の問題を追究・解決する活動を通して，次のとおり資質・能力を育成することを目指す。
　(1)　身近な地域や市区町村の地理的環境，地域の安全を守るための諸活動や地域の産業と消費生活の様子，地域の様子の移り変わりについて，人々の生活との関連を踏まえて理解するとともに，調査活動，地図帳や各種の具体的資料を通して，必要な情報を調べまとめる技能を身に付けるようにする。
　(2)　社会的事象の特色や相互の関連，意味を考える力，社会に見られる課題を把握して，その解決に向けて社会への関わり方を選択・判断する力，考えたことや選択・判断したことを表現する力を養う。
　(3)　社会的事象について，主体的に学習の問題を解決しようとする態度や，よりよい社会を考え学習したことを社会生活に生かそうとする態度を養うとともに，思考や理解を通して，地域社会に対する誇りと愛情，地域社会の一員としての自覚を養う。
2　内容
　(1)　身近な地域や市区町村（以下第2章第2節において「市」という。）の様子について，学習の問題を追究・解決する活動を通して，次の事項を身に付けることができるよう指導する。
　　ア　次のような知識及び技能を身に付けること。
　　　(ｱ)　身近な地域や自分たちの市の様子を大まかに理解すること。
　　　(ｲ)　観察・調査したり地図などの資料で調べたりして，白地図などにまとめること。
　　イ　次のような思考力，判断力，表現力等を身に付けること。
　　　(ｱ)　都道府県内における市の位置，市の地形や土地利用，交通の広がり，市役所など主な公共施設の場所と働き，古くから残る建造物の分布などに着目して，身近な地域や市の様子を捉え，場所による違いを考え，表現すること。
　(2)　地域に見られる生産や販売の仕事について，学習の問題を追究・解決する活動を通して，次の事項を身に付けることができるよう指導する。
　　ア　次のような知識及び技能を身に付けること。
　　　(ｱ)　生産の仕事は，地域の人々の生活と密接な関わりをもって行われていることを理解すること。
　　　(ｲ)　販売の仕事は，消費者の多様な願いを踏まえ売り上げを高めるよう，工夫して行われていることを理解すること。

(ウ)　見学・調査したり地図などの資料で調べたりして，白地図などにまとめること。
　　イ　次のような思考力，判断力，表現力等を身に付けること。
　　　(ア)　仕事の種類や産地の分布，仕事の工程などに着目して，生産に携わっている人々の仕事の様子を捉え，地域の人々の生活との関連を考え，表現すること。
　　　(イ)　消費者の願い，販売の仕方，他地域や外国との関わりなどに着目して，販売に携わっている人々の仕事の様子を捉え，それらの仕事に見られる工夫を考え，表現すること。
　(3)　地域の安全を守る働きについて，学習の問題を追究・解決する活動を通して，次の事項を身に付けることができるよう指導する。
　　ア　次のような知識及び技能を身に付けること。
　　　(ア)　消防署や警察署などの関係機関は，地域の安全を守るために，相互に連携して緊急時に対処する体制をとっていることや，関係機関が地域の人々と協力して火災や事故などの防止に努めていることを理解すること。
　　　(イ)　見学・調査したり地図などの資料で調べたりして，まとめること。
　　イ　次のような思考力，判断力，表現力等を身に付けること。
　　　(ア)　施設・設備などの配置，緊急時への備えや対応などに着目して，関係機関や地域の人々の諸活動を捉え，相互の関連や従事する人々の働きを考え，表現すること。
　(4)　市の様子の移り変わりについて，学習の問題を追究・解決する活動を通して，次の事項を身に付けることができるよう指導する。
　　ア　次のような知識及び技能を身に付けること。
　　　(ア)　市や人々の生活の様子は，時間の経過に伴い，移り変わってきたことを理解すること。
　　　(イ)　聞き取り調査をしたり地図などの資料で調べたりして，年表などにまとめること。
　　イ　次のような思考力，判断力，表現力等を身に付けること。
　　　(ア)　交通や公共施設，土地利用や人口，生活の道具などの時期による違いに着目して，市や人々の生活の様子を捉え，それらの変化を考え，表現すること。
3　内容の取扱い
　(1)　内容の(1)については，次のとおり取り扱うものとする。
　　ア　学年の導入で扱うこととし，アの(ア)については，「自分たちの市」に重点を置くよう配慮すること。
　　イ　アの(イ)については，「白地図などにまとめる」際に，教科用図書「地図」(以下第2章第2節において「地図帳」という。)を参照し，方位や主な地図記号について扱うこと。
　(2)　内容の(2)については，次のとおり取り扱うものとする。
　　ア　アの(ア)及びイの(ア)については，事例として農家，工場などの中から選択して取り上げるようにすること。
　　イ　アの(イ)及びイの(イ)については，商店を取り上げ，「他地域や外国との関わり」を扱う際には，地図帳などを使用して都道府県や国の名称と位置などを調べるようにすること。
　　ウ　イの(イ)については，我が国や外国には国旗があることを理解し，それを尊重する態度を養うよう配慮すること。
　(3)　内容の(3)については，次のとおり取り扱うものとする。
　　ア　アの(ア)の「緊急時に対処する体制をとっていること」と「防止に努めていること」については，火災と事故はいずれも取り上げること。その際，どちらかに重点を置くなど効果的な指導を工夫をすること。
　　イ　イの(ア)については，社会生活を営む上で大切な法やきまりについて扱うとともに，地域や自分自身の安全を守るために自分たちにできることなどを考えたり選択・判断したりできるよう配慮すること。
　(4)　内容の(4)については，次のとおり取り扱うものとする。
　　ア　アの(イ)の「年表などにまとめる」際には，時期の区分について，昭和，平成など元号を用いた言い表し方などがあることを取り上げること。
　　イ　イの(ア)の「公共施設」については，市が公共施設の整備を進めてきたことを取り上げること。その際，租税の役割に触れること。
　　ウ　イの(ア)の「人口」を取り上げる際には，少子高齢化，国際化などに触れ，これからの市の発展について考えることができるよう配慮すること。

〔第4学年〕
1　目標
　社会的事象の見方・考え方を働かせ，学習の問題を追究・解決する活動を通して，次のとおり資質・

能力を育成することを目指す。
(1) 自分たちの都道府県の地理的環境の特色，地域の人々の健康と生活環境を支える働きや自然災害から地域の安全を守るための諸活動，地域の伝統と文化や地域の発展に尽くした先人の働きなどについて，人々の生活との関連を踏まえて理解するとともに，調査活動，地図帳や各種の具体的資料を通して，必要な情報を調べまとめる技能を身に付けるようにする。
(2) 社会的事象の特色や相互の関連，意味を考える力，社会に見られる課題を把握して，その解決に向けて社会への関わり方を選択・判断する力，考えたことや選択・判断したことを表現する力を養う。
(3) 社会的事象について，主体的に学習の問題を解決しようとする態度や，よりよい社会を考え学習したことを社会生活に生かそうとする態度を養うとともに，思考や理解を通して，地域社会に対する誇りと愛情，地域社会の一員としての自覚を養う。

2 内容

(1) 都道府県（以下第2章第2節において「県」という。）の様子について，学習の問題を追究・解決する活動を通して，次の事項を身に付けることができるよう指導する。
　　ア　次のような知識及び技能を身に付けること。
　　　(ｱ)　自分たちの県の地理的環境の概要を理解すること。また，47都道府県の名称と位置を理解すること。
　　　(ｲ)　地図帳や各種の資料で調べ，白地図などにまとめること。
　　イ　次のような思考力，判断力，表現力等を身に付けること。
　　　(ｱ)　我が国における自分たちの県の位置，県全体の地形や主な産業の分布，交通網や主な都市の位置などに着目して，県の様子を捉え，地理的環境の特色を考え，表現すること。
(2) 人々の健康や生活環境を支える事業について，学習の問題を追究・解決する活動を通して，次の事項を身に付けることができるよう指導する。
　　ア　次のような知識及び技能を身に付けること。
　　　(ｱ)　飲料水，電気，ガスを供給する事業は，安全で安定的に供給できるよう進められていることや，地域の人々の健康な生活の維持と向上に役立っていることを理解すること。
　　　(ｲ)　廃棄物を処理する事業は，衛生的な処理や資源の有効利用ができるよう進められていることや，生活環境の維持と向上に役立っていることを理解すること。
　　　(ｳ)　見学・調査したり地図などの資料で調べたりして，まとめること。
　　イ　次のような思考力，判断力，表現力等を身に付けること。
　　　(ｱ)　供給の仕組みや経路，県内外の人々の協力などに着目して，飲料水，電気，ガスの供給のための事業の様子を捉え，それらの事業が果たす役割を考え，表現すること。
　　　(ｲ)　処理の仕組みや再利用，県内外の人々の協力などに着目して，廃棄物の処理のための事業の様子を捉え，その事業が果たす役割を考え，表現すること。
(3) 自然災害から人々を守る活動について，学習の問題を追究・解決する活動を通して，次の事項を身に付けることができるよう指導する。
　　ア　次のような知識及び技能を身に付けること。
　　　(ｱ)　地域の関係機関や人々は，自然災害に対し，様々な協力をして対処してきたことや，今後想定される災害に対し，様々な備えをしていることを理解すること。
　　　(ｲ)　聞き取り調査をしたり地図や年表などの資料で調べたりして，まとめること。
　　イ　次のような思考力，判断力，表現力等を身に付けること。
　　　(ｱ)　過去に発生した地域の自然災害，関係機関の協力などに着目して，災害から人々を守る活動を捉え，その働きを考え，表現すること。
(4) 県内の伝統や文化，先人の働きについて，学習の問題を追究・解決する活動を通して，次の事項を身に付けることができるよう指導する。
　　ア　次のような知識及び技能を身に付けること。
　　　(ｱ)　県内の文化財や年中行事は，地域の人々が受け継いできたことや，それらには地域の発展など人々の様々な願いが込められていることを理解すること。
　　　(ｲ)　地域の発展に尽くした先人は，様々な苦心や努力により当時の生活の向上に貢献したことを理解すること。
　　　(ｳ)　見学・調査したり地図などの資料で調べたりして，年表などにまとめること。
　　イ　次のような思考力，判断力，表現力等を身に付けること。
　　　(ｱ)　歴史的背景や現在に至る経過，保存や継承のための取組などに着目して，県内の文化財や年中行事の様子を捉え，人々の願いや努力を考え，表現すること。
　　　(ｲ)　当時の世の中の課題や人々の願いなどに着目して，地域の発展に尽くした先人の具体的事例を捉え，先人の働きを考え，表現すること。

(5)　県内の特色ある地域の様子について，学習の問題を追究・解決する活動を通して，次の事項を身に付けることができるよう指導する。
　ア　次のような知識及び技能を身に付けること。
　　(ｱ)　県内の特色ある地域では，人々が協力し，特色あるまちづくりや観光などの産業の発展に努めていることを理解すること。
　　(ｲ)　地図帳や各種の資料で調べ，白地図などにまとめること。
　イ　次のような思考力，判断力，表現力等を身に付けること。
　　(ｱ)　特色ある地域の位置や自然環境，人々の活動や産業の歴史的背景，人々の協力関係などに着目して，地域の様子を捉え，それらの特色を考え，表現すること。

3　内容の取扱い

　(1)　内容の(2)については，次のとおり取り扱うものとする。
　ア　アの(ｱ)及び(ｲ)については，現在に至るまでに仕組みが計画的に改善され公衆衛生が向上してきたことに触れること。
　イ　アの(ｱ)及びイの(ｱ)については，飲料水，電気，ガスの中から選択して取り上げること。
　ウ　アの(ｲ)及びイの(ｲ)については，ごみ，下水のいずれかを選択して取り上げること。
　エ　イの(ｱ)については，節水や節電など自分たちにできることを考えたり選択・判断したりできるよう配慮すること。
　オ　イの(ｲ)については，社会生活を営む上で大切な法やきまりについて扱うとともに，ごみの減量や水を汚さない工夫など，自分たちにできることを考えたり選択・判断したりできるよう配慮すること。
　(2)　内容の(3)については，次のとおり取り扱うものとする。
　ア　アの(ｱ)については，地震災害，津波災害，風水害，火山災害，雪害などの中から，過去に県内で発生したものを選択して取り上げること。
　イ　アの(ｱ)及びイの(ｱ)の「関係機関」については，県庁や市役所の働きなどを中心に取り上げ，防災情報の発信，避難体制の確保などの働き，自衛隊など国の機関との関わりを取り上げること。
　ウ　イの(ｱ)については，地域で起こり得る災害を想定し，日頃から必要な備えをするなど，自分たちにできることなどを考えたり選択・判断したりできるよう配慮すること。
　(3)　内容の(4)については，次のとおり取り扱うものとする。
　ア　アの(ｱ)については，県内の主な文化財や年中行事が大まかに分かるようにするとともに，イの(ｱ)については，それらの中から具体的事例を取り上げること。
　イ　アの(ｲ)及びイの(ｲ)については，開発，教育，医療，文化，産業などの地域の発展に尽くした先人の中から選択して取り上げること。
　ウ　イの(ｱ)については，地域の伝統や文化の保存や継承に関わって，自分たちにできることなどを考えたり選択・判断したりできるよう配慮すること。
　(4)　内容の(5)については，次のとおり取り扱うものとする。
　ア　県内の特色ある地域が大まかに分かるようにするとともに，伝統的な技術を生かした地場産業が盛んな地域，国際交流に取り組んでいる地域及び地域の資源を保護・活用している地域を取り上げること。その際，地域の資源を保護・活用している地域については，自然環境，伝統的な文化のいずれかを選択して取り上げること。
　イ　国際交流に取り組んでいる地域を取り上げる際には，我が国や外国には国旗があることを理解し，それを尊重する態度を養うよう配慮すること。

〔第5学年〕
1　目標

　社会的事象の見方・考え方を働かせ，学習の問題を追究・解決する活動を通して，次のとおり資質・能力を育成することを目指す。
　(1)　我が国の国土の地理的環境の特色や産業の現状，社会の情報化と産業の関わりについて，国民生活との関連を踏まえて理解するとともに，地図帳や地球儀，統計などの各種の基礎的資料を通して，情報を適切に調べまとめる技能を身に付けるようにする。
　(2)　社会的事象の特色や相互の関連，意味を多角的に考える力，社会に見られる課題を把握して，その解決に向けて社会への関わり方を選択・判断する力，考えたことや選択・判断したことを説明したり，それらを基に議論したりする力を養う。
　(3)　社会的事象について，主体的に学習の問題を解決しようとする態度や，よりよい社会を考え学習したことを社会生活に生かそうとする態度を養うとともに，多角的な思考や理解を通して，我が国の国土に対する愛情，我が国の産業の発展を願い我が国の将来を担う国民としての自覚を養う。

279

2 内容

(1) 我が国の国土の様子と国民生活について，学習の問題を追究・解決する活動を通して，次の事項を身に付けることができるよう指導する。

　ア　次のような知識及び技能を身に付けること。

　　(ア)　世界における我が国の国土の位置，国土の構成，領土の範囲などを大まかに理解すること。

　　(イ)　我が国の国土の地形や気候の概要を理解するとともに，人々は自然環境に適応して生活していることを理解すること。

　　(ウ)　地図帳や地球儀，各種の資料で調べ，まとめること。

　イ　次のような思考力，判断力，表現力等を身に付けること。

　　(ア)　世界の大陸と主な海洋，主な国の位置，海洋に囲まれ多数の島からなる国土の構成などに着目して，我が国の国土の様子を捉え，その特色を考え，表現すること。

　　(イ)　地形や気候などに着目して，国土の自然などの様子や自然条件から見て特色ある地域の人々の生活を捉え，国土の自然環境の特色やそれらと国民生活との関連を考え，表現すること。

(2) 我が国の農業や水産業における食料生産について，学習の問題を追究・解決する活動を通して，次の事項を身に付けることができるよう指導する。

　ア　次のような知識及び技能を身に付けること。

　　(ア)　我が国の食料生産は，自然条件を生かして営まれていることや，国民の食料を確保する重要な役割を果たしていることを理解すること。

　　(イ)　食料生産に関わる人々は，生産性や品質を高めるよう努力したり輸送方法や販売方法を工夫したりして，良質な食料を消費地に届けるなど，食料生産を支えていることを理解すること。

　　(ウ)　地図帳や地球儀，各種の資料で調べ，まとめること。

　イ　次のような思考力，判断力，表現力等を身に付けること。

　　(ア)　生産物の種類や分布，生産量の変化，輸入など外国との関わりなどに着目して，食料生産の概要を捉え，食料生産が国民生活に果たす役割を考え，表現すること。

　　(イ)　生産の工程，人々の協力関係，技術の向上，輸送，価格や費用などに着目して，食料生産に関わる人々の工夫や努力を捉え，その働きを考え，表現すること。

(3) 我が国の工業生産について，学習の問題を追究・解決する活動を通して，次の事項を身に付けることができるよう指導する。

　ア　次のような知識及び技能を身に付けること。

　　(ア)　我が国では様々な工業生産が行われていることや，国土には工業の盛んな地域が広がっていること及び工業製品は国民生活の向上に重要な役割を果たしていることを理解すること。

　　(イ)　工業生産に関わる人々は，消費者の需要や社会の変化に対応し，優れた製品を生産するよう様々な工夫や努力をして，工業生産を支えていることを理解すること。

　　(ウ)　貿易や運輸は，原材料の確保や製品の販売などにおいて，工業生産を支える重要な役割を果たしていることを理解すること。

　　(エ)　地図帳や地球儀，各種の資料で調べ，まとめること。

　イ　次のような思考力，判断力，表現力等を身に付けること。

　　(ア)　工業の種類，工業の盛んな地域の分布，工業製品の改良などに着目して，工業生産の概要を捉え，工業生産が国民生活に果たす役割を考え，表現すること。

　　(イ)　製造の工程，工場相互の協力関係，優れた技術などに着目して，工業生産に関わる人々の工夫や努力を捉え，その働きを考え，表現すること。

　　(ウ)　交通網の広がり，外国との関わりなどに着目して，貿易や運輸の様子を捉え，それらの役割を考え，表現すること。

(4) 我が国の産業と情報との関わりについて，学習の問題を追究・解決する活動を通して，次の事項を身に付けることができるよう指導する。

　ア　次のような知識及び技能を身に付けること。

　　(ア)　放送，新聞などの産業は，国民生活に大きな影響を及ぼしていることを理解すること。

　　(イ)　大量の情報や情報通信技術の活用は，様々な産業を発展させ，国民生活を向上させていることを理解すること。

　　(ウ)　聞き取り調査をしたり映像や新聞などの各種資料で調べたりして，まとめること。

　イ　次のような思考力，判断力，表現力等を身に付けること。

　　(ア)　情報を集め発信するまでの工夫や努力などに着目して，放送，新聞などの産業の様子を捉え，それらの産業が国民生活に果たす役割を考え，表現すること。

　　(イ)　情報の種類，情報の活用の仕方などに着目して，産業における情報活用の現状を捉え，情報を生かして発展する産業が国民生活に果たす役割を考え，表現すること。

(5) 我が国の国土の自然環境と国民生活との関連について，学習の問題を追究・解決する活動を通して，次の事項を身に付けることができるよう指導する。
ア　次のような知識及び技能を身に付けること。
(ｱ)　自然災害は国土の自然条件などと関連して発生していることや，自然災害から国土を保全し国民生活を守るために国や県などが様々な対策や事業を進めていることを理解すること。
(ｲ)　森林は，その育成や保護に従事している人々の様々な工夫と努力により国土の保全など重要な役割を果たしていることを理解すること。
(ｳ)　関係機関や地域の人々の様々な努力により公害の防止や生活環境の改善が図られてきたことを理解するとともに，公害から国土の環境や国民の健康な生活を守ることの大切さを理解すること。
(ｴ)　地図帳や各種の資料で調べ，まとめること。
イ　次のような思考力，判断力，表現力等を身に付けること。
(ｱ)　災害の種類や発生の位置や時期，防災対策などに着目して，国土の自然災害の状況を捉え，自然条件との関連を考え，表現すること。
(ｲ)　森林資源の分布や働きなどに着目して，国土の環境を捉え，森林資源が果たす役割を考え，表現すること。
(ｳ)　公害の発生時期や経過，人々の協力や努力などに着目して，公害防止の取組を捉え，その働きを考え，表現すること。

3　内容の取扱い

(1) 内容の(1)については，次のとおり取り扱うものとする。
ア　アの(ｱ)の「領土の範囲」については，竹島や北方領土，尖閣諸島が我が国の固有の領土であることに触れること。
イ　アの(ｳ)については，地図帳や地球儀を用いて，方位，緯度や経度などによる位置の表し方について取り扱うこと。
ウ　イの(ｱ)の「主な国」については，名称についても扱うようにし，近隣の諸国を含めて取り上げること。その際，我が国や諸外国には国旗があることを理解し，それを尊重する態度を養うよう配慮すること。
エ　イの(ｲ)の「自然条件から見て特色ある地域」については，地形条件や気候条件から見て特色ある地域を取り上げること。
(2) 内容の(2)については，次のとおり取り扱うものとする。
ア　アの(ｲ)及びイの(ｲ)については，食料生産の盛んな地域の具体的事例を通して調べることとし，稲作のほか，野菜，果物，畜産物，水産物などの中から一つを取り上げること。
イ　イの(ｱ)及び(ｲ)については，消費者や生産者の立場などから多角的に考えて，これからの農業などの発展について，自分の考えをまとめることができるよう配慮すること。
(3) 内容の(3)については，次のとおり取り扱うものとする。
ア　アの(ｲ)及びイの(ｲ)については，工業の盛んな地域の具体的事例を通して調べることとし，金属工業，機械工業，化学工業，食料品工業などの中から一つを取り上げること。
イ　イの(ｱ)及び(ｲ)については，消費者や生産者の立場などから多角的に考えて，これからの工業の発展について，自分の考えをまとめることができるよう配慮すること。
(4) 内容の(4)については，次のとおり取り扱うものとする。
ア　アの(ｱ)の「放送，新聞などの産業」については，それらの中から選択して取り上げること。その際，情報を有効に活用することについて，情報の送り手と受け手の立場から多角的に考え，受け手として正しく判断することや送り手として責任をもつことが大切であることに気付くようにすること。
イ　アの(ｲ)及びイの(ｲ)については，情報や情報技術を活用して発展している販売，運輸，観光，医療，福祉などに関わる産業の中から選択して取り上げること。その際，産業と国民の立場から多角的に考えて，情報化の進展に伴う産業の発展や国民生活の向上について，自分の考えをまとめることができるよう配慮すること。
(5) 内容の(5)については，次のとおり取り扱うものとする。
ア　アの(ｱ)については，地震災害，津波災害，風水害，火山災害，雪害などを取り上げること。
イ　アの(ｳ)及びイの(ｳ)については，大気の汚染，水質の汚濁などの中から具体的事例を選択して取り上げること。
ウ　イの(ｲ)及び(ｳ)については，国土の環境保全について，自分たちにできることなどを考えたり選択・判断したりできるよう配慮すること。

〔第6学年〕
1 目標
　社会的事象の見方・考え方を働かせ，学習の問題を追究・解決する活動を通して，次のとおり資質・能力を育成することを目指す。
　(1)　我が国の政治の考え方と仕組みや働き，国家及び社会の発展に大きな働きをした先人の業績や優れた文化遺産，我が国と関係の深い国の生活やグローバル化する国際社会における我が国の役割について理解するとともに，地図帳や地球儀，統計や年表などの各種の基礎的資料を通して，情報を適切に調べまとめる技能を身に付けるようにする。
　(2)　社会的事象の特色や相互の関連，意味を多角的に考える力，社会に見られる課題を把握して，その解決に向けて社会への関わり方を選択・判断する力，考えたことや選択・判断したことを説明したり，それらを基に議論したりする力を養う。
　(3)　社会的事象について，主体的に学習の問題を解決しようとする態度や，よりよい社会を考え学習したことを社会生活に生かそうとする態度を養うとともに，多角的な思考や理解を通して，我が国の歴史や伝統を大切にして国を愛する心情，我が国の将来を担う国民としての自覚や平和を願う日本人として世界の国々の人々と共に生きることの大切さについての自覚を養う。

2 内容
　(1)　我が国の政治の働きについて，学習の問題を追究・解決する活動を通して，次の事項を身に付けることができるよう指導する。
　　ア　次のような知識及び技能を身に付けること。
　　　(ア)　日本国憲法は国家の理想，天皇の地位，国民としての権利及び義務など国家や国民生活の基本を定めていることや，現在の我が国の民主政治は日本国憲法の基本的な考え方に基づいていることを理解するとともに，立法，行政，司法の三権がそれぞれの役割を果たしていることを理解すること。
　　　(イ)　国や地方公共団体の政治は，国民主権の考え方の下，国民生活の安定と向上を図る大切な働きをしていることを理解すること。
　　　(ウ)　見学・調査したり各種の資料で調べたりして，まとめること。
　　イ　次のような思考力，判断力，表現力等を身に付けること。
　　　(ア)　日本国憲法の基本的な考え方に着目して，我が国の民主政治を捉え，日本国憲法が国民生活に果たす役割や，国会，内閣，裁判所と国民との関わりを考え，表現すること。
　　　(イ)　政策の内容や計画から実施までの過程，法令や予算との関わりなどに着目して，国や地方公共団体の政治の取組を捉え，国民生活における政治の働きを考え，表現すること。
　(2)　我が国の歴史上の主な事象について，学習の問題を追究・解決する活動を通して，次の事項を身に付けることができるよう指導する。
　　ア　次のような知識及び技能を身に付けること。その際，我が国の歴史上の主な事象を手掛かりに，大まかな歴史を理解するとともに，関連する先人の業績，優れた文化遺産を理解すること。
　　　(ア)　狩猟・採集や農耕の生活，古墳，大和朝廷（大和政権）による統一の様子を手掛かりに，むらからくにへと変化したことを理解すること。
　　　　　その際，神話・伝承を手掛かりに，国の形成に関する考え方などに関心をもつこと。
　　　(イ)　大陸文化の摂取，大化の改新，大仏造営の様子を手掛かりに，天皇を中心とした政治が確立されたことを理解すること。
　　　(ウ)　貴族の生活や文化を手掛かりに，日本風の文化が生まれたことを理解すること。
　　　(エ)　源平の戦い，鎌倉幕府の始まり，元との戦いを手掛かりに，武士による政治が始まったことを理解すること。
　　　(オ)　京都の室町に幕府が置かれた頃の代表的な建造物や絵画を手掛かりに，今日の生活文化につながる室町文化が生まれたことを理解すること。
　　　(カ)　キリスト教の伝来，織田・豊臣の天下統一を手掛かりに，戦国の世が統一されたことを理解すること。
　　　(キ)　江戸幕府の始まり，参勤交代や鎖国などの幕府の政策，身分制を手掛かりに，武士による政治が安定したことを理解すること。
　　　(ク)　歌舞伎や浮世絵，国学や蘭学を手掛かりに，町人の文化が栄え新しい学問がおこったことを理解すること。
　　　(ケ)　黒船の来航，廃藩置県や四民平等などの改革，文明開化などを手掛かりに，我が国が明治維新を機に欧米の文化を取り入れつつ近代化を進めたことを理解すること。
　　　(コ)　大日本帝国憲法の発布，日清・日露の戦争，条約改正，科学の発展などを手掛かりに，我が国の国力が充実し国際的地位が向上したことを理解すること。

小学校学習指導要領

(サ) 日中戦争や我が国に関わる第二次世界大戦，日本国憲法の制定，オリンピック・パラリンピックの開催などを手掛かりに，戦後我が国は民主的な国家として出発し，国民生活が向上し，国際社会の中で重要な役割を果たしてきたことを理解すること。

(シ) 遺跡や文化財，地図や年表などの資料で調べ，まとめること。

イ 次のような思考力，判断力，表現力等を身に付けること。

(ア) 世の中の様子，人物の働きや代表的な文化遺産などに着目して，我が国の歴史上の主な事象を捉え，我が国の歴史の展開を考えるとともに，歴史を学ぶ意味を考え，表現すること。

(3) グローバル化する世界と日本の役割について，学習の問題を追究・解決する活動を通して，次の事項を身に付けることができるよう指導する。

ア 次のような知識及び技能を身に付けること。

(ア) 我が国と経済や文化などの面でつながりが深い国の人々の生活は，多様であることを理解するとともに，スポーツや文化などを通して他国と交流し，異なる文化や習慣を尊重し合うことが大切であることを理解すること。

(イ) 我が国は，平和な世界の実現のために国際連合の一員として重要な役割を果たしたり，諸外国の発展のために援助や協力を行ったりしていることを理解すること。

(ウ) 地図帳や地球儀，各種の資料で調べ，まとめること。

イ 次のような思考力，判断力，表現力等を身に付けること。

(ア) 外国の人々の生活の様子などに着目して，日本の文化や習慣との違いを捉え，国際交流の果たす役割を考え，表現すること。

(イ) 地球規模で発生している課題の解決に向けた連携・協力などに着目して，国際連合の働きや我が国の国際協力の様子を捉え，国際社会において我が国が果たしている役割を考え，表現すること。

3 内容の取扱い

(1) 内容の(1)については，次のとおり取り扱うものとする。

ア アの(ア)については，国会などの議会政治や選挙の意味，国会と内閣と裁判所の三権相互の関連，裁判員制度や租税の役割などについて扱うこと。その際，イの(ア)に関わって，国民としての政治への関わり方について多角的に考えて，自分の考えをまとめることができるよう配慮すること。

イ アの(ア)の「天皇の地位」については，日本国憲法に定める天皇の国事に関する行為など児童に理解しやすい事項を取り上げ，歴史に関する学習との関連も図りながら，天皇についての理解と敬愛の念を深めるようにすること。また，「国民としての権利及び義務」については，参政権，納税の義務などを取り上げること。

ウ アの(イ)の「国や地方公共団体の政治」については，社会保障，自然災害からの復旧や復興，地域の開発や活性化などの取組の中から選択して取り上げること。

エ イの(ア)の「国会」について，国民との関わりを指導する際には，各々の国民の祝日に関心をもち，我が国の社会や文化における意義を考えることができるよう配慮すること。

(2) 内容の(2)については，次のとおり取り扱うものとする。

ア アの(ア)から(サ)までについては，児童の興味・関心を重視し，取り上げる人物や文化遺産の重点の置き方に工夫を加えるなど，精選して具体的に理解できるようにすること。その際，アの(サ)の指導に当たっては，児童の発達の段階を考慮すること。

イ アの(ア)から(サ)までについては，例えば，国宝，重要文化財に指定されているものや，世界文化遺産に登録されているものなどを取り上げ，我が国の代表的な文化遺産を通して学習できるように配慮すること。

ウ アの(ア)から(コ)までについては，例えば，次に掲げる人物を取り上げ，人物の働きを通して学習できるよう指導すること。

卑弥呼，聖徳太子，小野妹子，中大兄皇子，中臣鎌足，聖武天皇，行基，鑑真，藤原道長，紫式部，清少納言，平清盛，源頼朝，源義経，北条時宗，足利義満，足利義政，雪舟，ザビエル，織田信長，豊臣秀吉，徳川家康，徳川家光，近松門左衛門，歌川広重，本居宣長，杉田玄白，伊能忠敬，ペリー，勝海舟，西郷隆盛，大久保利通，木戸孝允，明治天皇，福沢諭吉，大隈重信，板垣退助，伊藤博文，陸奥宗光，東郷平八郎，小村寿太郎，野口英世

エ アの(ア)の「神話・伝承」については，古事記，日本書紀，風土記などの中から適切なものを取り上げること。

オ アの(イ)から(サ)までについては，当時の世界との関わりにも目を向け，我が国の歴史を広い視野から捉えられるよう配慮すること。

カ アの(シ)については，年表や絵画など資料の特性に留意した読み取り方についても指導すること。

283

キ イの(ｱ)については，歴史学習全体を通して，我が国は長い歴史をもち伝統や文化を育んできたこと，我が国の歴史は政治の中心地や世の中の様子などによって幾つかの時期に分けられることに気付くようにするとともに，現在の自分たちの生活と過去の出来事との関わりを考えたり，過去の出来事を基に現在及び将来の発展を考えたりするなど，歴史を学ぶ意味を考えるようにすること。

(3) 内容の(3)については，次のとおり取り扱うものとする。

ア アについては，我が国の国旗と国歌の意義を理解し，これを尊重する態度を養うとともに，諸外国の国旗と国歌も同様に尊重する態度を養うよう配慮すること。

イ アの(ｱ)については，我が国とつながりが深い国から数か国を取り上げること。その際，児童が1か国を選択して調べるよう配慮すること。

ウ アの(ｱ)については，我が国や諸外国の伝統や文化を尊重しようとする態度を養うよう配慮すること。

エ イについては，世界の人々と共に生きていくために大切なことや，今後，我が国が国際社会において果たすべき役割などを多角的に考えたり選択・判断したりできるよう配慮すること。

オ イの(ｲ)については，網羅的，抽象的な扱いを避けるため，「国際連合の働き」については，ユニセフやユネスコの身近な活動を取り上げること。また，「我が国の国際協力の様子」については，教育，医療，農業などの分野で世界に貢献している事例の中から選択して取り上げること。

第3 指導計画の作成と内容の取扱い

1 指導計画の作成に当たっては，次の事項に配慮するものとする。

(1) 単元など内容や時間のまとまりを見通して，その中で育む資質・能力の育成に向けて，児童の主体的・対話的で深い学びの実現を図るようにすること。その際，問題解決への見通しをもつこと，社会的事象の見方・考え方を働かせ，事象の特色や意味などを考え概念などに関する知識を獲得すること，学習の過程や成果を振り返り学んだことを活用することなど，学習の問題を追究・解決する活動の充実を図ること。

(2) 各学年の目標や内容を踏まえて，事例の取り上げ方を工夫して，内容の配列や授業時数の配分などに留意して効果的な年間指導計画を作成すること。

(3) 我が国の47都道府県の名称と位置，世界の大陸と主な海洋の名称と位置については，学習内容と関連付けながら，その都度，地図帳や地球儀などを使って確認するなどして，小学校卒業までに身に付け活用できるように工夫して指導すること。

(4) 障害のある児童などについては，学習活動を行う場合に生じる困難さに応じた指導内容や指導方法の工夫を計画的，組織的に行うこと。

(5) 第1章総則の第1の2の(2)に示す道徳教育の目標に基づき，道徳科などとの関連を考慮しながら，第3章特別の教科道徳の第2に示す内容について，社会科の特質に応じて適切な指導をすること。

2 第2の内容の取扱いについては，次の事項に配慮するものとする。

(1) 各学校においては，地域の実態を生かし，児童が興味・関心をもって学習に取り組めるようにするとともに，観察や見学，聞き取りなどの調査活動を含む具体的な体験を伴う学習やそれに基づく表現活動の一層の充実を図ること。また，社会的事象の特色や意味，社会に見られる課題などについて，多角的に考えたことや選択・判断したことを論理的に説明したり，立場や根拠を明確にして議論したりするなど言語活動に関わる学習を一層重視すること。

(2) 学校図書館や公共図書館，コンピュータなどを活用して，情報の収集やまとめなどを行うようにすること。また，全ての学年において，地図帳を活用すること。

(3) 博物館や資料館などの施設の活用を図るとともに，身近な地域及び国土の遺跡や文化財などについての調査活動を取り入れるようにすること。また，内容に関わる専門家や関係者，関係の諸機関との連携を図るようにすること。

(4) 児童の発達の段階を考慮し，社会的事象については，児童の考えが深まるよう様々な見解を提示するよう配慮し，多様な見解のある事柄，未確定な事柄を取り上げる場合には，有益適切な教材に基づいて指導するとともに，特定の事柄を強調し過ぎたり，一面的な見解を十分な配慮なく取り上げたりするなどの偏った取扱いにより，児童が多角的に考えたり，事実を客観的に捉え，公正に判断したりすることを妨げることのないよう留意すること。

小学校学習指導要領・中学校学習指導要領

中学校学習指導要領
2017年（平成29年3月）版

出典：文部科学省ホームページ
(http://www.mext.go.jp/)

第2節　社会

第1　目標

　社会的な見方・考え方を働かせ，課題を追究したり解決したりする活動を通して，広い視野に立ち，グローバル化する国際社会に主体的に生きる平和で民主的な国家及び社会の形成者に必要な公民としての資質・能力の基礎を次のとおり育成することを目指す。
　(1)　我が国の国土と歴史，現代の政治，経済，国際関係等に関して理解するとともに，調査や諸資料から様々な情報を効果的に調べまとめる技能を身に付けるようにする。
　(2)　社会的事象の意味や意義，特色や相互の関連を多面的・多角的に考察したり，社会に見られる課題の解決に向けて選択・判断したりする力，思考・判断したことを説明したり，それらを基に議論したりする力を養う。
　(3)　社会的事象について，よりよい社会の実現を視野に課題を主体的に解決しようとする態度を養うとともに，多面的・多角的な考察や深い理解を通して涵養される我が国の国土や歴史に対する愛情，国民主権を担う公民として，自国を愛し，その平和と繁栄を図ることや，他国や他国の文化を尊重することの大切さについての自覚などを深める。

第2　各分野の目標及び内容

〔地理的分野〕
1　目標
　社会的事象の地理的な見方・考え方を働かせ，課題を追究したり解決したりする活動を通して，広い視野に立ち，グローバル化する国際社会に主体的に生きる平和で民主的な国家及び社会の形成者に必要な公民としての資質・能力の基礎を次のとおり育成することを目指す。
　(1)　我が国の国土及び世界の諸地域に関して，地域の諸事象や地域的特色を理解するとともに，調査や諸資料から地理に関する様々な情報を効果的に調べまとめる技能を身に付けるようにする。
　(2)　地理に関わる事象の意味や意義，特色や相互の関連を，位置や分布，場所，人間と自然環境との相互依存関係，空間的相互依存作用，地域などに着目して，多面的・多角的に考察したり，地理的な課題の解決に向けて公正に選択・判断したりする力，思考・判断したことを説明したり，それらを基に議論したりする力を養う。
　(3)　日本や世界の地域に関わる諸事象について，よりよい社会の実現を視野にそこで見られる課題を主体的に追究，解決しようとする態度を養うとともに，多面的・多角的な考察や深い理解を通して涵養される我が国の国土に対する愛情，世界の諸地域の多様な生活文化を尊重しようとすることの大切さについての自覚などを深める。

2　内容
A　世界と日本の地域構成
　(1)　地域構成
　　　次の①と②の地域構成を取り上げ，位置や分布などに着目して，課題を追究したり解決したりする活動を通して，以下のア及びイの事項を身に付けることができるよう指導する。
　　①　世界の地域構成　②　日本の地域構成
　　ア　次のような知識を身に付けること。
　　　㋐　緯度と経度，大陸と海洋の分布，主な国々の名称と位置などを基に，世界の地域構成を大観し理解すること。
　　　㋑　我が国の国土の位置，世界各地との時差，領域の範囲や変化とその特色などを基に，日本の地域構成を大観し理解すること。
　　イ　次のような思考力，判断力，表現力等を身に付けること。
　　　㋐　世界の地域構成の特色を，大陸と海洋の分布や主な国の位置，緯度や経度などに着目して多面的・多角的に考察し，表現すること。
　　　㋑　日本の地域構成の特色を，周辺の海洋の広がりや国土を構成する島々の位置などに着目して多面的・多角的に考察し，表現すること。

285

B　世界の様々な地域
(1)　世界各地の人々の生活と環境
　　　場所や人間と自然環境との相互依存関係などに着目して，課題を追究したり解決したりする活動を通して，次の事項を身に付けることができるよう指導する。
　　ア　次のような知識を身に付けること。
　　　(ア)　人々の生活は，その生活が営まれる場所の自然及び社会的条件から影響を受けたり，その場所の自然及び社会的条件に影響を与えたりすることを理解すること。
　　　(イ)　世界各地における人々の生活やその変容を基に，世界の人々の生活や環境の多様性を理解すること。その際，世界の主な宗教の分布についても理解すること。
　　イ　次のような思考力，判断力，表現力等を身に付けること。
　　　(ア)　世界各地における人々の生活の特色やその変容の理由を，その生活が営まれる場所の自然及び社会的条件などに着目して多面的・多角的に考察し，表現すること。
(2)　世界の諸地域
　　　次の①から⑥までの各州を取り上げ，空間的相互依存作用や地域などに着目して，主題を設けて課題を追究したり解決したりする活動を通して，以下のア及びイの事項を身に付けることができるよう指導する。
　　①　アジア　②　ヨーロッパ　③　アフリカ　④　北アメリカ　⑤　南アメリカ　⑥　オセアニア
　　ア　次のような知識を身に付けること。
　　　(ア)　世界各地で顕在化している地球的課題は，それが見られる地域の地域的特色の影響を受けて，現れ方が異なることを理解すること。
　　　(イ)　①から⑥までの世界の各州に暮らす人々の生活を基に，各州の地域的特色を大観し理解すること。
　　イ　次のような思考力，判断力，表現力等を身に付けること。
　　　(ア)　①から⑥までの世界の各州において，地域で見られる地球的課題の要因や影響を，州という地域の広がりや地域内の結び付きなどに着目して，それらの地域的特色と関連付けて多面的・多角的に考察し，表現すること。
C　日本の様々な地域
(1)　地域調査の手法
　　　場所などに着目して，課題を追究したり解決したりする活動を通して，次の事項を身に付けることができるよう指導する。
　　ア　次のような知識及び技能を身に付けること。
　　　(ア)　観察や野外調査，文献調査を行う際の視点や方法，地理的なまとめ方の基礎を理解すること。
　　　(イ)　地形図や主題図の読図，目的や用途に適した地図の作成などの地理的な技能を身に付けること。
　　イ　次のような思考力，判断力，表現力等を身に付けること。
　　　(ア)　地域調査において，対象となる場所の特徴などに着目して，適切な主題や調査，まとめとなるように，調査の手法やその結果を多面的・多角的に考察し，表現すること。
(2)　日本の地域的特色と地域区分
　　　次の①から④までの項目を取り上げ，分布や地域などに着目して，課題を追究したり解決したりする活動を通して，以下のア及びイの事項を身に付けることができるよう指導する。
　　①　自然環境　②　人口　③　資源・エネルギーと産業　④　交通・通信
　　ア　次のような知識及び技能を身に付けること。
　　　(ア)　日本の地形や気候の特色，海洋に囲まれた日本の国土の特色，自然災害と防災への取組などを基に，日本の自然環境に関する特色を理解すること。
　　　(イ)　少子高齢化の課題，国内の人口分布や過疎・過密問題などを基に，日本の人口に関する特色を理解すること。
　　　(ウ)　日本の資源・エネルギー利用の現状，国内の産業の動向，環境やエネルギーに関する課題などを基に，日本の資源・エネルギーと産業に関する特色を理解すること。
　　　(エ)　国内や日本と世界との交通・通信網の整備状況，これを活用した陸上，海上輸送などの物流や人の往来などを基に，国内各地の結び付きや日本と世界との結び付きの特色を理解すること。
　　　(オ)　①から④までの項目に基づく地域区分を踏まえ，我が国の国土の特色を大観し理解すること。
　　　(カ)　日本や国内地域に関する各種の主題図や資料を基に，地域区分をする技能を身に付けること。

中学校学習指導要領

　　イ　次のような思考力，判断力，表現力等を身に付けること。
　　　(ア)　①から④までの項目について，それぞれの地域区分を，地域の共通点や差異，分布などに着目して，多面的・多角的に考察し，表現すること。
　　　(イ)　日本の地域的特色を，①から④までの項目に基づく地域区分などに着目して，それらを関連付けて多面的・多角的に考察し，表現すること。
　(3)　日本の諸地域
　　　次の①から⑤までの考察の仕方を基にして，空間的相互依存作用や地域などに着目して，主題を設けて課題を追究したり解決したりする活動を通して，以下のア及びイの事項を身に付けることができるよう指導する。
　　①　自然環境を中核とした考察の仕方
　　②　人口や都市・村落を中核とした考察の仕方
　　③　産業を中核とした考察の仕方
　　④　交通や通信を中核とした考察の仕方
　　⑤　その他の事象を中核とした考察の仕方
　　ア　次のような知識を身に付けること。
　　　(ア)　幾つかに区分した日本のそれぞれの地域について，その地域的特色や地域の課題を理解すること。
　　　(イ)　①から⑤までの考察の仕方で取り上げた特色ある事象と，それに関連する他の事象や，そこで生ずる課題を理解すること。
　　イ　次のような思考力，判断力，表現力等を身に付けること。
　　　(ア)　日本の諸地域において，それぞれ①から⑤までで扱う中核となる事象の成立条件を，地域の広がりや地域内の結び付き，人々の対応などに着目して，他の事象やそこで生ずる課題と有機的に関連付けて多面的・多角的に考察し，表現すること。
　(4)　地域の在り方
　　　空間的相互依存作用や地域などに着目して，課題を追究したり解決したりする活動を通して，次の事項を身に付けることができるよう指導する。
　　ア　次のような知識を身に付けること。
　　　(ア)　地域の実態や課題解決のための取組を理解すること。
　　　(イ)　地域的な課題の解決に向けて考察，構想したことを適切に説明，議論しまとめる手法について理解すること。
　　イ　次のような思考力，判断力，表現力等を身に付けること。
　　　(ア)　地域の在り方を，地域の結び付きや地域の変容，持続可能性などに着目し，そこで見られる地理的な課題について多面的・多角的に考察，構想し，表現すること。
3　内容の取扱い
　(1)　内容のA，B及びCについては，この順序で取り扱うものとし，既習の学習成果を生かすこと。
　(2)　内容の取扱いについては，次の事項に配慮するものとする。
　　ア　世界や日本の場所や地域の特色には，一般的共通性と地方的特殊性があり，また，地域に見られる諸事象は，その地域の規模の違いによって現れ方が異なることに留意すること。
　　イ　地図の読図や作図，景観写真の読み取り，地域に関する情報の収集や処理などの地理的技能を身に付けるに当たっては，系統性に留意して計画的に指導すること。その際，教科用図書「地図」を十分に活用すること。
　　ウ　学習で取り上げる地域や国については，各項目間の調整を図り，一部の地域に偏ることのないようにすること。
　　エ　地域の特色や変化を捉えるに当たっては，歴史的分野との連携を踏まえ，歴史的背景に留意して地域的特色を追究するよう工夫するとともに，公民的分野との関連にも配慮すること。
　　オ　地域的特色を追究する過程で生物や地学的な事象などを取り上げる際には，地域的特色を捉える上で必要な範囲にとどめること。
　(3)　内容のAについては，次のとおり取り扱うものとする。
　　ア　(1)については，次のとおり取り扱うものとする。
　　　(ア)　日本の地域構成を扱う際には，都道府県の名称と位置のほかに都道府県庁所在地名も取り上げること。
　　　(イ)　「領域の範囲や変化とその特色」については，我が国の海洋国家としての特色を取り上げるとともに，竹島や北方領土が我が国の固有の領土であることなど，我が国の領域をめぐる問題も取り上げるようにすること。その際，尖閣諸島については我が国の固有の領土であり，領土問題は存在しないことも扱うこと。

287

(ウ) 地球儀や地図を積極的に活用し、学習全体を通して、大まかに世界地図や日本地図を描けるようにすること。
(4) 内容のBについては、次のとおり取り扱うものとする。
  ア (1)については、世界各地の人々の生活の特色やその変容の理由と、その生活が営まれる場所の自然及び社会的条件との関係を考察するに当たって、衣食住の特色や、生活と宗教との関わりなどを取り上げるようにすること。
  イ (2)については、次のとおり取り扱うものとする。
  (ア) 州ごとに設ける主題については、各州に暮らす人々の生活の様子を的確に把握できる事象を取り上げるとともに、そこで特徴的に見られる地球的課題と関連付けて取り上げること。
  (イ) 取り上げる地球的課題については、地域間の共通性に気付き、我が国の国土の認識を深め、持続可能な社会づくりを考える上で効果的であるという観点から設定すること。また、州ごとに異なるものとなるようにすること。
(5) 内容のCについては、次のとおり取り扱うものとする。
  ア (1)については、次のとおり取り扱うものとする。
  (ア) 地域調査に当たっては、対象地域は学校周辺とし、主題は学校所在地の事情を踏まえて、防災、人口の偏在、産業の変容、交通の発達などの事象から適切に設定し、観察や調査を指導計画に位置付けて実施すること。なお、学習の効果を高めることができる場合には、内容のCの(3)の中の学校所在地を含む地域の学習や、Cの(4)と結び付けて扱うことができること。
  (イ) 様々な資料を的確に読み取ったり、地図を有効に活用して事象を説明したりするなどの作業的な学習活動を取り入れること。また、課題の追究に当たり、例えば、防災に関わり危険を予測したり、人口の偏在に関わり人口動態を推測したりする際には、縮尺の大きな地図や統計その他の資料を含む地理空間情報を適切に取り扱い、その活用の技能を高めるようにすること。
  イ (2)については、次のとおり取り扱うものとする。
  (ア) ①から④までで示した日本の地域的特色については、系統的に理解を深めるための基本的な事柄で構成すること。
  (イ) 地域区分に際しては、日本の地域的特色を見いだしやすくなるようにそれぞれ適切な数で区分すること。
  ウ (3)については、次のとおり取り扱うものとする。
  (ア) 日本の諸地域については、国内を幾つかの地域に区分して取り上げることとし、その地域区分は、指導の観点や学校所在地の事情などを考慮して適切に決めること。
  (イ) 学習する地域ごとに①から⑤までの考察の仕方を一つ選択することとし、①から④までの考察の仕方は、少なくとも一度は取り扱うこと。また、⑤の考察の仕方は、様々な事象や事柄の中から、取り上げる地域に応じた適切なものを適宜設定すること。
  (ウ) 地域の考察に当たっては、そこに暮らす人々の生活・文化、地域の伝統や歴史的な背景、地域の持続可能な社会づくりを踏まえた視点に留意すること。
  エ (4)については、次のとおり取り扱うものとする。
  (ア) 取り上げる地域や課題については、各学校において具体的に地域の在り方を考察できるような、適切な規模の地域や適切な課題を取り上げること。
  (イ) 学習の効果を高めることができる場合には、内容のCの(1)の学習や、Cの(3)の中の学校所在地を含む地域の学習と結び付けて扱うことができること。
  (ウ) 考察、構想、表現する際には、学習対象の地域と類似の課題が見られる他の地域と比較したり、関連付けたりするなど、具体的に学習を進めること。
  (エ) 観察や調査の結果をまとめる際には、地図や諸資料を有効に活用して事象を説明したり、自分の解釈を加えて論述したり、意見交換したりするなどの学習活動を充実させること。

〔歴史的分野〕
1 目標
社会的事象の歴史的な見方・考え方を働かせ、課題を追究したり解決したりする活動を通して、広い視野に立ち、グローバル化する国際社会に主体的に生きる平和で民主的な国家及び社会の形成者に必要な公民としての資質・能力の基礎を次のとおり育成することを目指す。
(1) 我が国の歴史の大きな流れを、世界の歴史を背景に、各時代の特色を踏まえて理解するとともに、諸資料から歴史に関する様々な情報を効果的に調べまとめる技能を身に付けるようにする。
(2) 歴史に関わる事象の意味や意義、伝統と文化の特色などを、時期や年代、推移、比較、相互の関連や現在とのつながりなどに着目して多面的・多角的に考察したり、歴史に見られる課題を把握し複数の立場や意見を踏まえて公正に選択・判断したりする力、思考・判断したことを説明したり、

中学校学習指導要領

それらを基に議論したりする力を養う。
(3) 歴史に関わる諸事象について，よりよい社会の実現を視野にそこで見られる課題を主体的に追究，解決しようとする態度を養うとともに，多面的・多角的な考察や深い理解を通して涵養される我が国の歴史に対する愛情，国民としての自覚，国家及び社会並びに文化の発展や人々の生活の向上に尽くした歴史上の人物と現在に伝わる文化遺産を尊重しようとすることの大切さについての自覚などを深め，国際協調の精神を養う。

2　内容
A　歴史との対話
(1) 私たちと歴史
　　課題を追究したり解決したりする活動を通して，次の事項を身に付けることができるよう指導する。
　ア　次のような知識及び技能を身に付けること。
　　(ア)　年代の表し方や時代区分の意味や意義についての基本的な内容を理解すること。
　　(イ)　資料から歴史に関わる情報を読み取ったり，年表などにまとめたりするなどの技能を身に付けること。
　イ　次のような思考力，判断力，表現力等を身に付けること。
　　(ア)　時期や年代，推移，現在の私たちとのつながりなどに着目して，小学校での学習を踏まえて歴史上の人物や文化財，出来事などから適切なものを取り上げ，時代区分との関わりなどについて考察し表現すること。
(2) 身近な地域の歴史
　　課題を追究したり解決したりする活動を通して，次の事項を身に付けることができるよう指導する。
　ア　次のような知識及び技能を身に付けること。
　　(ア)　自らが生活する地域や受け継がれてきた伝統や文化への関心をもって，具体的な事柄との関わりの中で，地域の歴史について調べたり，収集した情報を年表などにまとめたりするなどの技能を身に付けること。
　イ　次のような思考力，判断力，表現力等を身に付けること。
　　(ア)　比較や関連，時代的な背景や地域的な環境，歴史と私たちとのつながりなどに着目して，地域に残る文化財や諸資料を活用して，身近な地域の歴史的な特徴を多面的・多角的に考察し，表現すること。

B　近世までの日本とアジア
(1) 古代までの日本
　　課題を追究したり解決したりする活動を通して，次の事項を身に付けることができるよう指導する。
　ア　次のような知識を身に付けること。
　　(ア)　世界の古代文明や宗教のおこり
　　　　世界の古代文明や宗教のおこりを基に，世界の各地で文明が築かれたことを理解すること。
　　(イ)　日本列島における国家形成
　　　　日本列島における農耕の広まりと生活の変化や当時の人々の信仰，大和朝廷（大和政権）による統一の様子と東アジアとの関わりなどを基に，東アジアの文明の影響を受けながら我が国で国家が形成されていったことを理解すること。
　　(ウ)　律令国家の形成
　　　　律令国家の確立に至るまでの過程，摂関政治などを基に，東アジアの文物や制度を積極的に取り入れながら国家の仕組みが整えられ，その後，天皇や貴族による政治が展開したことを理解すること。
　　(エ)　古代の文化と東アジアとの関わり
　　　　仏教の伝来とその影響，仮名文字の成立などを基に，国際的な要素をもった文化が栄え，それらを基礎としながら文化の国風化が進んだことを理解すること。
　イ　次のような思考力，判断力，表現力等を身に付けること。
　　(ア)　古代文明や宗教が起こった場所や環境，農耕の広まりや生産技術の発展，東アジアとの接触や交流と政治や文化の変化などに着目して，事象を相互に関連付けるなどして，アの(ア)から(エ)までについて古代の社会の変化の様子を多面的・多角的に考察し，表現すること。
　　(イ)　古代までの日本を大観して，時代の特色を多面的・多角的に考察し，表現すること。
(2) 中世の日本
　　課題を追究したり解決したりする活動を通して，次の事項を身に付けることができるよう指導す

289

る。
　ア　次のような知識を身に付けること。
　　(ｱ)　武家政治の成立とユーラシアの交流
　　　　鎌倉幕府の成立，元寇（モンゴル帝国の襲来）などを基に，武士が台頭して主従の結び付き
　　　や武力を背景とした武家政権が成立し，その支配が広まったこと，元寇がユーラシアの変化の
　　　中で起こったことを理解すること。
　　(ｲ)　武家政治の展開と東アジアの動き
　　　　南北朝の争乱と室町幕府，日明貿易，琉球の国際的な役割などを基に，武家政治の展開と
　　　ともに，東アジア世界との密接な関わりが見られたことを理解すること。
　　(ｳ)　民衆の成長と新たな文化の形成
　　　　農業など諸産業の発達，畿内を中心とした都市や農村における自治的な仕組みの成立，武士
　　　や民衆などの多様な文化の形成，応仁の乱後の社会的な変動などを基に，民衆の成長を背景と
　　　した社会や文化が生まれたことを理解すること。
　イ　次のような思考力，判断力，表現力等を身に付けること。
　　(ｱ)　武士の政治への進出と展開，東アジアにおける交流，農業や商工業の発達などに着目して，
　　　事象を相互に関連付けて，アの(ｱ)から(ｳ)までについて中世の社会の変化の様子を多面
　　　的・多角的に考察し，表現すること。
　　(ｲ)　中世の日本を大観して，時代の特色を多面的・多角的に考察し，表現すること。
(3)　近世の日本
　　課題を追究したり解決したりする活動を通して，次の事項を身に付けることができるよう指導す
　る。
　ア　次のような知識を身に付けること。
　　(ｱ)　世界の動きと統一事業
　　　　ヨーロッパ人来航の背景とその影響，織田・豊臣による統一事業とその当時の対外関係，武
　　　将や豪商などの生活文化の展開などを基に，近世社会の基礎がつくられたことを理解するこ
　　　と。
　　(ｲ)　江戸幕府の成立と対外関係
　　　　江戸幕府の成立と大名統制，身分制と農村の様子，鎖国などの幕府の対外政策と対外関係な
　　　どを基に，幕府と藩による支配が確立したことを理解すること。
　　(ｳ)　産業の発達と町人文化
　　　　産業や交通の発達，教育の普及と文化の広がりなどを基に，町人文化が都市を中心に形成さ
　　　れたことや，各地方の生活文化が生まれたことを理解すること。
　　(ｴ)　幕府の政治の展開
　　　　社会の変動や欧米諸国の接近，幕府の政治改革，新しい学問・思想の動きなどを基に，幕府
　　　の政治が次第に行き詰まりをみせたことを理解すること。
　イ　次のような思考力，判断力，表現力等を身に付けること。
　　(ｱ)　交易の広がりとその影響，統一政権の諸政策の目的，産業の発達と文化の担い手の変化，社
　　　会の変化と幕府の政策の変化などに着目して，事象を相互に関連付けるなどして，アの(ｱ)から
　　　(ｴ)までについて近世の社会の変化の様子を多面的・多角的に考察し，表現すること。
　　(ｲ)　近世の日本を大観して，時代の特色を多面的・多角的に考察し，表現すること。
C　近現代の日本と世界
(1)　近代の日本と世界
　　課題を追究したり解決したりする活動を通して，次の事項を身に付けることができるよう指導す
　る。
　ア　次のような知識を身に付けること。
　　(ｱ)　欧米における近代社会の成立とアジア諸国の動き
　　　　欧米諸国における産業革命や市民革命，アジア諸国の動きなどを基に，欧米諸国が近代社会
　　　を成立させてアジアへ進出したことを理解すること。
　　(ｲ)　明治維新と近代国家の形成
　　　　開国とその影響，富国強兵・殖産興業政策，文明開化の風潮などを基に，明治維新によって
　　　近代国家の基礎が整えられて，人々の生活が大きく変化したことを理解すること。
　　(ｳ)　議会政治の始まりと国際社会との関わり
　　　　自由民権運動，大日本帝国憲法の制定，日清・日露戦争，条約改正などを基に，立憲制の国
　　　家が成立して議会政治が始まるとともに，我が国の国際的な地位が向上したことを理解するこ
　　　と。

中学校学習指導要領

　　(エ)　近代産業の発展と近代文化の形成
　　　　我が国の産業革命，この時期の国民生活の変化，学問・教育・科学・芸術の発展などを基
　　　に，我が国で近代産業が発展し，近代文化が形成されたことを理解すること。
　　(オ)　第一次世界大戦前後の国際情勢と大衆の出現
　　　　第一次世界大戦の背景とその影響，民族運動の高まりと国際協調の動き，我が国の国民の政
　　　治的自覚の高まりと文化の大衆化などを基に，第一次世界大戦前後の国際情勢及び我が国の動
　　　きと，大戦後に国際平和への努力がなされたことを理解すること。
　　(カ)　第二次世界大戦と人類への惨禍
　　　　経済の世界的な混乱と社会問題の発生，昭和初期から第二次世界大戦の終結までの我が国の
　　　政治・外交の動き，中国などアジア諸国との関係，欧米諸国の動き，戦時下の国民の生活など
　　　を基に，軍部の台頭から戦争までの経過と，大戦が人類全体に惨禍を及ぼしたことを理解する
　　　こと。
　イ　次のような思考力，判断力，表現力等を身に付けること。
　　(ア)　工業化の進展と政治や社会の変化，明治政府の諸改革の目的，議会政治や外交の展開，近代
　　　化がもたらした文化への影響，経済の変化の政治への影響，戦争に向かう時期の社会や生活の
　　　変化，世界の動きと我が国との関連などに着目して，事象を相互に関連付けるなどして，アの
　　　(ア)から(カ)までについて近代の社会の変化の様子を多面的・多角的に考察し，表現すること。
　　(イ)　近代の日本と世界を大観して，時代の特色を多面的・多角的に考察し，表現すること。
(2)　現代の日本と世界
　　課題を追究したり解決したりする活動を通して，次の事項を身に付けることができるよう指導す
　　ること。
　ア　次のような知識を身に付けること。
　　(ア)　日本の民主化と冷戦下の国際社会
　　　　冷戦，我が国の民主化と再建の過程，国際社会への復帰などを基に，第二次世界大戦後の諸
　　　改革の特色や世界の動きの中で新しい日本の建設が進められたことを理解すること。
　　(イ)　日本の経済の発展とグローバル化する世界
　　　　高度経済成長，国際社会との関わり，冷戦の終結などを基に，我が国の経済や科学技術の発
　　　展によって国民の生活が向上し，国際社会において我が国の役割が大きくなってきたことを理
　　　解すること。
　イ　次のような思考力，判断力，表現力等を身に付けること。
　　(ア)　諸改革の展開と国際社会の変化，政治の展開と国民生活の変化などに着目して，事象を相互
　　　に関連付けるなどして，アの（ア）及び（イ）について現代の社会の変化の様子を多面的・多角
　　　的に考察し，表現すること。
　　(イ)　現代の日本と世界を大観して，時代の特色を多面的・多角的に考察し，表現すること。
　　(ウ)　これまでの学習を踏まえ，歴史と私たちとのつながり，現在と未来の日本や世界の在り方に
　　　ついて，課題意識をもって多面的・多角的に考察，構想し，表現すること。

3　内容の取扱い
(1)　内容の取扱いについては，次の事項に配慮するものとする。
　ア　生徒の発達の段階を考慮して，各時代の特色や時代の転換に関係する基礎的・基本的な歴史に
　　関わる事象を重点的に選んで指導内容を構成すること。
　イ　調査や諸資料から歴史に関わる事象についての様々な情報を効果的に収集し，読み取り，まと
　　める技能を身に付ける学習を重視すること。その際，年表を活用した読み取りやまとめ，文献，
　　図版などの多様な資料，地図などの活用を十分に行うこと。
　ウ　歴史に関わる事象の意味・意義や特色，事象間の関連を説明したり，課題を設けて追究した
　　り，意見交換したりするなどの学習を重視して，思考力，判断力，表現力等を養うとともに，学
　　習内容の確かな理解と定着を図ること。
　エ　各時代の文化については，代表的な事例を取り上げてその特色を考察させるようにすること。
　オ　歴史に見られる国際関係や文化交流のあらましを理解させ，我が国と諸外国の歴史や文化が相
　　互に深く関わっていることを考察させるようにすること。その際，歴史に見られる文化や生活の
　　多様性に気付かせること。
　カ　国家及び社会並びに文化の発展や人々の生活の向上に尽くした歴史上の人物と現在に伝わる文
　　化遺産について，生徒の興味・関心を育てる指導に努めるとともに，それらの時代的背景や地域
　　性などと関連付けて考察させるようにすること。その際，身近な地域の歴史上の人物と文化遺産
　　を取り上げることにも留意すること。
　キ　歴史に関わる事象の指導に当たっては，地理的分野との連携を踏まえ，地理的条件にも着目し

291

て取り扱うよう工夫するとともに，公民的分野との関連にも配慮すること。
　　ク　日本人の生活や生活に根ざした文化については，政治の動き，社会の動き，各地域の地理的条件，身近な地域の歴史とも関連付けて指導したり，民俗学や考古学などの成果の活用や博物館，郷土資料館などの施設を見学・調査したりするなど具体的に学ぶことを通して理解させるように工夫すること。
(2)　内容のAについては，次のとおり取り扱うものとする。
　　ア　(1)については，中学校の歴史学習の導入として実施することを原則とすること。小学校での学習を踏まえ，扱う内容や活動を工夫すること。「課題を追究したり解決したりする活動」については，内容のB以下の学習と関わらせて，歴史を追究するために，課題意識をもって学ぶことを促す適切な学習活動を設けるような工夫をすること。(1)のアの(ア)の「年代の表し方や時代区分」の学習については，導入における学習内容を基盤にし，内容のB以下の学習と関わらせて継続的・計画的に進めること。また，(1)のイの(ア)の「時期や年代，推移，現在の私たちとのつながり」については，内容のB以下の学習と関わらせて，事象相互の関連などにも留意し，それぞれの時代でこれらに着目して考察することが大切であることに気付かせること。
　　イ　(2)については，内容のB以下の学習と関わらせて計画的に実施し，地域の特性に応じた時代を取り上げるようにするとともに，人々の生活や生活に根ざした伝統や文化に着目した取扱いを工夫すること。その際，博物館，郷土資料館などの地域の施設の活用や地域の人々の協力も考慮すること。
(3)　内容のBについては，次のとおり取り扱うものとする。
　　ア　(1)のアの(ア)の「世界の古代文明」については，人類の出現にも触れ，中国の文明をはじめとして諸文明の特徴を取り扱い，生活技術の発達，文字の使用，国家のおこりと発展などの共通する特徴に気付かせるようにすること。また，ギリシャ・ローマの文明について，政治制度など民主政治の来歴の観点から取り扱うこと。「宗教のおこり」については，仏教，キリスト教，イスラム教などを取り上げ，古代の文明とともに大きく捉えさせるようにすること。(1)のアの(イ)の「日本列島における国家形成」については，狩猟・採集を行っていた人々の生活が農耕の広まりとともに変化していったことに気付かせるようにすること。また，考古学などの成果を活用するとともに，古事記，日本書紀，風土記などにまとめられた神話・伝承などの学習を通して，当時の人々の信仰やものの見方などに気付かせるよう留意すること。「大和朝廷（大和政権）による統一の様子と東アジアとの関わり」については，古墳の広まりにも触れるとともに，大陸から移住してきた人々の我が国の社会や文化に果たした役割にも気付かせるようにすること。(1)のアの(ウ)の「律令国家の確立に至るまでの過程」については，聖徳太子の政治，大化の改新から律令国家の確立に至るまでの学習内容を活用して大きく捉えさせるようにすること。なお，「聖徳太子の政治」を取り上げる際には，聖徳太子が古事記や日本書紀においては「厩戸皇子」などと表記され，後に「聖徳太子」と称されるようになったことに触れること。
　　イ　(2)のアの(ア)の「ユーラシアの変化」については，モンゴル帝国の拡大によるユーラシアの結び付きについて気付かせること。(2)のアの(イ)の「琉球の国際的な役割」については，琉球の文化についても触れること。(2)のアの(ウ)の「武士や民衆などの多様な文化の形成」については，代表的な事例を取り上げてその特色を捉えさせるようにすること。その際，この時代の文化の中に現在に結び付くものが見られることに気付かせるようにすること。また，禅宗の文化的な影響についても触れること。「応仁の乱後の社会的な変動」については，戦国の動乱も取り扱うようにすること。
　　ウ　(3)のアの(ア)の「ヨーロッパ人来航の背景」については，新航路の開拓を中心に取り扱い，その背景となるアジアの交易の状況やムスリム商人などの役割と世界の結び付きに気付かせること。また，宗教改革についても触れること。「織田・豊臣による統一事業」については，検地・刀狩などの政策を取り扱うようにすること。(3)のアの(イ)の「鎖国などの幕府の対外政策と対外関係」については，オランダ，中国との交易のほか，朝鮮との交流や琉球の役割，北方との交易をしていたアイヌについて取り扱うようにすること。その際，アイヌの文化についても触れること。「幕府と藩による支配」については，その支配の下に大きな戦乱のない時期を迎えたことなどに気付かせること。(3)のアの(ウ)の「産業や交通の発達」については，身近な地域の特徴を生かすようにすること。「各地方の生活文化」については，身近な地域の事例を取り上げるように配慮し，藩校や寺子屋などによる「教育の普及」や社会的な「文化の広がり」と関連させて，現在との結び付きに気付かせるようにすること。(3)のアの(エ)の「幕府の政治改革」については，百姓一揆などに結び付く農村の変化や商業の発達などへの対応という観点から，代表的な事例を取り上げるようにすること。
(4)　内容のCについては，次のとおり取り扱うものとする。

292

中学校学習指導要領

　ア　(1)のアの(ア)の「市民革命」については，政治体制の変化や人権思想の発達や広がり，現代の政治とのつながりなどと関連付けて，アメリカの独立，フランス革命などを扱うこと。「アジア諸国の動き」については，欧米諸国の進出に対するアジア諸国の対応と変容という観点から，代表的な事例を取り上げるようにすること。(1)のアの(イ)の「開国とその影響」については，(1)のアの(ア)の欧米諸国のアジア進出と関連付けて取り扱うようにすること。「富国強兵・殖産興業政策」については，この政策の下に新政府が行った，廃藩置県，学制・兵制・税制の改革，身分制度の廃止，領土の画定などを取り扱うようにすること。その際，北方領土に触れるとともに，竹島，尖閣諸島の編入についても触れること。「明治維新」については，複雑な国際情勢の中で独立を保ち，近代国家を形成していった政府や人々の努力に気付かせるようにすること。(1)のアの(ウ)の「日清・日露戦争」については，この頃の大陸との関係を踏まえて取り扱うようにすること。「条約改正」については，当時の国内の社会状況や国際情勢との関わりを踏まえて，欧米諸国と対等な外交関係を樹立する過程の中から代表的な事例を取り上げるようにすること。「立憲制の国家が成立して議会政治が始まる」については，その歴史上の意義や現代の政治とのつながりに気付かせるようにすること。(1)のアの(エ)の「近代文化」については，伝統的な文化の上に欧米文化を受容して形成されたものであることに気付かせるようにすること。(1)のアの(オ)の「第一次世界大戦」については，世界に戦禍が広がった背景や，日本の参戦，ロシア革命なども取り上げて，世界の動きと我が国との関連を踏まえて取り扱うようにすること。「我が国の国民の政治的自覚の高まり」については，大正デモクラシーの時期の政党政治の発達，民主主義的な思想の普及，社会運動の展開を取り扱うようにすること。(1)のアの(カ)については，国際協調と国際平和の実現に努めることが大切であることに気付かせるようにすること。
　イ　(2)のアの(ア)の「我が国の民主化と再建の過程」については，国民が苦難を乗り越えて新しい日本の建設に努力したことに気付かせるようにすること。その際，男女普通選挙の確立，日本国憲法の制定などを取り扱うこと。(2)のアの(イ)については，沖縄返還，日中国交正常化，石油危機などの節目となる歴史に関わる事象を取り扱うようにすること。また，民族や宗教をめぐる対立や地球環境問題への対応などを取り扱い，これまでの学習と関わらせて考察，構想させるようにすること。

〔公民的分野〕
1　目標
　現代社会の見方・考え方を働かせ，課題を追究したり解決したりする活動を通して，広い視野に立ち，グローバル化する国際社会に主体的に生きる平和で民主的な国家及び社会の形成者に必要な公民としての資質・能力の基礎を次のとおり育成することを目指す。
　(1)　個人の尊厳と人権の尊重の意義，特に自由・権利と責任・義務との関係を広い視野から正しく認識し，民主主義，民主政治の意義，国民の生活の向上と経済活動との関わり，現代の社会生活及び国際関係などについて，個人と社会との関わりを中心に理解を深めるとともに，諸資料から現代の社会的事象に関する情報を効果的にまとめる技能を身に付けるようにする。
　(2)　社会的事象の意味や意義，特色や相互の関連を現代の社会生活と関連付けて多面的・多角的に考察したり，現代社会に見られる課題について公正に判断したりする力，思考・判断したことを説明したり，それらを基に議論したりする力を養う。
　(3)　現代の社会的事象について，現代社会に見られる課題の解決を視野に主体的に社会に関わろうとする態度を養うとともに，多面的・多角的な考察や深い理解を通して涵養される，国民主権を担う公民として，自国を愛し，その平和と繁栄を図ることや，各国が相互に主権を尊重し，各国民が協力し合うことの大切さについての自覚などを深める。

2　内容
A　私たちと現代社会
　(1)　私たちが生きる現代社会と文化の特色
　　　位置や空間的な広がり，推移や変化などに着目して，課題を追究したり解決したりする活動を通して，次の事項を身に付けることができるよう指導する。
　　ア　次のような知識を身に付けること。
　　　(ア)　現代日本の特色として少子高齢化，情報化，グローバル化などが見られることについて理解すること。
　　　(イ)　現代社会における文化の意義や影響について理解すること。
　　イ　次のような思考力，判断力，表現力等を身に付けること。
　　　(ア)　少子高齢化，情報化，グローバル化などが現在と将来の政治，経済，国際関係に与える影響について多面的・多角的に考察し，表現すること。

293

(イ) 文化の継承と創造の意義について多面的・多角的に考察し，表現すること。
(2) 現代社会を捉える枠組み
　　対立と合意，効率と公正などに着目して，課題を追究したり解決したりする活動を通して，次の事項を身に付けることができるよう指導する。
　ア　次のような知識を身に付けること。
　　(ア) 現代社会の見方・考え方の基礎となる枠組みとして，対立と合意，効率と公正などについて理解すること。
　　(イ) 人間は本来社会的存在であることを基に，個人の尊厳と両性の本質的平等，契約の重要性やそれを守ることの意義及び個人の責任について理解すること。
　イ　次のような思考力，判断力，表現力等を身に付けること。
　　(ア) 社会生活における物事の決定の仕方，契約を通した個人と社会との関係，きまりの役割について多面的・多角的に考察し，表現すること。
B　私たちと経済
(1) 市場の働きと経済
　　対立と合意，効率と公正，分業と交換，希少性などに着目して，課題を追究したり解決したりする活動を通して，次の事項を身に付けることができるよう指導する。
　ア　次のような知識を身に付けること。
　　(ア) 身近な消費生活を中心に経済活動の意義について理解すること。
　　(イ) 市場経済の基本的な考え方について理解すること。その際，市場における価格の決まり方や資源の配分について理解すること。
　　(ウ) 現代の生産や金融などの仕組みや働きを理解すること。
　　(エ) 勤労の権利と義務，労働組合の意義及び労働基準法の精神について理解すること。
　イ　次のような思考力，判断力，表現力等を身に付けること。
　　(ア) 個人や企業の経済活動における役割と責任について多面的・多角的に考察し，表現すること。
　　(イ) 社会生活における職業の意義と役割及び雇用と労働条件の改善について多面的・多角的に考察し，表現すること。
(2) 国民の生活と政府の役割
　　対立と合意，効率と公正，分業と交換，希少性などに着目して，課題を追究したり解決したりする活動を通して，次の事項を身に付けることができるよう指導する。
　ア　次のような知識を身に付けること。
　　(ア) 社会資本の整備，公害の防止など環境の保全，少子高齢社会における社会保障の充実・安定化，消費者の保護について，それらの意義を理解すること。
　　(イ) 財政及び租税の意義，国民の納税の義務について理解すること。
　イ　国民の生活と福祉の向上を図ることに向けて，次のような思考力，判断力，表現力等を身に付けること。
　　(ア) 市場の働きに委ねることが難しい諸問題に関して，国や地方公共団体が果たす役割について多面的・多角的に考察，構想し，表現すること。
　　(イ) 財政及び租税の役割について多面的・多角的に考察し，表現すること。
C　私たちと政治
(1) 人間の尊重と日本国憲法の基本的原則
　　対立と合意，効率と公正，個人の尊重と法の支配，民主主義などに着目して，課題を追究したり解決したりする活動を通して，次の事項を身に付けることができるよう指導する。
　ア　次のような知識を身に付けること。
　　(ア) 人間の尊重についての考え方を，基本的人権を中心に深め，法の意義を理解すること。
　　(イ) 民主的な社会生活を営むためには，法に基づく政治が大切であることを理解すること。
　　(ウ) 日本国憲法が基本的人権の尊重，国民主権及び平和主義を基本的原則としていることについて理解すること。
　　(エ) 日本国及び日本国民統合の象徴としての天皇の地位と天皇の国事に関する行為について理解すること。
　イ　次のような思考力，判断力，表現力等を身に付けること。
　　(ア) 我が国の政治が日本国憲法に基づいて行われていることの意義について多面的・多角的に考察し，表現すること。
(2) 民主政治と政治参加
　　対立と合意，効率と公正，個人の尊重と法の支配，民主主義などに着目して，課題を追究したり

中学校学習指導要領

解決したりする活動を通して，次の事項を身に付けることができるよう指導する。
ア　次のような知識を身に付けること。
(ｱ)　国会を中心とする我が国の民主政治の仕組みのあらましや政党の役割を理解すること。
(ｲ)　議会制民主主義の意義，多数決の原理とその運用の在り方について理解すること。
(ｳ)　国民の権利を守り，社会の秩序を維持するために，法に基づく公正な裁判の保障があることについて理解すること。
(ｴ)　地方自治の基本的な考え方について理解すること。その際，地方公共団体の政治の仕組み，住民の権利や義務について理解すること。
イ　地方自治や我が国の民主政治の発展に寄与しようとする自覚や住民としての自治意識の基礎を育成することに向けて，次のような思考力，判断力，表現力等を身に付けること。
(ｱ)　民主政治の推進と，公正な世論の形成や選挙など国民の政治参加との関連について多面的・多角的に考察，構想し，表現すること。

D　私たちと国際社会の諸課題
(1)　世界平和と人類の福祉の増大
　　対立と合意，効率と公正，協調，持続可能性などに着目して，課題を追究したり解決したりする活動を通して，次の事項を身に付けることができるよう指導する。
ア　次のような知識を身に付けること。
(ｱ)　世界平和の実現と人類の福祉の増大のためには，国際協調の観点から，国家間の相互の主権の尊重と協力，各国民の相互理解と協力及び国際連合をはじめとする国際機構などの役割が大切であることを理解すること。その際，領土（領海，領空を含む。），国家主権，国際連合の働きなど基本的な事項について理解すること。
(ｲ)　地球環境，資源・エネルギー，貧困などの課題の解決のために経済的，技術的な協力などが大切であることを理解すること。
イ　次のような思考力，判断力，表現力等を身に付けること。
(ｱ)　日本国憲法の平和主義を基に，我が国の安全と防衛，国際貢献を含む国際社会における我が国の役割について多面的・多角的に考察，構想し，表現すること。
(2)　よりよい社会を目指して
　　持続可能な社会を形成することに向けて，社会的な見方・考え方を働かせ，課題を探究する活動を通して，次の事項を身に付けることができるよう指導する。
ア　私たちがよりよい社会を築いていくために解決すべき課題を多面的・多角的に考察，構想し，自分の考えを説明，論述すること。

3　内容の取扱い
(1)　内容の取扱いについては，次の事項に配慮するものとする。
ア　地理的分野及び歴史的分野の学習の成果を活用するとともに，これらの分野で育成された資質・能力が，更に高まり発展するようにすること。また，社会的事象は相互に関連し合っていることに留意し，特定の内容に偏ることなく，分野全体として見通しをもったまとまりのある学習が展開できるようにすること。
イ　生徒が内容の基本的な意味を理解できるように配慮し，現代社会の見方・考え方を働かせ，日常の社会生活と関連付けながら具体的事例を通して，政治や経済などに関わる制度や仕組みの意義や働きについて理解を深め，多面的・多角的に考察，構想し，表現できるようにすること。
ウ　分野全体を通して，課題の解決に向けて習得した知識を活用して，事実を基に多面的・多角的に考察，構想したことを説明したり，論拠を基に自分の意見を説明，論述させたりすることにより，思考力，判断力，表現力等を養うこと。また，考察，構想させる場合には，資料を読み取らせて解釈させたり，議論などを行って考えを深めさせたりするなどの工夫をすること。
エ　合意形成や社会参画を視野に入れながら，取り上げた課題について構想したことを，妥当性や効果，実現可能性などを踏まえて表現できるよう指導すること。
オ　分野の内容に関係する専門家や関係諸機関などと円滑な連携・協働を図り，社会との関わりを意識した課題を追究したり解決したりする活動を充実させること。
(2)　内容のAについては，次のとおり取り扱うものとする。
ア　(1)については，次のとおり取り扱うものとすること。
(ｱ)　「情報化」については，人工知能の急速な進化などによる産業や社会の構造的な変化などと関連付けたり，災害時における防災情報の発信・活用などの具体的事例を取り上げたりすること。アの(ｲ)の「現代社会における文化の意義と影響」については，科学，芸術，宗教などを取り上げ，社会生活との関わりなどについて学習できるように工夫すること。
(ｲ)　イの(ｲ)の「文化の継承と創造の意義」については，我が国の伝統と文化などを取り扱うこと。

295

イ (1)及び(2)については公民的分野の導入部として位置付け，(1)，(2)の順で行うものとし，適切かつ十分な授業時数を配当すること。
(3) 内容のBについては，次のとおり取り扱うものとする。
　ア (1)については，次のとおり取り扱うものとすること。
　　(ｱ) アの(ｲ)の「市場における価格の決まり方や資源の配分」については，個人や企業の経済活動が様々な条件の中での選択を通して行われていることや，市場における取引が貨幣を通して行われていることなどを取り上げること。
　　(ｲ) イの(ｱ)の「個人や企業の経済活動における役割と責任」については，起業について触れるとともに，経済活動や起業などを支える金融などの働きについて取り扱うこと。イの(ｲ)の「社会生活における職業の意義と役割及び雇用と労働条件の改善」については，仕事と生活の調和という観点から労働保護立法についても触れること。
　イ (2)については，次のとおり取り扱うものとすること。
　　(ｱ) アの(ｱ)の「消費者の保護」については，消費者の自立の支援なども含めた消費者行政を取り扱うこと。
　　(ｲ) イの(ｲ)の「財政及び租税の役割」については，財源の確保と配分という観点から，財政の現状や少子高齢社会など現代社会の特色を踏まえて財政の持続可能性と関連付けて考察し，表現させること。
(4) 内容のCについては，次のとおり取り扱うものとする。
　ア (2)のアの(ｳ)の「法に基づく公正な裁判の保障」に関連させて，裁判員制度についても触れること。
(5) 内容のDについては，次のとおり取り扱うものとする。
　ア (1)については，次のとおり取り扱うものとすること。
　　(ｱ) アの(ｱ)の「国家間の相互の主権の尊重と協力」との関連で，国旗及び国歌の意義並びにそれらを相互に尊重することが国際的な儀礼であることの理解を通して，それらを尊重する態度を養うように配慮すること。また，「領土（領海，領空を含む。），国家主権」については関連させて取り扱い，我が国が，固有の領土である竹島や北方領土に関し残されている問題の平和的な手段による解決に向けて努力していることや，尖閣諸島をめぐり解決すべき領有権の問題は存在していないことなどを取り上げること。「国際連合をはじめとする国際機構などの役割」については，国際連合における持続可能な開発のための取組についても触れること。
　　(ｲ) イの(ｱ)の「国際社会における我が国の役割」に関連させて，核兵器などの脅威に触れ，戦争を防止し，世界平和を確立するための熱意と協力の態度を育成するように配慮すること。また，国際社会における文化や宗教の多様性について取り上げること。
　イ (2)については，身近な地域や我が国の取組との関連性に着目させ，世界的な視野と地域的な視点に立って探究させること。また，社会科のまとめとして位置付け，適切かつ十分な授業時数を配当すること。

第3　指導計画の作成と内容の取扱い
1　指導計画の作成に当たっては，次の事項に配慮するものとする。
(1) 単元など内容や時間のまとまりを見通して，その中で育む資質・能力の育成に向けて，生徒の主体的・対話的で深い学びの実現を図るようにすること。その際，分野の特質に応じた見方・考え方を働かせ，社会的事象の意味や意義などを考察し，概念などに関する知識を獲得したり，社会との関わりを意識した課題を追究したり解決したりする活動の充実を図ること。また，知識に偏り過ぎた指導にならないようにするため，基本的な事柄を厳選して指導内容を構成するとともに，各分野において，第2の内容の範囲や程度に十分配慮しつつ事柄を再構成するなどの工夫をして，基本的な内容が確実に身に付くよう指導すること。
(2) 小学校社会科の内容との関連及び各分野相互の有機的な関連を図るとともに，地理的分野及び歴史的分野の基礎の上に公民的分野の学習を展開するこの教科の基本的な構造に留意して，全体として教科の目標が達成できるようにする必要があること。
(3) 各分野の履修については，第1，第2学年を通じて地理的分野及び歴史的分野を並行して学習させることを原則とし，第3学年において歴史的分野及び公民的分野を学習させること。各分野に配当する授業時数は，地理的分野115単位時間，歴史的分野135単位時間，公民的分野100単位時間とすること。これらの点に留意し，各学校で創意工夫して適切な指導計画を作成すること。
(4) 障害のある生徒などについては，学習活動を行う場合に生じる困難さに応じた指導内容や指導方法の工夫を計画的，組織的に行うこと。
(5) 第1章総則の第1の2の(2)に示す道徳教育の目標に基づき，道徳科などとの関連を考慮しながら，第3章特別の教科道徳の第2に示す内容について，社会科の特質に応じて適切な指導をするこ

と。
2　第2の内容の取扱いについては，次の事項に配慮するものとする。
　(1)　社会的な見方・考え方を働かせることをより一層重視する観点に立って，社会的事象の意味や意義，事象の特色や事象間の関連，社会に見られる課題などについて，考察したことや選択・判断したことを論理的に説明したり，立場や根拠を明確にして議論したりするなどの言語活動に関わる学習を一層重視すること。
　(2)　情報の収集，処理や発表などに当たっては，学校図書館や地域の公共施設などを活用するとともに，コンピュータや情報通信ネットワークなどの情報手段を積極的に活用し，指導に生かすことで，生徒が主体的に調べ分かろうとして学習に取り組めるようにすること。その際，課題の追究や解決の見通しをもって生徒が主体的に情報手段を活用できるようにするとともに，情報モラルの指導にも留意すること。
　(3)　調査や諸資料から，社会的事象に関する様々な情報を効果的に収集し，読み取り，まとめる技能を身に付ける学習活動を重視するとともに，作業的で具体的な体験を伴う学習の充実を図るようにすること。その際，地図や年表を読んだり作成したり，現代社会の諸課題を捉え，多面的・多角的に考察，構想するに当たっては，関連する新聞，読み物，統計その他の資料に平素から親しみ適切に活用したり，観察や調査などの過程と結果を整理し報告書にまとめ，発表したりするなどの活動を取り入れるようにすること。
　(4)　社会的事象については，生徒の考えが深まるよう様々な見解を提示するよう配慮し，多様な見解のある事柄，未確定な事柄を取り上げる場合には，有益適切な教材に基づいて指導するとともに，特定の事柄を強調し過ぎたり，一面的な見解を十分な配慮なく取り上げたりするなどの偏った取扱いにより，生徒が多面的・多角的に考察したり，事実を客観的に捉え，公正に判断したりすることを妨げることのないよう留意すること。
3　第2の内容の指導に当たっては，教育基本法第14条及び第15条の規定に基づき，適切に行うよう特に慎重に配慮して，政治及び宗教に関する教育を行うものとする。

あとがき

江口 勇治

学習指導要領から
「公民科」の"平成"を探る

　素直に37年にわたり大学で社会科教育に関係できたことを喜ぶ。恩師・同輩・後輩・教え子たちに感謝したい。もちろん家族に強く感謝する。

　私の社会科事始めは、戦後社会科を牽引した三人の恩師（朝倉・梶・横山）との出会いである。

　三人の戦前から戦中の経験が紡ぐ社会科に比べ、筆者の経験は微々たるものだが著作物等の一覧に代えて語る。

1　"昭和"の社会科から"平成"の公民科へ

　最初に向き合う学習指導要領は、平成元年版であった。最大の特徴は「公民科」「地歴科」と分科し、社会科の筋が幾重にも重なり始めたことである。教科・科目や分野の再編は、平成の傾向でもあり、変化は現在も変わりない。

　公民科は、「広い視野に立って、……、人間としての在り方生き方についての自覚を育て、民主的、平和的な国家・社会の有為な形成者として必要な公民としての資質を養う」とされ、「公民的資質」の要素であった「歴史的思考力及び地理的な見方や考え方」が剥落する。「公民としての資質」はこの時から政治的に絶えず再編の的になり、弱いところを突かれ、社会科は生活科、「総合」「地理歴史科」「公民科」へと寸断・分裂された。現在の履修幅の拡大による科目再編等の流れの展開の走りが元年版にあり、平成の幕開けでもあった。平成二年に筑波大学に再着任し、当時の教科調査官より次期の「政治・経済」の協力者を依頼される。この時から学習指導要領解説との直接的な関与が、現在まで続く。また帝国書院の中学校公民教科書等にも関係し、本書の出版までお世話になる契機もこの時期であった。平成の公民科は「比較国際政治」「グローバル経済」「小さな政府」等が柱で、「現代社会」単位削減が検討されてもいた。単位減・内容減・新自由主義などが色濃くなり、昭和の社会科を受け継ぎ「地理歴史科」「公民科」で充実するという方向性を示すも、公民に関しては平板な提示にとどまった感がある。

2 課題設定・追究型の学習による「見方や考え方」の現代化へ

直接作成の協力者となったのは平成11年版である。この版では、内容減に対する方針が最初に提示された。なお法教育の意義を個人的には論ずる版でもある。「内容を厳選する」ことで、新自由主義に同調したともみえる。また「主体的」が過剰なほど使われ、平成の教科分裂のもとで、公民科を「リベラリズム」の象徴として、組み換える工夫でもあったように思う。また「課題を設けて追求させる学習指導」の方法モデルが示され「どのように学ぶか」の介入も始まる。

なお「政治・経済」に「政治と法の機能」が分けて書き込まれ、「法」の教育がしっかり芽を出した版でもあった。ちなみに公民科の議論で影響を与えた学者の一人は国際政治学者・河合秀和である。グローバルな理解・概念・見方・考え方等々が、氏の博識とも相まって、学習指導要領の表面に飛び出してくる。その意味で「見方・考え方」のきっかけとなった版である。

3 台頭するアジア諸国への対応としての"平成"の改革と自信

最も深く関わったのは、平成22年版（現行）である。教科調査官を三年間兼務し「政治・経済」を中心に作成に関与する。この時中教審の部会、公民的分野・「現代社会」へ参加し、「倫理」の調査官とも意見を交わす。守秘義務もありそうに思うが、主には解説書づくりであった。また版に絡んで、司法制度改革や教育基本法改正があり法教育も平成の公民科のコアとなる。版の特徴は、「見方・考え方」の育成に、教科を統一する方向であった。「政治・経済」「現代社会」「倫理」でも「見方や考え方」が示され、「どのように学ぶか」の社会構成主義の考えに牽引され、概念的アプローチの代理として「見方や考え方」を多用することになる。「対立と合意」「効率と公正」…といったメタ的概念は、唯名論・ゲーム論でもなく、存在論・現実主義でもなく、どこへも動けるものとなる。すなわち個別・具体ではなくコンピテンシーの概念で、AI時代の公民教育へ突き進むことになり、"平成の終焉"を想定する帰結主義が組み込まれて行く。

さて平成の最後の新学習指導要領はどうなっているのか。新科目「公共」に関与する経験の一部は、4章1節に示したので、そこへ飛んでほしい……。

以上のささやかな経験から、平成の公民教育の学習指導要領の歩みを随想した。さて新しい動きは、本書の「社会的な見方・考え方」の実践的著作の中に書き込まれている。ぜひ続けて各論者の論考から、その解を探してほしい。

編集後記

井田　仁康

　江口先生は、長年、文部科学省に関わってこられた。今回の学習指導要領の改訂は、ちょうど江口先生の筑波大学退職と合わせるかのように行われ、そして公示された。これも何かの縁なのであろう。そして、その改訂の目玉というべきものが、「社会的な見方・考え方」である。「社会的な見方・考え方」は、小・中学校社会科、高等学校地理歴史科、公民科を括るものであり、地理、歴史、公民にかかわるそれぞれの「見方・考え方」が提示された。この「社会的な見方・考え方」を主題とした本書は、江口先生の退職を記念するものとして、機にかなった、そして江口先生の経歴にふさわしいものとなったのではないだろうか。本書の出版にあたっては帝国書院の新井洋行氏に大変お世話になった。厚く御礼申し上げます。

　江口先生の筑波大学での長年のご指導に対して、本書の出版にあわせて厚く御礼を申し上げたい。

唐木　清志

　私の問題関心は、大学院の学生の頃より、「社会参加」である。子どもの社会参加を支援するために社会科教育はどうあるべきか、このテーマを四半世紀にわたって追求し続けてきた。そして、このテーマに気づかせてくれたのはアメリカ社会科研究であり、その手ほどきをしてくださったのが、他ならぬ江口先生である。つまり、江口先生は私にとっての恩人ということになる。

　本書所収の論文を執筆するにあたっては、新学習指導要領の趣旨や社会的な見方・考え方の在り方を踏まえたつもりである。しかし、その論文の基盤となっているのは、社会参加であり、アメリカ社会科研究である。実践なき理論研究は意味がないが、理論なき実践研究もまた意味がない。理論と実践の狭間で、われわれ研究者はどう生きるべきか。江口先生の生き方に、私は多くのことを学ぶことができた。社会科教師に届く声を作り続ける努力を、これからも継続して行きたいと思う。

國分　麻里

　院生時代から今まで、江口先生とは 15 年もの付き合いとなる。学生時代は、学会幹事会後に誘われる飲み会での「江口節」が面白く、楽しみでもあった。教員になってからは同僚としてさまざまな配慮をしていただいた。私の専門は歴史教育で江口先生とは異なるが、韓国研究であることから、韓国法務部やソウル大学校教員との懇談会、法関連施設への日本弁護士集団の引率など、江口先生の韓国行きに同伴する機会がたびたびあった。2000 年代後半は江口先生の代表的研究である法教育を韓国がとても熱心に学んでいた時代でもあった。

　身近にいながらも、江口先生のラディカルで抽象度の高い議論をどれだけ受け止められたかはわからない。だが、日本国憲法や民主主義の大切さ、「初期社会科」の精神などは、江口先生より学んだことである。

村井　大介

　「どのような人間像を思い浮かべながら社会科を論じるのか」。この言葉は、江口勇治先生が大学院の授業でお話しされた言葉のなかで、私が最も大切に感じている言葉で、今も考え続けている問いである。2017 年改訂学習指導要領は、「2030 年の社会と子供たちの未来」についての議論を念頭にしている。こうした学習指導要領の読解の仕方も含めて、社会科教育に携わる一人ひとりに、根底にある人間観、社会観が問われている。本書の各論考の背後にある人間観や社会観を汲み取り、社会科教育を考えていく際の一助にしていただければ幸いである。

　江口先生は、研究指導の際に、常に、人文・社会科学の幅広い知見を踏まえながら、現代の学校教育及び政治・経済の動向との関連を鋭く指摘され、長い歴史的な視点から社会科教育を考えていくように導いてくださった。社会科教育に対する見方・考え方を教えてくださった江口先生に深く御礼申し上げます。

監修・編著者略歴／執筆者一覧

■監修・編著

江口　勇治　　筑波大学人間系教授

鹿児島県生まれ。筑波大学大学院博士課程教育学研究科・単位取得退学。教育学修士。筑波大学助手、長崎大学助教授を経て、筑波大学教授を 2018 年 3 月退職。専門は社会科・公民教育、法教育・交渉教育など。主著に『世界の法教育』（現代人文社、2003 年、編著）、『中学校の法教育を創る』（東洋館出版社、編著、2008 年）、『交渉教育の未来』（商事法務、2015 年、編著）などがある。

■編著

井田　仁康　　筑波大学人間系教授

東京都生まれ。筑波大学大学院博士課程地球科学研究科、単位取得中退。博士（理学）。筑波大学、上越教育大学を経て、1995 年から筑波大学。専門は社会科教育学、地理教育。主著としては、『社会科教育と地域』（ＮＳＫ出版，2005 年、単著）、『地域と教育』（学文社、2012 年、編著）、『教科教育における ESD の実践と課題』（古今書院、2017 年、編著）などがある。

唐木　清志　　筑波大学人間系教授

群馬県生まれ。筑波大学大学院博士課程教育学研究科、単位取得退学。静岡大学教育学部助教授を経て、現職。専門は、社会科教育、公民教育、シティズンシップ教育、サービス・ラーニング。主著に、『アメリカ公民教育におけるサービス・ラーニング』（東信堂、2010 年、単著）、『「公民的資質」とは何か』（東洋館出版社、2017 年、編著）などがある。

國分　麻里　　筑波大学人間系准教授

福岡県生まれ。筑波大学大学院博士課程人間総合科学研究科修了。筑波大学人間系准教授。専門は、社会科教育、歴史教育、朝鮮教育史。主著に、『植民地期朝鮮の歴史教育－「朝鮮事歴」の教授をめぐって－』（新幹社、2010 年、単著）、『交流史から学ぶ東アジア－食・人・歴史でつくる教材と授業実践－』（明石書店、2018 年、共編著）などがある。

村井　大介　　静岡大学教育学部講師

東京都生まれ。筑波大学大学院博士課程人間総合科学研究科。筑波大学人間系特任研究員を経て、現職。専門は、社会科教育、公民教育、教師のライフストーリー。主著は、「ライフストーリーの中で教師は授業を如何に語るか」（『社会科教育研究』No.121、2014 年）、「公民科教師の教科観の特徴とその形成要因」（『公民教育研究』Vol.20、2013 年）など。

■執筆者一覧（執筆順）

唐木　清志	筑波大学人間系教授
磯山　恭子	静岡大学教育学部教授
小野　智一	東京福祉大学保育児童学部准教授
宮崎　沙織	群馬大学教育学部准教授
鎌田　公寿	常葉大学教育学部講師
呂　　光暁	筑波大学人間系特任研究員
得居　千照	筑波大学大学院
井田　仁康	筑波大学人間系教授
金　　玹辰	北海道教育大学准教授
大髙　　皇	常磐大学人間科学部教育学科助教
國原幸一朗	名古屋学院大学講師
泉　　貴久	専修大学松戸高等学校教諭
小林　岳人	千葉県立千葉高等学校教諭
國分　麻里	筑波大学人間系准教授
篠﨑　正典	信州大学学術研究院（教育学系）准教授
熊田　禎介	宇都宮大学教育学部准教授
佐藤　　公	明治学院大学心理学部准教授
藤井　大亮	東海大学課程資格教育センター教職研究室講師
野口　　剛	帝京大学教育学部教授
江口　勇治	筑波大学人間系教授
華井　裕隆	埼玉県立いずみ高等学校教諭
加納　隆徳	秋田大学教育文化学部講師
小貫　　篤	筑波大学附属駒場中・高等学校教諭
坪田　益美	東北学院大学教養学部准教授
内山　知一	奈良教育大学准教授
久保園　梓	筑波大学大学院
村井　大介	静岡大学教育学部講師

21世紀の教育に求められる「社会的な見方・考え方」

2018年3月29日　初版第1刷 発行　　　　　　　定価　本体2,500円（税別）
2019年4月19日　初版第2刷 発行

監修・編著　　江口勇治
編著　　　　　井田仁康　唐木清志　國分麻里　村井大介
発行　　　　　株式会社 帝国書院
　　　　　　　代表者 鈴木啓之

東京都千代田区神田神保町3-29（〒101-0051）
TEL　03-3262-0830（販売部）
TEL　03-3261-9038（開発部）
振替口座　00180-7-67014
http://www.teikokushoin.co.jp

印刷　株式会社加藤文明社

写真提供
アマナイメージズ　Ⓒmilatas/a.collectionRF/amanaimages　Ⓒapjt/amanaimages
ピクスタ

ⒸYuji Eguchi 2018　Printed in Japan.
落丁・乱丁はお取りかえします。
法令上の例外を除き，本書を無断で複写することや
転載することを禁じます。
ISBN 978-4-8071-6369-4